Max Otte

Die Krise hält sich nicht an Regeln

Max Otte

Die Krise hält sich nicht an Regeln

99 Antworten auf die wichtigsten
Fragen nach dem Corona-Crash

Bibliografische Information der Deutschen Nationalbibliothek
Die Deutsche Nationalbibliothek verzeichnet diese Publikation in der Deutschen Nationalbibliografie. Detaillierte bibliografische Daten sind im Internet über http://dnb.d-nb.de abrufbar.

Für Fragen und Anregungen
info@finanzbuchverlag.de

3. Auflage 2021

© 2021 by FinanzBuch Verlag, ein Imprint der Münchner Verlagsgruppe GmbH,
Türkenstraße 89
80799 München
Tel.: 089 651285-0
Fax: 089 652096

Umschlaggestaltung: FHCM® Designagentur, Berlin
Titelfoto: © Marcus Kaufhold
Lektorat: Dr. Annalisa Viviani, München
Satz: LVD GmbH, Berlin
Druck: GGP Media GmbH, Pößneck
Printed in Germany

ISBN Print 978-3-95972-460-9
ISBN E-Book (PDF) 978-3-96092-871-3
ISBN E-Book (EPUB, Mobi) 978-3-96092-872-0

Weitere Informationen zum Verlag finden Sie unter

www.finanzbuchverlag.de

Beachten Sie auch unsere weiteren Verlage unter www.m-vg.de

Inhalt

Vorwort

Eigentlich hätte auf die Finanzkrise von 2008 eine Weltwirtschaftskrise folgen müssen. Und dann hätte es irgendwann einen großen Neustart, einen »big reset« geben müssen. Das ist nicht passiert. Mit aller Kraft und mit Maßnahmen, die zuvor undenkbar waren, haben die Regierungen und Notenbanken eine Depression verhindert.

Dafür taumelt die Welt von einer ökonomischen oder politischen Krise in die nächste: Euro-Krise, Arabischer Frühling, der Syrien-Konflikt, die Ukraine-Krise, Donald Trump, die AfD, der Brexit, die Rassenunruhen in Ferguson unter Obama, die Aufstände in Hongkong, die Aufstände der Gelbwesten in Frankreich mit etlichen Toten, das Niederdrücken der Unabhängigkeitsbewegung in Katalonien, Fridays for Future, Extinction Rebellion, die außenpolitischen Abenteuer der Türkei unter Erdoğan und in jüngerer Zeit Black Lives Matter und die Massenproteste in Weißrussland. Mit Corona bzw. COVID-19 ist endgültig der Ausnahmezustand eingetreten.

Vor zehn Jahren erschien die erste Auflage von *Die Krise hält sich nicht an Regeln*. Im Gespräch mit einem erfahrenen Finanzjournalisten habe ich erörtert, dass es vielleicht doch Hintergründe und Muster gibt, mit denen sich die Krise erklären lässt. Und die gibt es tatsächlich, wenn Sie zur Ökonomie die politische Ökonomie und die Geopolitik hinzunehmen.

Heute ist der Titel aktueller denn je. Weniger denn je scheint es Regeln zu geben. Die Verwirrung hat weiter zugenommen. Der knappe Ausgang der Präsidentschaftswahl in den USA sorgt für zusätzliche Unruhe. Ende 2019 veröffentlichte ich *Weltsystemcrash* mit geballter Sachinformation und beleuchtete mehrere Entwicklungen, die nicht nachhaltig sind: den relativen Abstieg der USA und den Aufstieg Chinas, den Abstieg der Mittelschicht und den Aufstieg einer neuen Klasse der Superreichen, die globale Verschuldung und das abnehmende Produktivitätswachstum. Dies musste, so meine Analyse, zu einer Systemkrise führen sowie zum Ende der alten und zur Geburt einer neuen Weltordnung. Dabei würden auch Fake News und Überwachungsstaat in Repression zunehmen.

Mit Corona bzw. COVID-19 ist diese Systemkrise nur wenige Monate nach dem Erscheinen von *Weltsystemcrash* eingetreten. Hätte ich etwas genauer hingeschaut, hätte ich schon 2019 entdecken können, dass ein Virus der Auslöser sein könnte. Denn es gab etliche Anzeichen dafür.

In dieser völlig überarbeiteten Ausgabe von *Die Krise hält sich nicht an Regeln* greife ich die Analysen aus *Weltsystemcrash* in komprimierter und verständlicher Form auf und ordne die Corona-Pandemie in ihren globalen gesellschaftlichen und politischen Zusammenhang ein. Am Ende des Buches gebe ich ausführliche Hinweise, was Sie tun können, um der Krise zu trotzen.

Ich wünsche Ihnen von Herzen, dass Sie die nächsten Jahre gesund an Körper, Geist und Seele überstehen!

Eifeldorf, im November 2020
Max Otte

Weltwirtschaftskrise 2.0 –
Wo wir heute stehen

Frage 1

Als Ihr Buch Der Crash kommt *2006 erschien, war es erst einmal kein Bestseller. Erst mit der Krise wurde das Buch zu einem überwältigenden Erfolg. Sie waren zehn Jahre lang in den großen Talkshows präsent, gaben Hunderte von Interviews und wurden im Bundestag angehört. Was überwog damals bei Ihnen – die Befriedigung, recht gehabt zu haben, oder die Enttäuschung darüber, dass niemand die Warnsignale ernst genommen hatte?*

Ich sah die ungesunden Entwicklungen in der Weltwirtschaft spätestens im Jahr 2005 klar und deutlich. Das und nichts anderes veranlasste mich, dieses Buch zu schreiben. Wobei ich nicht mit einer besonders großen Aufmerksamkeit gerechnet hatte, geschweige denn gehört zu werden. Ich war mir einfach sehr sicher, dass die Krise kommen würde, und wollte ein Signal setzen.[1]

Und dass die Dinge weitgehend so eingetreten sind, wie ich sie 2006 beschrieben habe, hat mich nicht triumphieren lassen. Gefreut habe ich mich aber, dass das Buch fast eine halbe Million Käufer fand.

Frage 2

Von der »Kassandra aus Worms« (changex.de) stiegen Sie zu »Deutschlands Krisenerklärer« (Handelsblatt), »einem der renommiertesten Ökonomen Deutschlands« (Die Zeit) und »Deutschlands wohl bekanntestem Crash-Guru aller Zeiten« (Daniel Stelter) auf.[2] In letzter Zeit hört man weniger von Ihnen. Was ist passiert?

Meine Kapitalismus- und Demokratiepolitik kam seinerzeit gut an. Am 14. April 2015 sagte ich bei »Pelzig hält sich«, dass die Demokratie zu über 90 Prozent beschädigt sei.[3] Das war sicher etwas provokativ und überzogen, aber ich war damals schon überzeugt, dass bei unserer Demokratie mehr *nicht* bzw. falsch funktioniert, als richtig läuft. Das Publikum war leicht geschockt, aber man war bereit, darüber nachzudenken.

Mittlerweile ist Kritik am politischen und ökonomischen System nur noch in homöopathischen Dosen erlaubt. Und so werde ich von den Medien, die mich lange Jahre häufig als Finanzexperten eingeladen haben, mehr oder weniger ignoriert. Eine der wenigen Ausnahmen waren zwei Interviews bei *Phoenix* am 21. Januar 2020 zum Weltwirtschaftsforum.[4]

Gleichzeitig hat sich die Weltlage dramatisch verschlechtert. Als ich das Buch *Die Krise hält sich nicht an Regeln* im Jahr 2010 veröffentlichte, war die erste Phase der Finanzkrise vorbei. Dafür kochte die fälschlicherweise so genannte Euro-Krise hoch, in der Angela Merkel, Jean-Claude Juncker und Mario Draghi Griechenland, den Euro und Europa retten wollten. In meiner 2011 erschienenen Streitschrift *Stoppt das Euro-Desaster* habe ich diese drei populistischen Falschaussagen analysiert. Wir haben weder den Euro noch Griechenland gerettet, sondern nur die Gläubiger Griechenlands. Und das auf Kosten der griechischen Bürger.

Seit der Finanzkrise und Euro-Krise hatten wir: den Arabischen Frühling, den Syrien-Konflikt, der mittlerweile länger als der Zweite Weltkrieg dauert, die Ukraine-Krise, Donald Trump, den Brexit, die Aufstände in Hongkong, die Rassenunruhen in Ferguson unter Obama, die AfD, die Aufstände der Gelbwesten in Frankreich mit etlichen Toten, das Niederdrücken der Unabhängigkeitsbewegung in Katalonien, Fridays for Future, Extinction Rebellion, die außenpolitischen Abenteuer der Türkei unter Erdoğan mit einer Lage im östlichen Mittelmeer, die gerade gefährlich eskaliert, und in jüngster Zeit Black Lives Matter und die Massenproteste in Weißrussland. Mit Corona bzw. COVID-19 ist endgültig der Ausnahmezustand eingetreten.

Das ist kein Zufall. Irgendwie hängen alle diese Krisen zusammen. Es geht längst nicht mehr nur um die Ökonomie. Die Welt durchläuft eine tief greifende Systemkrise. Deswegen habe ich im Herbst 2019, dreizehn Jahre nach *Der Crash kommt*, ein neues Krisenbuch, *Weltsystemcrash – Krisen, Unruhen und die Geburt einer neuen Weltordnung*, veröffentlicht.[5] Ich wollte die tieferen Ursachen dieser globalen Krise ausloten und erklären.

Warum haben Sie dreizehn Jahre mit diesem Buch gewartet? Krisen gab es auch vorher mehr als genug!

Ich möchte nicht ausschließlich als das wahrgenommen werden, als das mich die Mainstream-Medien seit 2006 überwiegend sahen: ein Crashprophet. Ich bin politischer Ökonom, Publizist, Unternehmer und seit einigen Jahren auch politischer Aktivist. Ich lehrte an der Boston University, an der Hochschule Worms, der Universität Erfurt und der Karl-Franzens-Universität Graz. Die Zeit habe ich genutzt, um grundlegende politische und ökonomische Aufsätze zu schreiben, zum Beispiel zum deutschen Bankensystem sowie zu den Volks- und Raiffeisenbanken, zum Brexit und zu vielen anderen Themen. Die wichtigsten davon habe ich 2018 in einem Buch noch einmal zusammengefasst.[6]

Zudem habe ich eine kleine Unternehmensgruppe aufgebaut. Im Jahr 2006 unterhielt ich einen Börsenverlag und hatte ein paar Privatkunden. Seitdem habe ich zwei weitere Unternehmen gegründet, die unter anderem sieben nachhaltige Investmentfonds nach dem Prinzip des wertorientierten Investierens (Value Investing) betreiben, und mich an einem Vermögensverwalter beteiligt. Ende 2018 zog ich aus meinen wachsenden Aktivitäten die Konsequenzen und schied aus meinem Beamtenverhältnis auf Lebenszeit an der Hochschule Worms freiwillig und vom Dank des Ministers begleitet aus.

Statt alle zwei oder drei Jahre ein Krisenbuch zu schreiben, engagiere ich mich heute lieber wissenschaftlich, politisch und gesellschaftlich. So habe ich auch Preise gestiftet, zum Beispiel den *Oswald Spengler Prize*, der 2018 erstmalig an den französischen Schriftsteller Michel Houellebecq ging. Dem archäologischen Forschungszentrum und Museum für menschliche Verhaltensevolution Monrepos half ich, den *Human Origins Award* aus der

Taufe zu heben. Der erste Preisträger war der Biologe Richard Dawkins.

Ihr 2019 veröffentlichtes Buch Weltsystemcrash *fand in den Leitmedien kaum Beachtung. Wenn es besprochen wurde, dann überwiegend negativ. Dennoch hielt sich der Titel zwölf Wochen in den Top 20 der* Spiegel-*Best-sellerliste, einige davon sogar in den Top 10. Wie erklären Sie sich das?*

Das Buch wurde nicht nur ignoriert, es wurde sogar aktiv diffamiert. Buchrezensent Denis Scheck sprach im *Ersten* von einem »Buch, das Ekel in ihm auslöst«.[7] Abgesehen davon, dass dies ein öffentlich-rechtlicher Sender ist, der auch von mir mitfinanziert wird und zur Neutralität verpflichtet ist, ist das ein starkes Stück. Es zeigt mir aber auch ganz klar, dass Scheck das Buch nicht gelesen hat. Er bezieht sich ausschließlich auf die eine oder zwei Seiten, in denen ich die Migration bei meiner Einschätzung mit betrachte, und glaubt, ein »unappetitliches Süppchen« entdeckt zu haben. Meine Themen sind das Finanzsystem, der Aufstieg Chinas, das Phänomen Donald Trump, der Abstieg der Mittelschicht, die Fake News und ihre tieferen Hintergründe und Ursachen. Das Buch hat 68 Druckseiten Anhang mit Anmerkungen, Quellennachweise und Stichwortregister. Sowohl der Historiker Michael Gehler von der Universität Hildesheim als auch der Ökonom Helge Peukert von der Universität Siegen haben mir bescheinigt, dass dieses Buch von einer tieferen und fundierteren Qualität ist als *Der Crash kommt* und keinesfalls »populistisch«. Offensichtlich haben aber doch viele Bürgerinnen und Bürger den Wunsch nach tiefer gehender Information und Aufklärung, denn *Weltsystemcrash* war 2019 das bestverkaufte Buch des Verlages, obwohl es erst im Oktober erschien.

Was erwartet uns in Ihrem neuen Buch?

In meinem neuen Buch *Die Krise hält sich nicht an Regeln* gehe ich auf die wichtigsten Themen aus *Weltsystemcrash* ein, wobei ich mich bemüht habe, meine Kernthemen leichter lesbar darzustellen. Erweitert habe ich meine Darstellungen um Fragen zum Zustand unseres politischen Systems, zum Markt und zur Moral. Zudem gehe ich auf die aktuellen Entwicklungen ein. Wie passen Corona und COVID-19 ins Bild? Wie geht es weiter?

Frage 3

Da Sie nun mal Ihren Ruf als Crashprophet weghaben: Welche Entwicklungen haben Sie denn 2006 in Der Crash kommt *nicht geahnt oder falsch eingeschätzt? Und da wir gleich dabei sind – hätten Sie auch Corona vorhersehen müssen?*

Den Ausbruch der internationalen Finanzkrise 2008 hatte ich in *Der Crash kommt* ziemlich punktgenau vorhergesagt. Auch meine Ursachenanalyse war zutreffend. Klar gesehen habe ich auch den relativen Abstieg der USA und den Aufstieg Chinas.

Zwei Dinge habe ich allerdings nicht vorhergesehen. Zum einen habe ich geglaubt, dass diese Krise überwiegend auf die USA beschränkt bleibt, weil sie wie einst die Weltwirtschaftskrise nach 1929 von den USA ausging und dort ihre Ursachen hatte. Ich sah nicht, dass das europäische Bankensystem marode war, selbst das deutsche Finanzsystem, das traditionell anders funktioniert als der Finanzkapitalismus angelsächsischer Prägung. Es war mir auch nicht klar, dass Europa unter anderem durch die Fehlkonstruktion des Euro in Geiselhaft genommen würde.

Zum anderen war es für mich 2006 unvorstellbar, dass und wie massiv Staaten und Notenbanken in den Markt eingreifen würden, um das System am Leben zu halten. Ich hatte damals ja nicht nur eine Finanzkrise, sondern auch eine neue Weltwirtschaftskrise samt Verarmung breiter Bevölkerungsschichten prognostiziert. Stattdessen kam es zu einer anscheinend schnellen Erholung der Weltwirtschaft, und trotz Euro-Krise und vieler politischer Krisen lief sie scheinbar unbeirrt weiter. Sogar den Corona-Lockdown des Frühjahrs 2020 schienen wir im weiteren Verlauf des Jahres dank massiver Hilfsmaßnahmen der Staaten bis hin zu direkten Beihilfen und Helikoptergeld einigermaßen zu verkraften. Das dicke Ende dürfte aber noch kommen, da schon jetzt der globale Wirtschaftseinbruch ein Ausmaß von mindestens dem Doppelten bis Dreifachen des Einbruchs nach der Finanzkrise haben wird.

Die von mir als Planwirtschaft und staatliche Gängelung eingestufte Geldpolitik hat ein Ausmaß angenommen, das ich Ende 2016 in meinem damals regelmäßig stattfindenden großen Jahresendgespräch mit der *Wirtschaftswoche* mit der »DDR im Endstadium« verglichen habe.[8] Mit Mühe und Not hält man ein System aufrecht, das marode ist. Finanz- und Realwirtschaft haben sich weiter entkoppelt.

Jetzt allerdings steht der Zusammenbruch vor der Tür – oder der Übergang zu einer neuen Weltordnung. Denn Wirtschaft und Politik hängen eng zusammen. Die Systemfrage wird gestellt werden. Wie wir sie beantworten werden, kann ich Ihnen heute nicht sagen. In *COVID-19: Der große Umbruch* prognostizieren Klaus Schwab, Chef des Weltwirtschaftsforums in Davos, und Thierry Malleret, dass die Staaten sich in Zukunft wesentlich mehr einmischen werden und dass der Neoliberalismus und auch der Globalismus auf dem Rückzug sind.[9]

Frage 4

Wie haben Sie die Finanzkrise persönlich wahrgenommen?

In der heißen Phase der Finanzkrise entdeckten die Leitmedien mich als Ökonomen und Krisenerklärer. Vor 2008 war ich gelegentlich schon im Fernsehen aufgetreten, aber eher als Aktienexperte. Dass *Die Zeit* ein langes Erklärstück mit mir machte, *Der Spiegel* ein Streitgespräch mit Klaus Zimmermann veröffentlichte und ich zu Frank Plasberg, Anne Will und anderen eingeladen wurde, empfand ich damals als Ritterschlag.[10] Heute bewerte ich solche Einladungen anders.

Insgesamt waren es arbeitsreiche Monate, geprägt von meiner Lehrtätigkeit an der Hochschule Worms und meiner Tätigkeit als Fondsmanager. Ich hatte ja erst im Frühjahr 2008 meinen ersten Fonds aufgelegt. Der ging in der Krise zunächst um 35 Prozent nach unten. Wer dabeigeblieben ist, hat vom Tief bis heute mehr als 300 Prozent dazugewonnen. Aber damals habe ich natürlich schon gerudert.

In Erinnerung ist mir ein öffentlicher Vortrag in meiner Hochschule Worms geblieben. Der Raum war gerappelt voll, selbst auf den Gängen saßen die Menschen. Sie wollten von mir wissen, wie es weitergeht, ob ihr Geld sicher ist, wie sie es anlegen sollten. Da habe ich zum ersten Mal den »Guru-Status« so richtig gespürt. Ich habe das immer als eine große Verantwortung empfunden, denn in Zeiten der Verunsicherung sind viele Menschen versucht, jemandem hinterherzulaufen, der ihnen sagen soll, wo es langgeht. Ich hoffe, dass ich mit dieser Verantwortung bisher gut umgegangen bin.

Auf welch wackeligen Füßen das internationale Finanzsystem stand, wurde mir anhand eines persönlichen Erlebnisses klar. Ich erwartete noch einen Scheck über 5000 Dollar von der Columbia University, einer der angesehensten und ältesten Hochschulen der Vereinigten Staaten. Dieser Scheck steckte mehrere Monate im System fest, weil die Banken einander misstrauten. So prekär war die Lage damals. Wären die Notenbanken nicht mit massiven Liquiditätsspritzen reingegangen, wäre das System kollabiert. Leider haben wir damit vor allem die spekulativen Finanzmarktakteure und die Vermögenden gerettet. Die Zeit seitdem haben wir nicht genutzt, um ein solideres System aufzubauen.

Gibt es eigentlich ein Muster für Wirtschaftskrisen?

Ja, das ist wie mit Krankheitsbildern. Der frühere IWF-Chefökonom Kenneth Rogoff und die Wirtschaftsprofessorin Carmen Reinhart haben die Krisen der vergangenen acht Jahrhunderte untersucht. Und was sie da in ihrer empirischen Studie ans Tageslicht gefördert haben, ist beeindruckend. Ihre wichtigste Erkenntnis ist: Gerade bei Finanzkrisen dieses Ausmaßes folgen irgendwann zwangsläufig Staatsschuldenkrisen.

Das allgemeinere Muster ist eigentlich das des amerikanischen Wirtschaftshistorikers Charles Kindleberger (1910–2003). Nach ihm folgen Krisen einem ganz einfachen Ablaufschema. Zu Beginn steht eine wirtschaftliche Verschiebung, die auf realen technischen oder historischen Veränderungen gegründet ist, wie zum Beispiel das Aufkommen der Eisenbahnen, der Bau von Automobilen, das Ende eines Krieges, die Globalisierung. Das alles verheißt große Investitionschancen. Also wird investiert, das Feuer wird kräftig angefacht, die Wirtschaft läuft, diese Sektoren brummen. Weil immer mehr Anleger darauf aufmerksam werden, dass hier Gewinne erzielt werden können, wird weiter investiert. Es kommt zum Boom, der dann irgendwann in einer Euphorie mündet. Genau das konnten wir etwa Ende der 1990er-Jahre beobachten. Die Notenbanken haben damals durch ihre lockere Geldpolitik den Boom weiter angeheizt und mit höheren Schulden, mehr Krediten, leichteren Krediten eine Überhitzung ausgelöst. Doch irgendwann sagt jemand: »Moment mal, da kann doch was nicht stimmen.« Und dann kippen die ersten Deals, die ersten Akteure gehen in die Insolvenz. Panik macht sich breit. Es kommt zum Ausverkauf, und anschließend stabilisiert sich alles auf einem sehr niedrigen Niveau.

Kindlebergers Phasenmodell lässt sich meistens ganz gut anwenden. Wie die Folgen für die Realwirtschaft aussehen, hängt natürlich davon ab, wie groß die entsprechende Spekulationsblase im Vergleich zur Wirtschaftsleistung eines Landes ist. Die Dotcom-Blase um die Jahrtausendwende betraf nur einen Sektor, während die Immobilien- und Kreditblase schon mehrere Sektoren betroffen haben. Zusammen hatten sie ein viel größeres Volumen als die Technologieblase, deshalb waren die Auswirkungen auf die Realwirtschaft auch fünf- bis zehnmal größer.

Und nun stehen wir nach Ihrer Meinung im »Weltsystemcrash«. Dirk Müller spricht von der »größten Wirtschaftskrise aller Zeiten«, Marc Friedrich und Matthias Weik sehen »den größten Crash aller Zeiten« – nicht nur ökonomisch, sondern auch gesellschaftlich und politisch – vor sich. Was macht die aktuelle Lage – Corona – Ihrer Meinung nach so gefährlich?

Wir haben 2008/09 ein hochproblematisches Banken- und Finanzsystem gerettet, indem wir die Finanzkrise mit viel neu geschaffenem Geld erstickt haben. Die Schulden der Staaten sind 2008/09 explodiert und konnten bis zum aktuellen Corona-

Crash nicht nennenswert zurückgeführt werden. Nun steigen sie noch einmal rasant. All dies wird begleitet von zunehmender staatlicher Überwachung und Zwangsmaßnahmen. Die Notenbanken werden immer mehr zu zentralistischen Wirtschaftsregierungen.

In der Finanzkrise und bei der Euro-Krise haben wir die großen Gläubiger – also die Vermögenden, die großen Konzerne und auch die Staaten – auf Kosten der Allgemeinheit gerettet. Die Negativzinsen haben dazu geführt, dass Vermögende billig Schulden aufnehmen und dafür Sachwerte erwerben konnten, zum Beispiel Immobilien, Land, Aktien, Sammelobjekte und Private Equity.

Die Löhne und Gehälter stagnieren aber seit der Finanzkrise. Für viele Normalverdiener ist das Wohnen in Ballungsgebieten mittlerweile unerschwinglich geworden. Hinzu kommen eine Ausdünnung und Verschlechterung der öffentlichen Güter und Leistungen – sei es Infrastruktur, Schulen oder Krankenhäuser. Der Mittelschicht geht es objektiv schlechter als vor der Finanzkrise. Das schafft Unzufriedenheit.

Durch Corona ist die Verschuldungssituation noch einmal gestiegen. Auch hat Corona die Ungleichheit noch einmal drastisch verschärft. Die Maßnahmen, unsere Wirtschaft zu retten, haben mittlerweile eine Dimension angenommen, die nicht nachhaltig erscheint. Viele Menschen sehen die Einschränkungen der Freiheit in Zusammenhang mit Corona als unangemessen an und gehen auf die Straße. Die Gesellschaften polarisieren sich in Deutschland, Frankreich, den USA und anderswo. Gleichzeitig ist die internationale Ordnung aus den Fugen geraten.

Die Welt ist nun tatsächlich nicht nur mitten in einer großen Wirtschaftskrise, sondern auch in einer gesellschaftlichen und politischen Systemkrise.

Seit meinem Studium der politischen Ökonomie an der Princeton University bin ich Anhänger der Theorie der »hegemonialen Stabilität« meines Professors Robert Gilpin. Auf diese werde ich später noch eingehen. Wir befinden uns tatsächlich im Übergang zu einer neuen Weltordnung, da das alte, amerikanisch dominierte System durch den Aufstieg Chinas und andere Entwicklungen an seine Grenzen stößt. Das fing eigentlich 1970 schon an, als Richard

Nixon die Goldbindung des Dollars aufgab. Erstaunlicherweise hat sich diese Dominanz noch weitere 50 Jahre gehalten.

Zeiten einer Systemtransformation sind Zeiten großer Verwirrung. Die Menschen wissen nicht mehr, was sie glauben sollen, weil die Bezugsgrößen, die für Stabilität gesorgt haben, wegbrechen. Veränderung schafft Unsicherheit. Viele Menschen klammern sich dann an einfache Theorien, um etwas Sicherheit zu haben, und die Politik tastet herum, weil alles neu und unbekannt ist.

Können Sie noch kurz auf die Ursachen der ersten Finanzkrise eingehen, bevor wir uns darüber unterhalten, was seitdem passiert ist?

Die Ursachen der Krise reichen bis ins Jahr 1982 zurück. Hintergrund ist die Globalisierung, oder genauer: die zweite Welle der Globalisierung im ausgehenden 20. Jahrhundert. Die erste begann in den 30er-Jahren des 19. Jahrhunderts und endete mit dem Ausbruch des Ersten Weltkriegs 1914.

Diese zweite Globalisierungswelle hat einen Niveauverschiebungseffekt ausgelöst. Obwohl die Produktion von Gütern weltweit massiv anstieg, sind die Löhne in den Industrienationen – besonders aufgrund der wachsenden Konkurrenz aus der Dritten Welt – niedrig geblieben. Dadurch haben sich die bestehenden Ungleichgewichte in der Vermögensverteilung verstärkt. Während sich auf der einen Seite die Armut verschärft hat, hat sich auf der anderen Seite massiv Kapital angesammelt, das nach Rendite Ausschau hält. Als Folge wurden die Finanzmärkte aufgebläht. Die weltweite Verschuldung stieg an, und das befeuerte das Aufkommen ungesunder Strukturen. Da können wir heute natürlich nicht sagen: Die Krise ist vorbei. Ganz im Gegenteil.

Was wurde nach der Finanzkrise versäumt?

Der Totalabsturz 2008 wurde zwar durch die massiven Liquiditätsspritzen, Eigenkapitalhilfen und Konjunkturprogramme verhindert. Aber das war eine sehr starke Medizin mit erheblichen Nebenwirkungen. Im Laufe eines Vierteljahrhunderts hatten sich die ungesunden Strukturen entwickelt, an denen wir bis heute leiden.

Wir ließen zum Beispiel das Bankensystem einfach weiterlaufen. Viele internationale kapitalmarktorientierte Banken waren 2008 praktisch insolvent. Das haben wir versteckt, indem wir die Bilanzierungsregeln aufgeweicht haben. Wir haben diesen Banken gesagt: Macht weiter wie bisher, damit ihr schnell wieder Geld verdient und auf ein positives Eigenkapitalkonto kommt. So haben wir ausgerechnet jene Strukturen beibehalten, die uns in die Krise gesteuert haben.

Frage 5

Bereits vor der Finanzkrise hatten sich die meisten Akteure auf dem Kapitalmarkt nicht gerade mit Ruhm bekleckert. Aber wer waren eigentlich die Hauptschuldigen?

Das gesamte System hat versagt. Ich möchte betonen, dass ich an dieser Stelle bereits 2010 schrieb: »Die Krise ist tatsächlich das Symptom eines Systemversagens.« Wenn Sie heute nämlich von »Systemversagen« – sei es des Wirtschaftssystems oder des politischen Systems – sprechen, werden Sie manchmal schief angeschaut. Systemkritik ist gerade nicht sehr erwünscht.

Eine wichtige Ursache war die expansive Geldpolitik der Notenbanken seit Ende der 80er-Jahre, also seit Beginn der Ära des amerikanischen Notenbankchefs Alan Greenspan. Wenn ich viel Geld drucke und günstige Kredite bereitstelle, dann belohne ich die Kreditaufnahme zu spekulativen Zwecken und bestrafe das Sparen. Ich schaffe folglich Wachstum mit immer unsolider finanzierten und deshalb riskanteren Wirtschaftsstrukturen. Hinzu kommt, dass die Spielregeln zunehmend so ausgestaltet wurden, dass sie die spekulativen Geschäfte und die Finanzbranche begünstigen und die Geschäfte in der Güterwirtschaft, insbesondere im Mittelstand, benachteiligen. Ein Hedgefonds kommt heute leichter an billiges Geld als ein Mittelständler, der irgendetwas produziert.

Die lockere Geld- und Kreditpolitik war vor 2008 ein großes Problem, und sie ist es immer noch. Daran sind die Notenbanker und die Politiker, die es zugelassen haben, schuld. Die expansive Geldpolitik ließ die ersten Funken sprühen. Dann kamen die Brandbeschleuniger Kreditbündelungen und Verbriefungen hinzu. Dahinter stand der Gedanke: Wenn ich Kredite bündele, als Wertpapier zusammenfasse und weiterverkaufe, wenn diese Papiere also nicht mehr in meiner Bilanz stehen, dann bin ich dafür auch nicht mehr verantwortlich. Diese organisierte Verantwortungslosigkeit wurde mehr als 15 Jahre lang als Erfolgsmodell gefeiert.

Schuld hatte natürlich auch die Wall Street, die immer größeren Hunger nach verbrieften Produkten entwickelte und bei den Hypothekenbanken in den USA Nachschub in Form von neuen Krediten verlangte. Die Nachfrage nach Rohmaterial für verbriefte Produkte, die man dann wieder an die Hypo Real Estate oder die IKB weiterverkaufen konnte, war gigantisch. Und die Hypothekenbanken lieferten natürlich. Zwischen 2002 und 2006 haben diese dubiosen Produkte 40 bis 60 Prozent der Gewinne der Wall Street produziert.

Woher kamen all diese Kredite?

Die regionalen Hypothekenbanken in den USA waren äußerst kreativ. Es gab die sogenannten No Documentation Credit Loans, die Kredite ohne Dokumentationspflicht. Der Volksmund nennt sie auch Liar Loans, also Lügnerkredite. Warum? Ganz einfach: Man ging zur Bank, sagte, man verdiene 150 000 US-Dollar im Jahr und wolle einen Kredit über 500 000 Dollar aufnehmen. Man könne aber im Moment keine Dokumente vorlegen. Dann »prüfte« ein zweiter Banker die Plausibilität der Angaben, und das reichte aus, um Millionen solcher Kredite zu genehmigen.

Noch mal zu den Notenbanken: Hätten sie sich dieser Entwicklung verweigern können? Hätten sie gegensteuern müssen?

Die Notenbanken tragen zum einen institutionelle Verantwortung für die Währungsstabilität. Daneben haben sie aber auch die faktische Macht, eine von der Politik gewollte Entwicklung zu stützen oder zu konterkarieren.

In der Vergangenheit lag die Verantwortung klar bei der US-Notenbank, die spätestens seit 1987 unter ihrem damaligen Chef Alan Greenspan die Zinsen massiv senkte und immer wieder massiv Liquidität bereitstellte. Alle folgenden Fed-Chefs – Ben Bernanke, Janet Yellen und zuletzt Jerome Powell – spielten das Spiel weiter. Unter Ben Bernanke begann die US-Notenbank in der Finanzkrise sogar mit dem direkten Ankauf von Staats- und Unternehmensanleihen (Quantitative Easing). Die Notenbank maß sich also die Aufgaben einer Geschäftsbank an. Von 2009 bis 2016 lagen die US-Notenbankzinsen nahe null. Die Europäische Zentralbank (EZB) folgte nach dem Ausbruch der sogenannten Euro-Krise 2010. Ihr Präsident Mario Draghi kündigte 2012 in einer Rede an, dass die EZB alles unternehmen würde, was notwendig sei, um den Euro zu retten. Diese »Whatever-it-takes«-Rede ist in die Annalen eingegangen. Die EZB übernahm dann für einige Jahre die Führung bei der expansiven Geldpolitik.

Seit Ausrufen der COVID-19-Pandemie ist die Fed sogar dazu übergegangen, ausgewählten Unternehmen direkt Kredite zu geben, also den Bankensektor zu umgehen und selber als Geschäftsbank tätig zu werden.[11] Waren schon die diversen Anleihekaufprogramme ordnungspolitische Sünden, so ist mit der direkten Kreditvergabe durch die Fed tatsächlich ein Systemwechsel in greifbare Nähe gerückt.

Es finden sich auch schon Ökonomen, die das schönreden und von einer »Modernen Geldtheorie« (Modern Monetary Theory, MMT) sprechen. Meiner Meinung nach werden wir für die ordnungspolitischen Sünden bezahlen müssen. Wir können zwar mit brachialen Maßnahmen den wichtigsten Preis der Volkswirtschaft, den Zins, manipulieren, aber die Nebenwirkungen sind massiv. In ihrem Buch *Die Nullzinsfalle* legen Ronald Stöferle, Rahim Taghizadegan und Gregor Hochreiter dar, wie Nullzinsen auf Dauer die Wirtschaft zombifizieren und die Gesellschaft spalten.[12]

»Das einzige Problem, das unsere Wirtschaft hat, ist die Fed.
Sie haben kein Gefühl für den Markt, sie verstehen nicht die
notwendigen Handelskriege oder die Dollarstärke und noch nicht
einmal Regierungsschließungen (Shutdowns) der Demokraten
wegen der Grenzkontrollen. Die Fed ist wie ein kräftiger Golfer,
der nicht trifft, weil er kein Gefühl hat – er kann nicht putten.«
US-Präsident Donald Trump, 24.12. 2018

Verlorene Unschuld: Die Unabhängigkeit der Notenbanken

Die Deutsche Bundesbank bekam bei ihrer Gründung im Jahr
1957 eine wichtige Verpflichtung mit auf den Weg: Alleiniges Ziel
ist die Sicherung des Geldwerts, so das Bundesbankgesetz. Sie
sollte die Benutzer des Geldes vor Geldentwertung schützen, was
besonders für die Inhaber von Sparguthaben eine Aufgabe von
eminenter Wichtigkeit ist. Sparguthaben dienen den Bürgern als
Vorsorge für Notfälle und als Einkommensquelle für die Zeit nach
der Berufstätigkeit. Schon eine Inflationsrate von 2 bis 3 Prozent
kann ein Geldvermögen über einen Zeitraum von 25 Jahren stark
entwerten.

Der Gesetzgeber wollte mit der Verpflichtung auf dieses Ziel si-
cherstellen, dass die Zentralbank nicht für Zwecke der Wirtschaftspolitik missbraucht wird. Damit hatte man schlechte Erfahrungen
gemacht: Die Reichsbank war in der ersten Hälfte des 20. Jahrhunderts mehrfach für die Finanzierung der Staatsausgaben eingesetzt worden – die Regierung ließ die Banknoten drucken, die sie
für ihre Ausgaben brauchte, was zu massiver Geldentwertung
führte.

Bislang war die Deutsche Bundesbank vor dem Zugriff der Politik geschützt. Kein Politiker oder Wirtschaftsminister konnte ihr
Weisungen erteilen. Sie war auch immer vor dem Zugriff des Parla-
ments geschützt und konnte gerade deshalb ihr Ziel der Aufrechterhaltung des Geldwertes so gut erreichen.

Nun ist die Deutsche Bundesbank quasi ein Organ der Europäischen Zentralbank. Aber die EZB, die in den ersten Jahren wie eine
deutsche Zentralbank autonom und unabhängig von politischer

Einwirkung handelte, hat ihre Jungfräulichkeit verloren. Seit sie im Zuge der Griechenland-Krise von der Politik gezwungen wurde, wertlose Staatsanleihen finanzschwacher EU-Länder aufzukaufen, ist sie Diener der Wirtschaftspolitiker geworden. 2012 kündigte EZB-Chef Mario Draghi in einer Rede an, dass die Notenbank alles tun werde, um den Euro zu retten. Diese »Whatever it takes«-Rede ist viel zitiert worden. Die Europäische Zentralbank übernahm damit eine Zeit lang die Führung bei der expansiven Geldpolitik. Seit 2012, also bereits vor Corona, mischt auch die amerikanische Federal Reserve wieder mit.

Bei der Bankenregulierung wurden bereits einfache, stabile Regeln wie ausreichendes Eigenkapital durch bürokratische Monster ersetzt. Damit werden systematisch Großbanken und Großkonzerne gleichzeitig gefördert und gegängelt.

In Europa greift die neue EZB-Präsidentin Christine Lagarde das nächste Tabu an. Die Europäische Zentralbank soll sich nicht nur um Absicherung des Wirtschaftswachstums und Geldwertstabilität kümmern, sondern auch bei der Rettung des Weltklimas mitmachen. Dies könnte direkte massive Auswirkungen haben. Bislang bemüht sich die EZB, bei ihren Anleihekäufen möglichst branchenneutral vorzugehen. In Zukunft könnte sie vielleicht dazu übergehen, umweltfreundliche Unternehmen zu bevorzugen.[13] Nur, wer definiert, was »umweltfreundlich« ist? Eine zentrale Bürokratie. Die EZB wird damit noch mächtiger.

Und warum bei den Umweltzielen aufhören? Ebenso könnte die EZB Unternehmen bevorzugen, die »gleichen Lohn für gleiche Arbeit« versprechen. Oder den »Wohnraum für alle« fordern. »Bildung für alle.« Oder, oder. Die EZB könnte sich zur demokratisch nicht kontrollierbaren allmächtigen Wirtschaftsregierung der Euro-Zone aufschwingen.

Das Ziel des langfristig stabilen Geldwertes ist mit all diesen Maßnahmen weit in den Hintergrund gerückt. Das sind schlechte Nachrichten vor allem für arbeitende und produktive Bürger sowie Rentner: Sparkonten und Lebensversicherungen werden schleichend entwertet. Superreiche und Empfänger von Sozialleistungen hingegen stört die Geldentwertung weniger.

Frage 6

Warum sind Negativzinsen so schädlich? Gut, Sparer werden schleichend um ihr Erspartes gebracht. Aber welche negativen Auswirkungen soll es sonst geben?

Niedrige Zinsen sind verantwortlich dafür, dass auch unproduktive Investitionen getätigt werden und Kapital falsch investiert wird. Auch wackelige Unternehmen oder Geschäftsmodelle, die auf der Kippe stehen, können sich relativ günstig refinanzieren und so länger überleben, als es in einem gesunden Wirtschaftsprozess der Fall wäre. In diesen Unternehmen gehen dann viele Mitarbeiter unproduktiven Jobs nach. Unproduktive Jobs sind aber auf Dauer frustrierend. Stöferle und seine Mitautoren nennen solche Jobs »Bullshitjobs«.

Bei niedrigen Zinsen haben wir zudem weniger Anreiz zu sparen. Wir tendieren dazu, unser Geld lieber sofort auszugeben. Das Ausgabeverhalten wird kurzfristiger. Sparen – und damit auch die gesamtwirtschaftliche Kapitalakkumulation – wird weniger wichtig. Auch der sogenannte Affektkonsum steigt: »Lass es dir gut gehen, solange es noch geht, solange deine Euro noch Freuden kaufen können.«[14] Die Aufmerksamkeitsspannen sinken. Unternehmen wie Amazon, Facebook und Google sind darauf spezialisiert, mit ihren Inhalten kurzfristige Aufmerksamkeit zu erzeugen und diese für einen Kaufimpuls zu nutzen. Rationales, abwägendes Konsumverhalten wird so weiter zurückgedrängt. Auf Dauer kann das für die Wirtschaft nicht gut sein.

Frage 7

Das sind plausible Argumente. Können die negativen Auswirkungen der Niedrigzinsen auch gemessen werden?

Ja, das können sie. Nach der Finanzkrise haben die Industrienationen nicht zu produktivem Wachstum zurückgefunden.[15] Das Wachstum der Arbeitsproduktivität ging in Deutschland von

4,5 Prozent auf mittlerweile unter 2 Prozent zurück, das Wachstum der Gesamtproduktivität hat sich von zwei auf 1 Prozent halbiert. Nach der Finanzkrise lag es sogar eine Zeit lang bei 0 Prozent.

Nur durch Produktivitätswachstum können wir auf Dauer die steigenden Ansprüche befriedigen, um zum Beispiel das demografische Problem bei der Alterssicherung zu lösen. Nur wenn die Arbeitsproduktivität steigt, können weniger Erwerbstätige mehr Rentner versorgen.

Die Politik nach der Finanzkrise war in keinerlei Weise geeignet, das Produktivitätswachstum wieder zu erhöhen. Im Gegenteil, die getroffenen Maßnahmen waren geradezu dazu geeignet, das Produktivitätswachstum zu drücken. Corona gibt den Schulden noch einmal einen Schub. Negatives Produktivitätswachstum – eine sinkende Arbeitsproduktivität – scheint nicht ausgeschlossen.

Frage 8

Ein letztes Mal zurück zur Finanzkrise: Warum haben eigentlich nur so wenige Ökonomen die Krise kommen sehen?

Mein Kölner Vortrag in Wirtschafts- und Sozialgeschichte von 2010, den ich mit dem Titel »Die Finanzkrise, die Ökonomen, der Crashprophet und die Wissenschaft von der Ökonomie« überschrieb und unter demselben Titel 2011 veröffentlichte, zeigt auf, warum es für einen Ökonomen viel sicherer und rationaler ist, erstens positive Prognosen abzugeben und zweitens den Konsens der Kollegen nicht zu verlassen.[16]

Keynesianer wie Monetaristen (bzw. neoklassische Ökonomen), also die Vertreter der beiden großen Schulen (auf die ich noch zu sprechen kommen werde), gehen davon aus, dass man die Wirtschaft wie eine Maschine steuern kann. Bei den Keynesianern heißt das Zauberwort »Nachfrage«, egal ob schuldenfinanziert oder nicht. Bei genügend großer Nachfrage wird das Angebot schon kommen. Bei den Monetaristen heißt es: Solange die Geldmenge konstant oder mit der Wirtschaft wächst, ist alles in Ordnung.

Beide Richtungen schauen aber weder auf die Kreditmenge noch auf die Kreditqualität, also auf die Wahrscheinlichkeit, dass der Kredit eines Tages auch getilgt wird.

In den letzten Jahrzehnten haben die Ökonomen die Deutungshoheit bei vielen gesellschaftlichen Vorgängen an sich gerissen. Historiker, Soziologen und Juristen sind etwas in den Hintergrund verbannt. Aber in gewisser Weise sind sowohl neoklassische als auch keynesianische Ökonomen »marktgläubig«. Bei den Ersten läuft es umso besser, je mehr sich der Staat aus der Wirtschaft heraushält, bei den Zweiten muss der Staat manchmal bei der gesamtwirtschaftlichen Nachfrage nachhelfen. Dass aber Finanzmärkte ein Eigenleben entwickeln, das sehr destruktiv sein kann, kommt in beiden Denkrichtungen nur am Rande vor.

Die Finanzkrise und das Versagen der Ökonomie: Warum der Crash immer wieder kommt[17]

»Wie ein Tsunami« sei die Krise plötzlich und unvorhersehbar hereingebrochen, sagte die damalige KfW-Chefin Ingrid Matthäus-Maier auf einer Veranstaltung mit dem Vorstandsvorsitzenden der Deutschen Bank, Josef Ackermann, bereits im November 2007 – fast ein Jahr vor der heißen Phase der Finanzkrise.[18] Diese Auffassung wurde häufig geäußert. Dabei hatte es vor der Lehman-Pleite vom 15. September 2008 viele Anzeichen und konkrete Vorfälle gegeben, die zeigten, dass die Stabilität der Weltfinanzmärkte gefährdet war.

- Bereits am 7. Februar 2007 warnte die HSBC (Hongkong & Shanghai Banking Corporation Holdings PLC) vor massiven Abschreibungen in ihrem Subprime-Portfolio.
- Am 21. Juli müssen zwei Hedgefonds von Bear Stearns geschlossen werden.
- Am 27. Juli wird die IKB Deutsche Industriebank gerettet.
- Am 17. August 2007 kommt es zur ersten größeren Panikwelle am Kreditmarkt.

Aber die Wirtschaftsforscher und Wirtschaftsforschungsinstitute sahen kaum die Risiken einer Rezession, geschweige denn einer Krise. Der Wochenbericht des Deutschen Instituts für Wirtschaftsforschung (DIW) vom 16. Oktober 2007 – zu diesem Zeitpunkt waren die ersten Subprime-Probleme und die erste größere Klemme am Kreditmarkt bereits erfolgt – ist überschrieben mit »Weltwirtschaftliche Expansion nur leicht gedämpft – Rezession nicht wahrscheinlich«.[19] Die zweite Pressemitteilung des DIW aus dem Jahr 2007 wird eingeleitet mit »US-Immobilienmarkt – solides Fundament«.[20] In einem Interview vom 24. Oktober 2007 äußerte Hans-Werner Sinn in Bezug auf die Aussichten für 2008: »Eine Rezession steht nicht an.« Bert Rürup legte am 12. April 2008 noch zu: »Die Konjunkturrisiken haben zugenommen, aber wir stehen definitiv nicht vor einer Rezession.«[21] Die Liste ließe sich fortsetzen.

Nicht nur in Bezug auf eine potenzielle Warnung vor der sich 2007 abzeichnenden Finanzkrise hat die Disziplin wenig anzubieten. Auch die theoretische Behandlung von Krisenphänomenen ist stark vernachlässigt. Für Gregory Mankiw ist zum Beispiel der Begriff »Wirtschaftskrise« keiner der zehn wichtigsten Begriffe der Volkswirtschaftslehre.[22] In Andrew Abels und Ben Bernankes *Macroeconomics* fehlen Begriffe wie »Blase« oder »Finanzkrise« im Glossar, und das, obwohl Bernanke intensiv über die Große Depression geforscht hat.[23] Bezeichnend ist, dass in dem seit Jahrzehnten millionenfach verkauften Lehrbuch der Volkswirtschaftslehre von Paul Samuelson Wirtschaftskrisen nicht vorkommen.[24]

Dabei sind Finanzkrisen – beginnend mit der Tulpenmanie in Holland in den Jahren 1636-1637 – ein regelmäßiges Phänomen des modernen Kapitalismus.[25] In seinem 1978 erstmalig erschienenen Buch *Manias, Panics, and Crashes – A History of Financial Crises* hat Charles Kindleberger 34 Krisen zwischen der Tulpenblase und dem Platzen der Blase in Japan im Jahre 1990 gezählt.[26] In seiner *Geschichte der Handelskrisen* analysierte Max Wirth bereits 1874 ein gutes Dutzend Finanz- und Wirtschafskrisen. Schon damals verwendete er für die Krise von 1869 die Überschrift: »Der schwarze Freitag im September 1869 in New York«.[27]

Durch die moderne verhaltenswissenschaftliche Finanzforschung wissen wir, dass Finanzmärkte zwar die schnellsten Märkte sind, aber keinesfalls zum Marktgleichgewicht und zur automatischen Stabilisierung neigen, sondern im Gegenteil zu regelmäßiger Euphorie und Panik. Daniel Kahneman hat den Nobelpreis dafür bekommen, dass er wissenschaftlich nachgewiesen hat, was Börsianer schon immer wussten: Die Finanzmärkte werden von den Urinstinkten Gier und Furcht getrieben.[28]

Unregulierte globale Finanzmärkte wirken nicht stabilisierend, wie es die dominierende neoliberale Glaubensrichtung der Ökonomie behauptet, sondern sind im Gegenteil ein massiver Risikofaktor für die Weltwirtschaft. Während um 1900 der Welthandel und das Weltfinanzwesen noch durch den Goldstandard stabilisiert wurden, fehlte in der Zwischenkriegszeit eine effektive internationale Regulierung und Kooperation, was den Crash von 1929 erst zur Weltwirtschaftskrise werden ließ. Seit Ende des Zweiten Weltkriegs waren die globalen Finanzmärkte massiv reguliert, was der Welt bis in die 70er-Jahre hinein relative Stabilität bescherte. Mit dem Siegeszug der neoliberalen Revolution seit Ende der 70er-Jahre und der systematischen Diskreditierung der Rolle des Staates wurden diese Schutzmechanismen, beginnend mit dem Regime fester Wechselkurse, einer nach dem anderen entfernt.

So scheint es, dass die Lehren der Geschichte gerade eine Generation halten, bevor die nächste Generation auf der Suche nach ungebremsten Gewinnen die Sicherungsvorrichtungen im Finanzsystem wieder entfernt und die übernächste Generation wieder lernt, dass Finanzmärkte reguliert werden müssen. Wir haben die notwendigen Lehren aus 2008 niemals gezogen. Und wenn wir etwas gemacht haben, dann das grundlegend Falsche.

»Der jetzige Aufschwung wird für immer andauern.
Wir wollen keine Rezession, wir brauchen keine, und weil wir die Instrumente haben, diesen Aufschwung fortzusetzen, werden wir auch keine bekommen.«
Rüdiger »Rudi« Dornbusch,
bekannter MIT-Professor[29]

Frage 9

Eine Frage liegt mir zum Abschluss dieses Komplexes noch auf der Zunge. Sie und einige andere haben die Finanzkrise vorausgesehen. Kann es sein, dass Sie sich als Dauerpessimist positionieren und ein »Geschäft mit der Angst« betreiben, wie es einige Medien und Kollegen Ihnen vorwerfen.

Zunächst einmal ist es legitim, das zu denken. Aber ich habe in den letzten zwanzig Jahren über ein Dutzend Bücher und viele Artikel geschrieben – zum Finanzsystem, zum Euro, zur Bargeldabschaffung, zur Finanzmarktregulierung, ja sogar zu literarischen und historischen Themen. Nur zwei Bücher waren Krisenbücher im engeren Sinne, in denen ich einen Crash prognostizierte.

Außerdem habe ich mir meine Äußerungen und Prognosen zu den Märkten seit 2006 angeschaut. Die waren meistens erstaunlich positiv, die Börsianer sagen »bullish«. Nachdem ich Anfang 2009 merkte, wie stark die Notenbanken und Regierungen intervenierten, wurde ich zumindest für die Kapitalanlage sehr optimistisch.

Am 12. März 2009 gab ich *Börse Online* ein Interview, in dem ich sagte: »Ich fühle mich wie ein kleiner Junge im Süßwarenladen, wenn die Verkäuferin und die Eltern nicht da sind. Ich rate allen Leuten: kauft Aktien.«[30] Und auf dem Höhepunkt des Corona-Crashs sagte ich am 4. April 2020 Ähnliches.[31]

Das widerspricht nicht meiner starken Kritik am System. Aber Investieren und Systemkritik sind zwei Paar Schuhe. Dazu kommen wir später. Es gibt übrigens Kollegen, die bei ihren Prognosen dauerpessimistisch sind, denen man also das »Geschäft« mit der Angst durchaus vorwerfen könnte.

Frage 10

Ihr Buch Der Crash kommt *hat Schule gemacht. Aktuell prognostizieren wieder etliche Warner eine große Krise. Von Politik, Medien und den Ökonomen an den Hochschulen werden die sogenannten Crashpropheten allerdings regelmäßig heftig kritisiert. Was ist dran? Oder ist es nur so, dass*

*der Überbringer schlechter Nachrichten geköpft wird, wie es früher gele-
gentlich der Fall gewesen sein soll?*

Ein Ökonom an einer Hochschule, in einem Wirtschaftsfor-
schungsinstitut oder einem Branchenverband tut sich keinen Gefallen, einen Crash oder eine Wirtschaftskrise zu prognostizieren.
Optimismus verkauft sich besser.

Anders als die anderen Crashwarner habe ich lange Jahre an
Hochschulen im In- und Ausland gelehrt. Was mich mit ihnen
verbindet, ist meine Praxisorientierung und meine heutige Unab-
hängigkeit vom Wissenschaftsbetrieb. Natürlich kann man mit
ständigen Crashwarnungen Aufmerksamkeit erzielen. So arbeite
ich aber nicht. In 13 Jahren habe ich nur zwei Crashbücher geschrieben und mich ansonsten zu vielen anderen Themen geäußert, auch in Fachzeitschriften.

Die Anzeichen für eine große Krise haben sich in den letzten
Jahren einfach gemehrt und sind seit Corona nicht mehr zu über-
sehen. Ich halte also die Crashwarnungen für sehr berechtigt,
sonst hätte ich kein neues Buch dazu geschrieben.

Der Corona-Crash

Frage 11

Im ersten Quartal 2020 crashten die Börsen, und zwar noch schneller als in der Finanzkrise 2008. Innerhalb von nur knapp fünf Wochen verlor der Dow Jones fast die Hälfte seines Wertes. Die Erholung war rasant. War alles nur ein kurzes Gewitter? Hält sich auch diese Krise nicht an Regeln?

Sie hält sich an Regeln, allerdings muss man dazu etwas tiefer graben. Wir hatten Ähnliches bei der Finanzkrise (wobei die Erholung der Börsen vom Tief 2009 über drei Jahre dauerte). Auch der Mini-crash vom vierten Quartal 2018 verlief ähnlich. Nach einem schnellen Absturz der Börsen und dem schlimmsten Dezember seit der Großen Depression ging es ebenso schnell wieder aufwärts: fast eine perfekte V-Form.

Die schnelle Erholung zeigt, dass die Politik weiter dem Diktat der Finanzmärkte folgt. Es wird alles getan, um die Börsenkurse zu stützen. Vor vielen Jahren wurde dafür der Begriff »Greenspan-Put« (nach dem ehemaligen US-Notenbankpräsidenten Alan Greenspan) geprägt. Der Begriff drückt aus, dass die Notenbanken die Börsen immer »heraushauen«, wenn es ernsthafte Probleme gibt. Wir retten also die Vermögenden auf Kosten aller anderen.

Frage 12

Erste Schätzungen gehen davon aus, dass die deutsche Wirtschaft 2020 Corona-schockbedingt um 6,6 Prozent schrumpfen wird.[32] Das liegt ungefähr in der Größenordnung des Rückgangs von 2009 in Höhe von 5 Prozent. Beide Male brach der Welthandel dramatisch ein und erholte sich dann wieder. Ist es dieses Mal anders?

Die durch das Coronavirus ausgelöste Wirtschaftskrise ist tatsächlich anderer Natur. Zunächst einmal gehe ich aktuell davon aus, dass der Einbruch mindestens 10 Prozent beträgt. Das wäre dann schon einmal doppelt so viel. Die Finanzkrise löste einen *Nachfrageschock* aus. Die Wirtschaftsteilnehmer waren zutiefst verunsichert, die Kreditvergabe stockte, Banken misstrauten sich, Investitionen wurden verschoben. All das haben wir nun auch. Allerdings kommt diesmal auch ein *Angebotsschock* dazu: Globale Lieferketten sind unterbrochen worden und werden vielleicht nicht mehr oder anders wiederaufgebaut.

Das lässt sich nicht durch Geldpolitik und Schuldenaufnahme wie 2008/2009 lösen. Jetzt trifft frisch gedrucktes Geld auf ein schrumpfendes Warenangebot. Das erhöht die Gefahr einer Inflation oder sogar einer Hyperinflation massiv. Ein Beispiel aus meinem Wohnort in der Eifel: Das 500-g-Glas Eifelhonig kostet mittlerweile 7,50 Euro. Noch vor zwei Jahren lag der Preis bei 4,90 Euro. Das ist ein Anstieg von 51 Prozent in zwei Jahren.

Die meisten Regierungen haben erkannt, dass die Situation diesmal noch dramatischer ist als 2008, und einen Politikwechsel eingeleitet. Zusätzlich zur Geldpolitik und Kreditgewährung betreiben die Regierungen jetzt auch direkte keynesianische Wirtschaftspolitik, indem sie die Staatsausgaben erhöhen und direkte Nachfragepolitik betreiben. Bereits seit einigen Jahren wird diskutiert, ob man im Falle einer Krise nicht »Helikoptergeld« verteilen soll: Jeder Bürger bekommt eine bestimmte Summe frisch gedruckten Geldes. Genau dies passiert jetzt vielerorts. In Deutschland gibt es Direkthilfen für Künstler, Solo-Selbstständige und kleinere Unternehmen. In den USA können Bezieher kleinerer oder mittlerer Einkommen direkte Zahlungen, »Economic Impact Payments«, vom Finanzministerium beantragen. Das sind allerdings nur die sprichwörtlichen Tropfen auf den heißen Stein: Fast 30 Prozent aller Amerikaner können noch nicht einmal unerwartete Ausgaben von 400 Dollar aus ihren Reserven bedienen, in Deutschland sind es fast ein Drittel, die keine unerwarteten Ausgaben von 1000 Euro stemmen können.[33]

Zudem erleichtern viele Regierungen den Bezug von Sozialleistungen. In Deutschland wurde der Antragsprozess für Kurzarbeitergeld und Arbeitslosengeld II drastisch vereinfacht. Und die USA taten unter Populist Donald Trump etwas, was seine republikanischen Vorgänger abgelehnt hatten und woran sich die Demokraten die Zähne ausgebissen hatten. Sie führten eine Art bundesweite Arbeitslosenversicherung ein. In derzeit 34 Bundesstaaten können wöchentliche Zahlungen von 300 Dollar an Arbeitslose erfolgen.[34] Das ist auch bitter nötig: In den USA schoss die Arbeitslosenquote von 4,4 Prozent im März 2020 auf 14,7 Prozent im April.[35] Das ist umso dramatischer, da im hyperkapitalistischen Friss-oder-stirb-Amerika viele Menschen vorher schon in prekären und unwürdigen Arbeitsverhältnissen standen. Bis Juli 2020 fiel die Quote auf 10,2 Prozent, was immer noch dramatisch ist. In Deutschland ist die Lage besser: Im Juni 2020 lag die Arbeitslosenquote bei 6,2 Prozent. Segensreich für Deutschland ist hier auch das Kurzarbeitergeld, das im April 6,83 Millionen Menschen bezogen, laut Bundesagentur für Arbeit »weit mehr als vor der großen Rezession 2008/2009«.[36]

Die Lage ist deutlich ernster als 2008/2009, zumal der Corona-Crash auch noch von wachsenden globalen Spannungen, Wirtschaftskriegen und Sanktionen begleitet wird. Dabei denke ich zum Beispiel an die Handelskriege der Trump-Administration, Nordstream II, Huawei oder den erzwungenen Verkauf des US-Geschäfts der chinesischen Firma TikTok. Gravierende ökonomische Probleme des Westens werden also mit einer sehr unschönen globalen Begleitmusik unterlegt, worauf ich später zurückkommen werde.

Frage 13

Wie unterscheiden sich Geld- und Konjunkturpolitik?

Das eine ist die Geldpolitik, bei der ich den Banken Liquidität zur Verfügung stelle und sage: Jetzt seid ihr alle wieder flüssig, jetzt könnt ihr wieder Kredite geben. Diese Liquidität ist leider zum Teil bei der Europäischen Zentralbank geparkt worden. Oder die Banken rufen die Liquidität von der EZB ab zu 1 Prozent und kaufen

Staatsanleihen mit einer Verzinsung von 2 Prozent. Auch das ist ein lukratives Geschäft. Ärgerlich ist es natürlich, dass die Geschäftsbanken mit dem billigen Geld der Notenbanken risikolos Staatsanleihen kaufen oder spekulieren, anstatt Kredite auszugeben.

Bei der Konjunkturpolitik ist es dagegen so, dass im Bundeshaushalt Mittel eingestellt werden für bestimmte Projekte – Bauvorhaben zum Beispiel. Es kann Momente geben, in denen die Verunsicherung so groß ist, dass die Räder stillstehen. Dann ist es sinnvoll, wenn der Staat selber als Nachfrager auftritt oder Helikoptergeld verteilt.

John Maynard Keynes (1883–1946) entwickelte die Idee der Konjunktursteuerung mithilfe der Fiskalpolitik, die in den 1970ern massiv angewendet und in den 1980ern langsam aufgegeben wurde. Problematisch sind nämlich die verschiedenen »Time Lags«, also Zeitverzögerungen. Erstens: Wann erkennt man, dass eine Krise da ist? Zweitens: Bis wann wird ein Programm bereitgestellt? Drittens: Bis wann wird das Geld abgerufen? Viertens: Wann wirkt es? Und so weiter. Die Zeitverzögerungen führen in der Praxis dazu, dass die Wirkung der Konjunkturprogramme oft zu spät einsetzt.

Im Herbst 2008 ging alles ratzfatz. Deshalb ist es unglaublich schwer, das alles empirisch auseinanderzudividieren. Sicher ist nur, dass manche Maßnahmen sehr wohl gewirkt haben. Die Abwrackprämie auf Altautos zum Beispiel oder die Gebäudesanierungsprogramme. Ich habe mich im Übrigen damals in einem langen Streitgespräch mit Klaus Zimmermann im *Spiegel* für die Abwrackprämie ausgesprochen.[37]

Viel wichtiger jedoch sind die automatischen Stabilisatoren, die zur Zeit der Weltwirtschaftskrise 1929 noch nicht in diesem Umfang existierten, wie zum Beispiel das Instrument der Kurzarbeit oder das Arbeitslosengeld. Denn wenn die Investitionsgüternachfrage und die Auslandsnachfrage einbrechen – was für Deutschland ein großes Problem gewesen ist –, kann man das nicht auf die Schnelle mit einem Konjunkturprogramm ausgleichen. Investitionsgüter sind Maschinen für spezielle Zwecke. Da können Sie so viele Konjunkturprogramme auflegen, wie Sie wollen – diese Maschinen werden trotzdem nicht nachgefragt.

Was vor allem dazu beigetragen hat, Schlimmeres zu verhüten, war die staatlich subventionierte Kurzarbeit. Dieses Instrument hat sich als äußerst hilfreich erwiesen. Ohne diese staatliche Subvention wäre die Krise sehr viel spürbarer gewesen. Zu diesen antizyklischen Maßnahmen gehörte auch die Neuverschuldung des Bundes, die jetzt doch nicht so hoch ausfällt, wie wir zuerst angenommen haben. Diese Neuverschuldung ist nicht nur auf die Konjunkturprogramme zurückzuführen, sondern erklärt sich mit den krisenbedingt sinkenden Einnahmen und steigenden Sozialausgaben.

Frage 14

Was macht Sie so sicher, dass diesmal wirklich die Neuordnung des Weltfinanzsystems erfolgen muss?

Die globalen Schulden können beim besten Willen nicht mehr zurückgezahlt werden. Zugegeben – das habe ich schon 2006 gesagt. Aber es stimmte auch damals schon! Wir haben aber die Schulden nicht zurückgezahlt, sondern durch ordnungspolitisch bedenkliche Eingriffe ins Wirtschaftssystem immer mehr Schulden aufgetürmt und damit immer ungesundere Wirtschaftsstrukturen geschaffen.

Ende 2020 hatte die Staatsverschuldung mit einem Stand von 53 Billionen Dollar ein neues Hoch erreicht. Damit nähert sich allein die Staatsverschuldung immer mehr der globalen Wirtschaftsleistung.[38] Bereits im Jahr 2019 stiegen die globalen Schulden aller Sektoren zusammengenommen (Staat, Unternehmen und Privathaushalte) um 10 Billionen auf insgesamt 255 Billionen Dollar, mehr als 320 Prozent der Weltwirtschaftsleistung. Die globalen Schulden sind nun 40 Prozentpunkte (87 Billionen Dollar) höher als zu Beginn der Finanzkrise 2008. Und das war vor der Corona-Pandemie. Durch die wirtschaftspolitischen Maßnahmen der Staaten zur Milderung der Folgen des selbst verschuldeten Lockdowns werden die Schulden 2020 explodieren.

Lassen Sie uns eine einfache und recht optimistische Schätzung durchführen. Wenn sich die Neuverschuldung der Staaten gegenüber 2019 verdoppelt und die globale Wirtschaft »nur« um 3 Prozent schrumpft, erhöhen sich Ende 2020 die gesamten Schulden von 322 Prozent auf 342 Prozent der globalen Wirtschaftsleistung.[39] Bereits nach der Finanzkrise ist es uns nicht gelungen, die Schulden zurückzuführen. Diesmal werden wir um eine Neuordnung nicht herumkommen.

> »Wenn man ehrlich ist, steckt uns die Finanzkrise
> heute noch in den Knochen.«
> *Bundeskanzlerin Angela Merkel*
> *auf dem Weltwirtschaftsforum in Davos im Januar 2019*

Frage 15

Nehmen wir einmal an, dass Ihre These stimmt und mit COVID-19 nun wirklich die letzte Phase des ökonomischen Endspiels eingeleitet wurde. Was heißt das konkret?

Es ist ausgeschlossen, dass wir aus dem gegenwärtigen Schlamassel »herauswachsen« werden. Zunächst einmal müssen die Schulden durch Inflation abgeschmolzen, die Vermögen durch Steuern und Abgaben abgeschöpft oder das Weltfinanzsystem durch geregelte Schuldenschnitte saniert werden. Denn die Schulden des einen sind ja immer die Guthaben des anderen. Diese Guthaben kann ich durch Inflation, Schuldenschnitte oder Besteuerung abbauen. Das erfordert entweder drastische Eingriffe großen Stils oder vielfältige »sanfte« Eingriffe über einen langen Zeitraum. Oder beides.

SPD-Kanzlerkandidat Olaf Scholz hat schon einmal angekündigt, dass er im Falle eines Wahlsiegs Besserverdiener, die »ein paar Hunderttausend Euro oder mehr« verdienen, höher besteuern will.

Tatsächlich ist es aber vor allem die Mittelschicht, die die Kosten der Krise schultert. Zum Beispiel führen Niedrigzinsen unterhalb der Inflation zu einem schleichenden Wertverlust. In einer Welt voller Schulden ist es keine gute Idee, Gläubiger zu sein, wie mein Kollege Daniel Stelter zu sagen pflegt. Leider haben die Deutschen als private Sparer sowie unser Land viel Geldvermögen. Privatpersonen hatten im dritten Quartal 2019 alleine 6,3 Billionen Euro Geldvermögen auf der hohen Kante.[40] Und mehr als 80 Prozent davon stellen Bank- und Sparguthaben, Lebensversicherungen oder Anleihen dar und sind also durch die Neuordnung des Geldsystems latent bedroht. Die Vermögenden hingegen nutzen die niedrigen Zinsen, um Aktien, Unternehmen, Private Equity und Immobilien zu kaufen, also Sachwerte.

Deutschland ist eine der größten Gläubigernationen. Allein in Form der sogenannten Target-II-Salden, Krediten der Europäischen Zentralbank an zahlungsschwache Länder, haben wir fast eine Billion Euro verliehen. Wir leihen also anderen Ländern Geld zu extrem niedrigen Zinsen, die oft noch nicht einmal die Inflation ausgleichen. Damit tritt ein Wertverlust ein. Und wir wissen nicht, ob wir unsere Kredite und Bankguthaben zurückbekommen, wenn der große Neustart erfolgt. Daniel Stelter nennt das »Sparen, ohne anzukommen«.

Frage 16

Sind außer Inflation, Schuldenschnitten oder höheren Steuern weitere Maßnahmen denkbar?

Ja, solche wie die Erhebung von Bußgeldern für Ordnungswidrigkeiten im Straßenverkehr oder die neuen Bußgelder für die Verletzung der Maskenpflicht, die vor allem arme Menschen trifft, die sich überwiegend nicht in geschützten Räumen aufhalten und bewegen können. Theoretisch gelten sie natürlich für alle, aber reiche Menschen oder Funktionsträger in Politik, Wirtschaft und Medien befinden sich oft in geschützten Räumen; bei den Armen ist nichts zu holen.

Der seit 2014 verstärkt geführte »Krieg gegen das Bargeld« flankiert diese Maßnahmen. Wenn Bargeld weitgehend verdrängt ist, kann ich Menschen total überwachen, ich kann recht leicht Sondersteuern erheben, ich kann Negativzinsen leicht umsetzen und auf jede Zahlung eine Gebühr erheben.

Eine sehr mächtige Lobby hat den Krieg gegen das Bargeld eröffnet. Im Mai 2015 zum Beispiel beschloss der EZB-Rat, die 500-Euro-Note auslaufen zu lassen. Bargeld sei teuer und altmodisch, wird argumentiert, auch würde es die Kriminalität begünstigen. Die wahren Gründe sind andere, wie ich in meiner Streitschrift *Rettet unser Bargeld* von 2016 aufzeige:

1. Die Staaten können die Vermögen der Bürger besser durch Inflation abschmelzen oder direkt mit Sonderabgaben belasten, wenn es kein Bargeld mehr gibt. Der frühere IWF-Chefökonom und Harvard-Professor Kenneth Rogoff forderte als einer der Ersten, Bargeld abzuschaffen, um eine höhere Inflation erzeugen zu können, und er hat mittlerweile viele Gleichgesinnte.
2. Die Banken freuen sich, wenn das Bargeld abgeschafft ist, denn nur Bargeld ist juristisch gesehen echtes Notenbankgeld. Unsere Kontoguthaben und Sichteinlagen bei den Banken sind juristisch gesehen nur Forderungen gegen die Banken. Gibt es kein Bargeld mehr, steigt die Macht der Banken enorm.
3. Die Fintec- und E-Pay-Unternehmen freuen sich, denn bei der Privatisierung des öffentlichen Rechtsgutes Bargeld ist ein Riesengeschäft zu machen. E-Pay ist eben doch viel teurer und oft auch langsamer, wie neue Studien zeigen.
4. Schon heute kennt uns Big Data sehr gut. Wenn aber ausnahmslos alle unsere Transaktionen in elektronischer Form vorliegen, haben Datenkraken wie Google, Microsoft oder Amazon vollständige Kenntnis und Kontrolle über uns. Kein Wunder, dass Facebook 2019 Pläne vorstellte, eine eigene Kryptowährung namens Libra zu lancieren.

Ich habe das Problem schon länger auf dem Radarschirm, was 2016 dazu führte, dass ich nicht nur meine Streitschrift *Rettet unser Bargeld* verfasste, sondern auch zusammen mit Joachim Starbatty auf der ersten Demo meines Lebens vor der historischen Frankfurter Hauptwache gegen die Bargeldabschaffung demonstrierte und die Initiative »Rettet unser Bargeld« startete, der sich Sahra Wagenknecht, Frank Schäffler, Klaus-Peter Willsch, Hans-Olaf Henkel, Willy Wimmer, Dirk Müller, Joachim Starbatty, Gerald Hörhahn und Peter Hahne anschlossen. Das ist nur knapp fünf Jahre her, aber es wirkt schon fast wie eine andere Zeit.[41]

Frage 17

War die Corona-Krise vorhersehbar?

Ja, bis zu einem gewissen Grad war sie es. Ich ärgere mich, dass ich das Szenario einer Pandemie nicht habe kommen sehen. Vielleicht hat mir auch mein politischer Aktivismus, zum Beispiel mein Einsatz gegen die schleichende Abschaffung des Bargeldes, die Sicht verstellt. Ich wollte es einfach nicht wahrnehmen. Und da wir Menschen im hohen Maße nur das sehen, worauf wir uns konzentrieren, hatte ich hier wohl meine Antennen eingefahren.

Bereits SARS 2002/2003, die Vogelgrippe ab 2013, Ebola 2014/2016 und die afrikanische Schweinepest waren Vorboten, die jedes Mal eine große mediale Aufregung verursachten. Zwar war die Sterblichkeit sehr gering, aber schon damals gab es eine starke Impflobby. Ich empfehle hierzu die arte/NDR-Dokumentation »Profiteure der Angst« von 2009, die im Internet noch auffindbar ist. Christian Drosten war schon damals mit von der Partie. Der Sender arte und der NDR berichten sehr kritisch über das Pandemiethema.

Geradezu hellseherisch und auch beängstigend sind die Ergebnisse einer Studiengruppe der einflussreichen Rockefeller-Stiftung, die bereits 2010 Szenarien zur Zukunft der Technologie und der internationalen Entwicklung veröffentlichte.

Die Rockefeller-Stiftung entwirft vier Szenarien, die davon abhängen, wie eng sich die Länder politisch und ökonomisch koordinieren und wie anpassungsfähig sie sind. Eines dieser Szenarien heißt: »Gleichschritt – eine Welt mit mehr Kontrolle von oben durch die Regierungen, stärkerer autoritärer Führung, begrenzter Innovation und wachsendem Widerstand durch die Bevölkerung«.[42]

Das unheimliche »Gleichschritt«-Szenario der Rockefeller-Stiftung aus dem Jahr 2010

»Im Jahr 2012 brach die Pandemie, die die Welt erwartet hatte, schließlich aus. Anders als H1N1 von 2009 (die Schweinegrippe) war dieses neue Virus extrem ansteckend und tödlich. Sogar diejenigen Länder, die am besten für eine Pandemie vorbereitet waren, waren schnell überwältigt, als sich das Virus über die Welt ausbreitete und 20 Prozent der Weltbevölkerung infizierte sowie 8 Millionen Menschen in nur sieben Monaten tötete, die meisten davon gesunde junge Erwachsene.

Die Pandemie hatte eine ebenso tödliche Auswirkung auf die Volkswirtschaften: Die internationale Mobilität von Menschen und Gütern kam zum Stillstand, Branchen wie die Tourismusbranche wurden verwüstet und globale Lieferketten zerbrochen. Sogar auf der örtlichen Ebene waren Läden, die normal sehr belebt waren, und Bürogebäude monatelang leer, Kunden und Mitarbeiter fehlten.

Die Pandemie überzog die gesamte Welt – obwohl eine überproportional hohe Zahl von Menschen in Afrika, Südostasien und Zentralamerika starb, wo sich das Virus wie ein Waldbrand ausbreitete, weil es keine offiziellen Pandemie-Richtlinien gab. Aber auch in den entwickelten Ländern stellte es sich als Herausforderung heraus, das Virus einzudämmen. Die ursprüngliche Politik der Vereinigten Staaten, sich darauf zu beschränken, stark von Flugreisen abzuraten, stellte sich als tödlich heraus und beschleunigte die Ausbreitung des Virus nicht nur in den USA, sondern auch über die Grenzen hinweg.

Einige Länder, insbesondere China, reagierten besser. Der schnelle Erlass und die Durchsetzung einer verpflichtenden Quarantäne für alle Bürger durch die chinesische Regierung sowie die sofortige und fast hermetische Schließung aller Grenzen rettete Millionen von Leben, stoppte die Ausbreitung des Virus viel früher als in anderen Ländern und ermöglichte eine schnellere Erholung der Wirtschaft nach der Pandemie.

Chinas Regierung war nicht die einzige, die extreme Maßnahmen verfügte, um ihre Bürger vor Risiken und Infektion zu schützen. Während der Pandemie spannten viele Staatsoberhäupter ihre Muskeln an und erließen umfassende Regeln und Restriktionen, vom zwingenden Tragen von Gesichtsmasken bis zur Fiebermessung an den Zugängen zu Bahnstationen und Supermärkten.

Selbst nachdem die Pandemie abebbte, hielt diese mehr autoritäre Kontrolle und Aufsicht über die Bürger und ihre Aktivitäten an und intensivierte sich sogar noch. Um sich vor der Verbreitung von globalen Problemen – von Pandemien über transnationalen Terrorismus und Umweltkrisen bis hin zu steigender Armut – zu schützen, festigten die Regierungschefs rund um die Welt ihre Macht. Zuerst gewann die Idee einer stärker kontrollierten Welt große Akzeptanz und Zustimmung. Die Bürger gaben willig einen Teil ihrer Freiheit und Privatsphäre auf, um mehr Sicherheit und Stabilität zu erlangen. Die Bürger waren gegenüber Anweisungen und Überwachung von oben toleranter, ja sogar versessen, und nationale Führer hatten mehr Spielraum, die Regeln, die sie für angemessen hielten, zu erlassen. In den entwickelten Ländern nahm diese stärkere Überwachung viele Formen an: biometrische Pässe für alle Bürger, zum Beispiel, stärkere Regulierung von Schlüsselindustrien, deren Stabilität als vital für die nationalen Interessen angesehen wurde.«

The Rockefeller Foundation: »The future of technology and international development«, New York, Mai 2010, S. 18 f.

Es gab also eine gewisse Logik, und die Rockefeller-Stiftung hat diese sehr präzise vorhergesehen. Das Einzige, was bei der COVID-19-Pandemie anders ist als von der Rockefeller-Stiftung vorausgesagt, sind die Sterblichkeitsziffern, zumal in den meisten Fällen keine wirklich belastbaren Zahlen vorliegen, weil auch alle mit erheblichen Vorerkrankungen Verstorbenen als »Corona-Tote« gezählt werden.

In Deutschland starben im Sommer 2020 jeden Tag 2000 Menschen, davon fünf an oder mit Corona. Da muss man sich schon fragen, ob es berechtigt ist, von einer »epidemischen Lage von nationaler Tragweite« zu sprechen.[43] Bis zum September 2020 waren in den USA 9200 Menschen ausschließlich an Corona gestorben. Das sind 6 Prozent aller sogenannten Corona-Toten, also Menschen, die an oder mit Corona gestorben sind. Das Modell des US-Gesundheitsberaters und Trump-Gegners Tony Fauci hatte 2,2 Millionen Tote vorausgesagt.[44]

Frage 18

Seit beinahe einem Jahr leben wir mit dem Coronavirus. Welche Einstellung haben Sie zur Pandemie? Hat sie sich im Laufe der Zeit geändert?

Ich bin Ökonom und Politikwissenschaftler, kein Virologe, daher möchte ich mich mit medizinischen Äußerungen zurückhalten. Beeindruckt haben mich die Aussagen von Prof. Sucharit Bhakdi, dem ehemaligen Leiter des Instituts für medizinische Mikrobiologie und Hygiene der Universitätsklinik Mainz, von Dr. Wolfgang Wodarg, dem ehemaligen SPD-Bundestagsabgeordneten, der schon seit Jahren gegen die Impflobby kämpft, und vielen anderen Ärzten, zum Beispiel von Dr. Bodo Schiffmann und den »Ärzten für Aufklärung«.

Diese Mediziner warnen einerseits davor, das Virus zu dramatisieren, andererseits scheint es auch nicht möglich, einen wirklich effizienten Impfstoff zu entwickeln, weil solche Viren ständig mutieren. Das Buch von Prof. Bhakdi und seiner Frau Karina Reiss, ebenfalls einer Biologie-Professorin, ist sehr aufschlussreich und schaffte es bis auf Platz 1 der *Spiegel*-Bestsellerliste.[45] Wenn so viele Fachleute derartig gravierende Bedenken haben, sollte man der Sache nachgehen.

Warum wird das nicht gemacht, wenn Forscher und Virologen solche Bedenken haben?

Wer die Zahlen öffentlich hinterfragt, wird oft medial an den Pranger gestellt. Beamte werden suspendiert, »normalen« Demo-Teilnehmern wird gekündigt.

Prof. Dr. Stefan Homburg, Leiter des Instituts für öffentliche Finanzen an der Leibniz-Universität Hannover, hinterfragt die Zahlen seit Beginn der Pandemie sehr kritisch. Auf seinen Internetseiten und seinem Twitter-Account finden Sie viele interessante Fragen und Anmerkungen. Professor Homburg trat auch auf einer der ersten großen Querdenken-Demos in Stuttgart auf, wo er die derzeitige Einschränkung der Freiheit mit dem Beginn der Diktatur 1933 verglich. Mit einer Relativierung der späteren NS-Gräueltaten hat das aber nichts zu tun.

Der Finanzwissenschaftler Stefan Homburg, ein nüchterner Faktenmensch, der sich als junger Professor noch zum Steuerberater fortbildete, wurde prompt von der *Süddeutschen Zeitung* als »Prof. Dr. Verschwörungsmystiker«[46] tituliert. Bereits als Student hat er zusammen mit seinem Professor Bernhard Felderer ein Lehrbuch veröffentlicht, den »Felderer-Homburg«, das jahrelang das bestverkaufte Makroökonomik-Lehrbuch in Deutschland war.[47]

Die Demonstrationen von Querdenken werden gerne als Versammlung von Verschwörungstheoretikern, Antisemiten und Rechtsradikalen dargestellt. Ich war auf zwei dieser Demos, habe in Stuttgart und in Darmstadt auch gesprochen. Gesehen habe ich ganz normale Bürger. Gesprochen habe ich, weil ich mir Sorgen um die Einschränkung unserer Grundrechte mache. So abwegig ist das nicht; immerhin hat schon 2010 die Rockefeller-Stiftung diese Maßnahme vorausgesagt.

Frage 19

Krisen machen es der Vernunft nicht leichter. Wenn eine Debatte konstruktiv geführt wird, sollte sie Solidarität erzeugen. Warum erleben wir aber eine Spaltung der Gesellschaft? Hat das Coronavirus die Gesellschaft noch weiter polarisiert?

Jetzt sind wir wieder bei einem meiner Haupt-Fachgebiete, der Politikwissenschaft. Da geht es um Institutionen, Interessen, Interessengruppen, Regeln des Zusammenlebens und Macht.

Und da frage ich mich, warum sowohl Maßnahmen als auch Rhetorik bei einer Pandemie mit relativ geringer Sterblichkeit so scharf sind. Hinzu kommt, dass die Weltgesundheitsorganisation im Jahr 2009 die Definition, was eine Pandemie ist, geändert hat. Im April 2009 hat die WHO die Definition der Pandemie abgeschwächt und die Passage, in der eine »beträchtliche Zahl von Toten« vorausgesetzt wird, weggelassen. Auf der Basis dieser »aktualisierten Pandemiekriterien« erklärte die Organisation am 11. Juni 2009 die Schweinegrippe zur Pandemie (Stufe 6), also »rund sieben Wochen nach Bekanntwerden der ersten Infektion«, heißt es im unabhängigen *arznei-telegramm* 6/2010.[48] Vor dem Jahr 2009 hätte man Corona wahrscheinlich nicht als Pandemie ausgerufen.

Unabhängig von der medizinischen Bewertung der Corona-Pandemie muss ich mich bei dem Verlauf der Dinge fragen, ob nicht bestimmte Lobbys und Gruppen ein starkes Interesse an dieser Pandemie haben. Im Zentrum der Pandemie-Bekämpfung steht zum Beispiel die Johns Hopkins University in Baltimore, die wiederum eng mit der Rockefeller-Stiftung zusammenhängt. Ich verweise noch einmal auf die arte/NDR-Dokumentation »Profiteure der Angst« von 2009.

Noch einmal das *arznei-telegramm*: »Die WHO hat Pandemiepläne aufgestellt, an deren Ausarbeitung Experten beteiligt sind, die Interessenkonflikte bei Firmen haben, die von den WHO-Strategien erheblich profitieren. Die Interessenkonflikte sind der WHO bekannt, werden aber nicht öffentlich gemacht. Eine solche Geheimniskrämerei ist bei Entscheidungen, bei denen es weltweit um Milliarden Euro geht, nicht hinzunehmen. (...) Ausschluss von Experten mit Interessenkonflikten an der Entwicklung von WHO-Leitlinien und nachvollziehbare Transparenz würden wesentlich zur Glaubwürdigkeit der WHO beitragen.«[49]

Frage 20

Seit das Coronavirus sich in Deutschland ausgebreitet hat, kämpft das Land nicht nur gegen das Virus, sondern auch gegen sich selbst. Verschwörungstheorien und Fake News sind allgegenwärtig und entzweien Familien, Freunde, die Gesellschaft. Jetzt klingen auch Sie wie ein Verschwörungstheoretiker ...

Ich kann das Wort »Verschwörungstheoretiker« nicht mehr hören, übrigens eine Wortschöpfung der CIA, um Menschen, die an der offiziellen Version des Kennedy-Attentats, wie es im Warren-Report festgehalten ist, als »Verschwörungstheoretiker« bezeichnen zu lassen und sie damit zu diskreditieren. Die Anweisung stammt aus dem Jahr 1967,[50] und ich kenne das Wort seit meinem Studium. In den 80er-Jahren wurde es aber nur sehr selten und eben speziell auf diesen einen Fall angewendet.

Heute ist dieser Begriff allgegenwärtig und wird pauschal für alle gebraucht, die kritisch die offizielle Version eines Geschehnisses hinterfragen. Damit ist »Verschwörungstheoretiker« zu einem pauschalen Kampfbegriff geworden, der benutzt wird, um Gegner zu diffamieren. Oftmals wird »Verschwörungstheorie« dann noch zur »kruden Verschwörungstheorie« erhoben, siehe dazu auch mein Buch *Weltsystemcrash*.

Was ist denn eine »Verschwörungstheorie«? Laut Wikipedia »im weitesten Sinne der Versuch (...), einen Zustand, ein Ereignis oder eine Entwicklung durch eine Verschwörung zu erklären, also durch das zielgerichtete, konspirative Wirken einer meist kleinen Gruppe von Akteuren zu einem meist illegalen oder illegitimen Zweck«.

Solche »Verschwörungen« gehören aber zum Tagesgeschäft. Sie finden in der einen oder anderen Form ständig statt. Was zum Beispiel ist das, wenn die Finanzbranche die Politik »kapert«, wie es der ehemalige Chefvolkswirt der Bank für Internationalen Zahlungsausgleich Simon Johnson bezeichnet, um durch Lobbytätigkeit vorteilhafte Gesetze zu erwirken? Oder wenn die Existenz von Massenvernichtungswaffen im Irak behauptet wird, wie es der ehemalige US-Außenminister Colin Powell tat, um einen Kriegsgrund zu haben. Macht wird nun einmal missbraucht. Das kritische Hinterfragen von Macht ist eigentlich die Aufgabe von Medien, wie bereits in der zweimal erwähnten arte-Dokumentation. Früher hieß es »kritische Sozialwissenschaft«.

Tatsache ist, dass in Zeiten wie diesen, in denen die Welt kopfsteht, die Menschen ein besonderes Bedürfnis haben, an einfache Erklärungen zu glauben. Der Neurowissenschaftler Keith Payne von der University of North Carolina Chapel Hill, hat mit seinem Buch *The Broken Ladder* eine schlüssige Erklärung geliefert.[51] Wir suchen Sicherheit, zudem hat unser Gehirn die Neigung zur Überattribution: Wenn es früher im Gebüsch raschelte, war es für unsere Vorfahren rational, zunächst einmal ein Raubtier anzunehmen. Wenn die Annahme sich nachher als Fehler herausstellte und kein Säbelzahntiger dastand, sondern nur der Wind geweht hatte, hatte man sich nicht viel vergeben. Wenn man sich hingegen nicht um das Rascheln gekümmert hätte und tatsächlich ein Säbelzahntiger dagestanden hätte, wäre es nicht so glimpflich ausgegangen.

Die Welt steht kopf; die Situation ist unsicher. Die Neigung der Menschen, an einfache »Verschwörungstheorien« zu glauben, hat aktuell unzweifelhaft zugenommen. Das gilt aber für beide Seiten. Was den einen Bill Gates, die WHO, Geheimdienste und der Deep State sind, sind den anderen Wladimir Putin, Populisten, Reichsbürger und eben »Verschwörungstheoretiker«.

Frage 21

Die Corona-Pandemie hat unsere Gesellschaft vor eine bisher ungekannte Herausforderung gestellt. Gerade jetzt müssen politische Entscheidungsprozesse transparent gestaltet werden, damit sie nicht einseitig von finanzstarken Lobbygruppen verzerrt oder ausgenutzt werden. Welche Gruppen haben denn ein Interesse an der Pandemie?

Das ist relativ einfach: Es sind im Wesentlichen die Interessengruppen, die ich schon in meiner Streitschrift *Rettet unser Bargeld!*

2016 genannt habe und die insgesamt die Digitalisierung voran-treiben wollen:[52]

- Die Staaten und Politiker können ihre Macht ausweiten, wie es schon im Report der Rockefeller-Stiftung vorausgesagt wurde.
- Die E-Commerce-Unternehmen wie Amazon und Google be-kommen noch mehr Daten über uns und vergrößern ihre Macht und ihren Umsatz.
- Auch die E-Pay-Anbieter profitieren, denn in einer virtualisier-ten Welt werden natürlich auch mehr Zahlungen derart abgewi-ckelt.
- Lediglich die Bankenlobby, die ich in *Rettet unser Bargeld!* eben-falls als Interessengruppe nannte, muss man bei COVID-19 gegen die Pharma- und Impflobby austauschen.
  Warum Pharma- und Impflobby ein Interesse an der Pande-mie haben, ist offensichtlich. Ich rede hier nur von Interessen. Die letztgültige medizinische Bewertung der Pandemie maße ich mir nicht an.

Für die E-Commerce- und E-Pay-Unternehmen ist die COVID-19-Pandemie ein Förderprogramm sondergleichen. Die Deutschen sind und waren Bargeldfreunde. Im Zuge der Pandemie ist das bar-geldlose Zahlen viel üblicher geworden. Das Wachstum der ohne-hin schon rasant wachsenden Branche hat sich noch einmal be-schleunigt. Im ersten Halbjahr 2020 wuchsen die Ausgaben für Onlinekäufe in den USA um 30,1 Prozent. Im ersten Halbjahr 2019 waren es »nur« 12,7 Prozent gewesen. Im zweiten Quartal 2020 wurden 20,8 Prozent aller Käufe online getätigt, ein Anstieg um 41 Prozent (oder 5,1 Prozentpunkte) zum Vorjahr, als 14,7 Prozent aller Käufe online erfolgten.[53] Die Unternehmen der Internetwirt-schaft boomen. Die FAANG (Facebook, Apple, Amazon, Netflix, Google) sind mächtiger als je zuvor, und man sollte Microsoft da einreihen. Viele dieser Veränderungen im Konsumverhalten sind nachhaltig und werden auch nach Ende der Pandemie Bestand haben.

Frage 22

Sehen Sie weitere strukturelle Veränderungen in Wirtschaft und Gesellschaft?

Das Gegenstück zur blühenden Internetwirtschaft sind Mittelstand, Gastronomie, Hotellerie und Tourismus. Corona war und ist für viele Mittelständler sowie das Gastronomiegewerbe und die Tourismusbranche der blanke Horror. Über 80 Prozent der Gastwirte geben an, dass wirtschaftliches Handeln aufgrund der strengen Auflagen nicht möglich sei. Fast 80 Prozent erzielten nach der Öffnung nur 50 Prozent ihres normalen Umsatzes oder weniger. Insgesamt erwartet die Branche für das Jahr einen Umsatzrückgang von mindestens 55 Prozent.[54] Schätzungsweise 70 000 Hotel- und Gastronomiebetrieben droht das Aus.[55] Corona ist also ein gigantisches Anti-Mittelstandsprogramm.

Die deutsche Regierung hat aufgrund der Corona-Krise extra das Insolvenzrecht geändert. Unternehmen, die aufgrund der Krise 2020 überschuldet, aber noch zahlungsfähig waren, sind bis September 2020 von der Pflicht befreit gewesen, einen Insolvenzantrag stellen zu müssen. Diese Befreiung soll bis Anfang 2021 verlängert werden.[56] Aber das ist natürlich keine Dauerlösung.

Der Trend zum Homeoffice und zu virtuellen Meetings hat seit Corona ebenfalls zugenommen. Zunächst einmal klingt das gut. Auch ich mache gelegentlich von dieser Möglichkeit Gebrauch. Aber je weniger persönlichen Kontakt wir haben, umso abhängiger ist unsere Kommunikation von der Technik und damit auch manipulierbar. Die Internetkonzerne gewinnen noch mehr Macht.

Große Sorge bereitet mir auch der Trend zur Digitalisierung und zu Distance Learning in Schulen und Hochschulen. Es wird immer unpersönlicher und standardisierter. Der Austausch zwischen Menschen und die kritische Debatte treten in den Hintergrund. Wenn ich mir dann noch überlege, dass Internet- und IT-Konzerne als Sponsoren dieser Digitalisierung in die Schulen vordringen, wird mir angst und bange.

Frage 23

Zwei Dinge noch, die mich nicht loslassen. Wie kommt es, dass die Lobbys eine solche Macht haben? Was können wir tun, um die Demokratie zu beleben?

Über diese Frage habe ich viel nachgedacht. Bereits in meinem Buch von 2010 habe ich ihr viel Platz gewidmet. Das werde ich auch hier machen, im Kapitel »Eliten, Parteien, Politiker, Lobbyisten und Manager – Sind die Eliten in Deutschland unfähig, die wirtschaftlich richtigen Entscheidungen zu treffen?«. Ich bitte Sie also, sich noch etwas zu gedulden. Ich würde gerne zunächst noch über ein paar grundlegende Themen, wie zum Beispiel die Rolle der Ökonomen, reden.

Von Volkswirten und Politökonomen

Frage 24

Unter Ökonomen und Politikern wurde heftig gestritten, ob für Volkswirtschaften Sparen oder Geldausgeben der richtige Weg ist. Aktuell haben die Befürworter des Geldausgebens die Oberhand. Welchen Standpunkt vertreten Sie?

In der Tat, darum wird viel gestritten, dahinter steckt aber eigentlich eine andere Frage, die noch schwieriger zu beantworten ist: die Frage nach den gesellschaftlichen Ursachen des Wohlstands. Michael Porter, Professor an der Harvard Business School und einer der Begründer des strategischen Managements, hat vor dreißig Jahren hierzu eine große Studie herausgegeben mit dem Titel *The Competitive Advantage of Nations*, die Wettbewerbsvorteile von Nationen.[57] Aber seitdem ist dazu nicht mehr viel erschienen. In den Makromodellen der klassischen Ökonomen ist für diese Frage kein Platz, weil sie sich mathematisch nicht so gut fassen lässt. Die staatlichen Handlungsoptionen Sparen oder Geldausgeben werden immer nur vor dem Hintergrund bestimmter Modelle diskutiert, die dann natürlich auch nur solche Antworten liefern, die mit dem zugrunde gelegten Modell übereinstimmen.

Aber selbstverständlich ist die Förderung von Fleiß und Sparsamkeit und produktiver Tätigkeit letztlich die Basis für jeden Wohlstand. Dieses Fundament errichtet man durch Bildung, durch Berufspolitik, auch durch Sektorpolitik. Eine Politik, die spekulative Finanzgeschäfte fördert und den Mittelstand bestraft, muss sich schon die Frage gefallen lassen, ob das richtig ist.

Also: Sparen ist schon wichtig, aber Sparsamkeit ist nicht nur vom Einzelnen zu fordern, sondern auch vom Staat. Allerdings muss man bei einem massiven Abschwung oder einer sich abzeichnenden Weltwirtschaftskrise auch Ausnahmen machen können. Denn Sparen allein führt ebenso wenig zum Erfolg wie Schulden machen.

Fragt man konkret nach den Maßnahmen, die in Deutschland zu mehr Wohlstand führen würden, so müsste die Antwort lauten, dass wir jede Menge Reformen brauchen: ein faires Steuersystem und eine Mittelstandspolitik, die den Namen verdient. Wir müssen weg von der Subventionierung der Konzerne und der Finanzbranche durch Brüssel. Das sind alles strukturelle und höchst politische Fragen, die außerhalb dessen liegen, womit sich die Ökonomen gerne beschäftigen.

Frage 25

Nach Auffassung der neoklassischen Ökonomen führt zu viel Geldschöpfung zu Inflation. Grundsätzlich ist das sehr gut nachvollziehbar. Wenn die Geldmenge wächst, das Güterangebot aber nicht, dann ist Geld weniger knapp und sein Preis sinkt gegenüber den Gütern bzw. die Güterpreise steigen. Auch Keynesianer, die ja für etliche Situationen durchaus höhere Staatsausgaben befürworten, würden sich dieser Meinung anschließen. In jüngerer Zeit hört man häufiger von der »Modernen Geldtheorie« (Modern Monetary Theory, MMT). Was hat es damit auf sich?

Nun, in den letzten beinahe dreieinhalb Jahrzehnten ist es zu massiver Geldschöpfung und zu einer Aufblähung der Schulden gekommen. Die Inflation blieb aber vergleichsweise verhalten bis sehr niedrig. Das ermutigt einerseits die Politik, so weiterzumachen wie bisher, andererseits werden sich auch schnell Ökonomen finden, die versuchen, diesen Zustand zu erklären oder zu rechtfertigen. Der derzeitige Versuch heißt MMT. Mittlerweile gibt es sehr viele Ökonomen. Die wollen beschäftigt sein.

Höre ich da einen gewissen Sarkasmus heraus?

Ganz kann ich mir den nicht verkneifen. Als ich studierte, gab es knapp zehn Ökonomen, die öffentlich bekannt waren: die Chefs der großen Wirtschaftsforschungsinstitute und die Chefökonomen der großen Banken. Heute sind es sehr viel mehr. Ich habe aber nicht den Eindruck, dass unsere Wirtschaftspolitik dadurch besser geworden ist.

Im Gegenteil, je mehr sich eine solche Branche »aufbläht«, desto weniger Chancen hat der Einzelne, sich einen Namen zu machen, desto weniger vom Kuchen bleibt für ihn übrig und desto abhängiger von Auftraggebern wird er oder sie.

Zurück zur Modern Monetary Theory – worum geht es da eigentlich?

Die Theorie besagt, dass ein Land, das seine eigene Währung hat, einfach Geld drucken kann, um seine Schulden zu bezahlen. Laut Anhängern dieser Denkschule kann der Staat jederzeit durch höhere Haushaltsdefizite für Vollbeschäftigung sorgen. In diesem Zusammenhang muss seine Zentralbank nur dafür sorgen, dass die Zinsen tiefer bleiben als die Wachstumsrate des BIP. Die Inflation soll nicht primär durch die Geld- und Notenbankpolitik, sondern durch die Steuerpolitik bekämpft werden. Mittels höherer Steuern kann der Staat gezielt Kaufkraft abschöpfen.

Der Staat ist bei der Währung ein Monopolist und gleichzeitig der Schöpfer der Währung. Diese Einsicht formulierte der deutsche Ökonom Georg Friedrich Knapp (1842–1926) schon im Jahr 1905: »Das Geld ist ein Geschöpf der Rechtsordnung. Es ist im Laufe der Geschichte in den verschiedensten Formen aufgetreten. Eine Theorie des Geldes kann daher nur rechtsgeschichtlich sein.«[58] Mit dieser Grundprämisse der Modern Monetary Theory stimme ich sogar überein.

Geld benötigt eine Rechtsordnung, also den Schutz des Staates, um sicher und allgemein akzeptiert zu sein. Geldpolitisch souveräne Staaten können als Geldmonopolisten nicht bankrott gehen. Voraussetzung ist, dass sich ein Land in seiner eigenen Währung verschulden kann und flexible Wechselkurse akzeptiert. Dies ist der Fall in den USA, Japan, Großbritannien und China, nicht mehr in der Euro-Zone und den meisten Schwellenländern, die sich primär in Dollar verschulden. Norbert Häring schreibt im *Handelsblatt* dazu: »Steuern werden im Rahmen von MMT nicht als Finanzierungsinstrument des Staates betrachtet. Vielmehr dienen sie dazu, die Inflation zu begrenzen, indem ein Teil des Geldes wieder eingesammelt wird, und daneben als Instrument der Umverteilung. Auch Staatsanleihen dienen nicht der Finanzierung, sondern dazu, den Zins zu steuern und zu verhindern, dass dieser auf null fällt. Denn durch Ausgabe von Anleihen tauscht die Regierung einen Teil des ausgegebenen, zinslosen Geldes gegen verzinste Anleihen.« So weit, so gut.

Nun aber missbrauchen die Befürworter der »Modernen Geldtheorie« diese Prämissen, um einen ausufernden Staat zu rechtfertigen. Da Fiskalpolitik, also die Steuer- und Ausgabenpolitik des Staates, wirksamer ist als Geldpolitik, soll das Gros der wirtschaftspolitischen Aussagen damit bewältigt werden: Förderung des Wirtschaftswachstums, Vollbeschäftigung und bei Bedarf die Bekämpfung der Inflation. Um Letzteres zu erreichen, soll zu viel ausgegebenes Geld über Steuern wieder abgeschöpft werden.

Budgetdefizite sind laut der modernen Geldtheorie in vielen Fällen kein Problem, solange sie Ausgabenlücken schließen, wenn die Investitionen der Unternehmen geringer sind als die Ersparnisbildung. Staatsdefizite dürfen so hoch sein, dass sie Vollbeschäftigung ermöglichen, sollen aber so niedrig ausfallen, dass sie keine Inflation hervorrufen. Mit Staatsanleihen wird gemäß der MMT nicht der Staatshaushalt finanziert, sondern der Zins gesteuert. Alles in allem eine Aufforderung für den Staat, Schulden zu machen und sich hemmungslos zu bedienen.

Unsere gegenwärtigen Schulden werden unsere Kinder bezahlen müssen.
Wo bleibt die Generationengerechtigkeit?

Man kann und sollte sich über Generationengerechtigkeit Gedanken machen. Aber die Schulden, die wir jetzt machen, müssen nicht in jedem Fall von unseren Kindern bezahlt werden. Man kann die Begleichung von Schulden schließlich auch immer weiter hinausschieben. Staatsschulden werden in den seltensten Fällen komplett zurückgezahlt.

Generationengerechtigkeit ist etwas ganz Wichtiges, aber eher im Kontext nachhaltigen Wirtschaftens. Das wurde im Übrigen in Deutschland immer ganz gut gelöst. Wir waren und sind auf den Import von Rohstoffen angewiesen und haben deshalb immer ressourcenschonend gewirtschaftet. Die angelsächsischen Länder oder Russland verfügten über Kolonien und Regionen, die schonungslos ausgebeutet wurden. Schon ein Nestor der Unternehmensgeschichte, der renommierte Wirtschaftshistoriker Alfred Chandler vom Massachusetts Institute of Technology (MIT), hat auf diesen Zusammenhang aufmerksam gemacht.

Wir hätten damit ein Beispiel für andere abgeben können. Doch dazu ist es nicht gekommen. Genau vor dreißig Jahren kam *Global 2000* heraus, ein Bericht an den damaligen US-Präsidenten Jimmy Carter, der sich mit den Zukunftsfragen und eben auch dem Thema Ressourcen beschäftigte. Dieser Report wurde von Carters Nachfolger Ronald Reagan sehr schnell beerdigt. Amerika wollte davon nichts mehr wissen, und das ist eigentlich bis heute so. Die Schwellen- und Entwicklungsländer haben auch kein gesteigertes Interesse an diesem Thema. Sie sehen darin vor allem einen Versuch der Industrienationen, ihnen ihre Wachstumsmöglichkeiten zu beschneiden. Aber bei der Ressourcenschonung muss Generationengerechtigkeit letztlich ansetzen!

Das andere ist die Frage: Was machen wir mit dem Vermögen unserer Kinder? Unsere Familienwerte haben sich völlig gedreht. Früher war es das Wichtigste, ein Vermögen aufzubauen, ein Haus zu bauen, irgendetwas zu schaffen, das man weitergeben kann. Insofern ist das klassische Bürgertum per se nachhaltig ausgerichtet gewesen. Heute wird verbraucht, was das Zeug hält, und die Kinder dürfen dann neu anfangen. Das halte ich für den falschen Weg.

Frage 26

Winston Churchill hatte anscheinend keine allzu hohe Meinung von Ökonomen. Das galt auch für seinen Landsmann John Maynard Keynes. Der britische Premierminister soll über ihn gesagt haben: »Wenn Sie zwei

Ökonomen in einen Raum stecken, bekommen Sie zwei Meinungen – es sei denn, einer der beiden ist Lord Keynes, dann sind es drei Meinungen.« Was macht einen guten Ökonomen aus?

Ich beginne mit der landläufigen Definition: Ein guter Ökonom muss die Modelle kennen. Die heutigen Ökonomen glauben – und zwar egal, ob Keynesianer oder Monetaristen –, dass ihre relativ mechanischen Modelle die Wirklichkeit hinreichend genau abbilden. Wenn sie nur die korrekten Parameter einstellen und die richtige Stellschraube treffen, dann – so die Annahme – können sie die Welt beschreiben und korrekte Vorhersagen treffen.

Und jetzt folgt meine Ansicht. Es reichen Mathematikkenntnisse auf gehobenem Abiturniveau. Wichtiger als alles andere ist, dass Ökonomen die unterschiedlichen Wirtschaftssysteme kennen und die geschichtlichen Entwicklungen verinnerlicht haben. Dann können sie nämlich in unserem modernen Kapitalismus viele alte Elemente entdecken und verstehen, dass es nichts wirklich Neues unter der Sonne gibt.

Ein Ökonom muss darauf achten, wie gesellschaftliche Mechanismen und gesellschaftliche Macht funktionieren. Doch erst, wenn er die Kulturen und die Geschichte richtig beurteilen kann und jeweils ähnliche Muster miteinander vergleicht, ist er für mich ein guter Ökonom. Aber damit bin ich so weit jenseits der gängigen Definition meiner Branche, dass ich wenig Hoffnung habe, mich eines Tages durchzusetzen.

Das Problem mit der gesamten Zunft besteht darin, dass sie mit einfachen Modellen groß geworden ist: Wenn Input X, dann folgt daraus Output Y. Ökonomie ist aber eine Kunst, ebenso wie das Regieren. Sie ist keine exakte Wissenschaft und lässt sich nicht an mit Sicherheit funktionierenden Modellen festmachen.

Aber Modelle sind doch ganz gute Denkhilfen, oder?

Ja, aber man sollte immer ihre Grenzen im Auge behalten. Gesellschaftliche Entwicklungen können in ihr Gegenteil umschlagen und die Voraussetzungen für ihren eigenen Untergang schaffen. Die Dinge sind im Fluss, sie tragen ihren eigenen Widerspruch in sich. Man kann das bei den deutschen Denkern des 19. Jahrhunderts nachlesen. Aber das haben die Ökonomen nicht getan.[59]

Frage 27

Die Volkswirte liegen also so oft falsch, weil sie in ihren eigenen Fiktionen gefangen sind? Oder weil sie bewusst desinformieren wollen?

Nein, das Zweite geht mir zu weit. Aber Ökonomen sind tatsächlich in ihrem engen Weltbild gefangen und verlassen sich auf ihre abstrakten Modelle. Sie müssten sich immer wieder vor Augen führen, dass die Wirklichkeit größer und komplexer ist als das Modell. Sie müssten ständig den Bezug zur Wirklichkeit herstellen und nach Übereinstimmungen mit dem Modell suchen. Das tun sie aber nicht. Wenn ich bei meinem Hedgefonds stur nach Modell A vorginge, dann würde der bald Minusrenditen produzieren.

Dass viele Ökonomen die Realität in ihrer Komplexität nicht mehr sehen, ist Folge eines Lehr- und Lerndefizits: Über das Modell hinauszudenken, wird ihnen in der modernen ökonomischen Ausbildung geradezu aberzogen. In heutigen Vorlesungen bekommen die Studenten zu hören, dass Exporte das Volkseinkommen erhöhen und Importe dieses verringern. Oder dass ein Wirtschaftsabschwung mit über Schulden finanziertem Konsum gemildert werden kann. Spätestens nach den ersten Klausuren stecken diese Gleichungen und Wirkmechanismen unverrückbar in ihren Köpfen drin, und sie überlegen gar nicht mehr, welche gesellschaftlichen Rahmenbedingungen dahinterstehen.

Gehen deshalb die Prognosen von Ökonomen fast immer in dieselbe Richtung?

Das hat einen anderen Grund. Wenn Wirtschaftsforschungsinstitute eine negative Prognose abgeben, dann wird ihnen eine Krisenmentalität vorgeworfen. Die Kollegen rümpfen die Nase und sagen: Die machen uns den Laden mies. Liegt das Institut mit seiner Vorhersage falsch, dann wird es in der Luft zerrissen. Wenn aber die Kollegen mit der kritischen Auffassung recht behalten, dann werden sie auch nicht viel beliebter. Also gehen die Ökonomen auf Nummer sicher und orientieren sich am allgemeinen Konsens. Nahe dem Mainstream kann ihnen nicht viel passieren. Sie behalten ihren Job, sie bekommen irgendwann den nächsten Auftrag, sie machen einfach weiter.

Im Übrigen trifft das nicht nur auf die Ökonomen zu, sondern auch auf die Finanzanalysten. Auch die Analysten schwimmen lieber mit dem Strom. Wenn alle richtigliegen – Haken dran. Und wenn alle falschliegen, konnte man es eben nicht kommen sehen. Es hat seine Vorteile, mit dem Chor zu singen. Außerdem gibt es genug Untersuchungen, die belegen, dass Wirtschaftsprognosen der Realität stets ein paar Monate hinterherlaufen. Bestes Beispiel: die Finanzkrise 2008. Im Frühjahr 2008 sagten alle: Es gibt keine Rezession. Im Spätsommer hieß es: Möglicherweise gibt es eine leichte Rezession. Und erst als die Rezession dann da war, im Winter 2008, sagte der damalige und mittlerweile verstorbene Chefvolkswirt der Deutschen Bank, Norbert Walter, dass diese Rezession fürchterlich werde. Da war sie aber schon längst fürchterlich.

Frage 28

Wenn etwas wirklich inflationär ist, dann sind das Konjunkturprognosen. Warum brauchen wir eigentlich so viele Konjunkturprognosen? Früher ging es doch auch ohne. Hat das mit der Notwendigkeit der Institute zu tun, medial auf sich aufmerksam zu machen? Oder sind das Beruhigungspillen für das Volk?

Unsere Volkswirtschaften produzieren sehr viel Reichtum, und deshalb lautet die politische Frage: Wie verteilen wir diesen Reichtum? Den ganz Armen in Deutschland geben wir etwas davon ab in Form von Hartz IV, ein anderer Teil fließt an Volkswirte und Wirtschaftsprüfungsgesellschaften und Agenturen, die ja – seien wir ehrlich – auch nicht viel produktiver sind. Dennoch leisten wir uns hier eine große Armee von hoch bezahlten Spezialisten. Damit das nicht weiter auffällt, macht sich jeder von denen irgendwie bemerkbar: mit Prognosen, mit Stimmungsindikatoren, mit Vorlaufindikatoren, mit nachlaufenden Indikatoren, mit Gesamtprognosen, mit Prognosen zusammenfassenden Gutachten. Als normaler Mensch blickt man überhaupt nicht mehr durch. Das geht zum einen Ohr rein, zum anderen raus.

Der Konjunkturforscher freut sich allerdings darüber, dass es so viele Indikatoren gibt. Denn da gibt es immer etwas zu interpretieren, und am Ende muss er sich nicht einmal festlegen. Außerdem gibt es für jeden Index Daten, die er berechnen muss, und dafür braucht man Personal. Letztlich stützt diese Vielzahl an Prognosen auch das System, denn jeder kann sich rauspicken, was er will. Irgendein Prognostiker, der genau das voraussagt, was man gerade hören will, wird sich schon finden lassen. Das passt allen von der Firma bis zur Regierung ganz gut in den Kram, denn sie können die Prognosen je nach Bedarf instrumentalisieren. Und so trägt die Prognoseritis zur Stabilisierung des gegenwärtigen Systems bei.

Frage 29

Wie ein Mantra haben 2008 Merkel und der ehemalige Finanzminister Peer Steinbrück immer wieder erklärt, die Wucht der Krise hätte niemand voraussehen können. Dabei hätte man die Zeichen durchaus erkennen können, wenn man auf die weniger optimistischen Ökonomen gehört hätte. Müssen Politiker den wahrheitsliebenden Ökonomen eine Kassandra schimpfen, um ihr eigenes Handeln zu rechtfertigen?

Dieses Mantra gab es sicherlich. Jochen Sanio, der Chef der Bankenaufsicht BaFin, und die damalige KfW-Chefin Ingrid Matthäus-Maier haben damit gleich zu Beginn der Krise die Richtung vorgegeben.

Was aber die »wahrheitsliebenden« Ökonomen betrifft, so muss man festhalten: Weil sich die Zunft wieder einmal nicht einig war, hat sie nicht laut genug moniert, dass etwas brutal aus dem Ruder lief. Im Gegenteil: Von 2000 bis 2007 haben fast alle am neoliberalen Rad mitgedreht. In diesem Fall kann man die Politik sogar ein wenig in Schutz nehmen. Die Ökonomen hätten lauter und hartnäckiger warnen müssen. Das wäre ihre Aufgabe gewesen. Stattdessen haben sie im Großen und Ganzen die Politiker in ihrem Tun bestärkt.

> »Wer ein Schöpfer sein will im Guten und im Bösen,
> der muss ein Vernichter sein und Werte zerbrechen.«
> *Friedrich Nietzsche*, Also sprach Zarathustra

Frage 30

Um Krisen zu verstehen, suchen wir natürlich Rat bei den berühmten klassischen Wirtschaftswissenschaftlern. Kann ich einfach bei Adam Smith nachschlagen, und der erklärt auf Seite 250 folgende, weshalb eine Entwicklung in eine Krise mündet?

Es reicht natürlich nicht, Adam Smith oder Karl Marx oder John Maynard Keynes oder wen auch immer zu lesen. Man sollte intensiv die wirtschaftshistorische Entwicklung studieren. Wie war das mit den Währungssystemen? Wie verlief die letzte Währungskrise eines Währungsverbundes? Daraus kann ich lernen. Aber natürlich helfen die Klassiker, denn anders als die modernen theoretischen Ökonomen haben sie noch gewusst, dass ökonomische Sachverhalte nicht von gesellschaftlichen zu trennen sind.

Es wäre gut, wenn die Wirtschaftswissenschaftler heute ein wenig grundlegender dächten. Wir müssen zurück zu den deutschen Denkern, zu List, zu Sombart, zu Marx, zu Schmölders, auch zu Röpke und Rüstow, also zu den politisch denkenden Ökonomen, die verstanden haben, dass Wirtschaftsordnungen von bestimmten gesellschaftlichen, politischen und moralischen Grundvoraussetzungen abhängig sind, dass die Art und Weise, wie sich Gesellschaften organisieren, sehr vielfältig sein kann und dass sich diese Wirklichkeit mit Modellen nur unzureichend erfassen lässt.

Mit dem anonymen Marktdenken, das nach 1945 verstärkt auf uns einströmte, sind diese grundlegenden Wahrheiten leider aus dem Blick geraten.

> »Karl Marx hatte recht, als er die Risiken des ungezähmten Kapitalismus anprangerte.«
> *Rowan Williams, Erzbischof von Canterbury*

Frage 31

Nun kann ich für jedes Pro und Contra einen berühmten Ökonomen aus dem Hut zaubern. Lese ich Keynes, dann lerne ich, dass der Staat ins wirtschaftliche Geschehen eingreifen soll. Lese ich John Maurice Clark (1884– 1963), einen amerikanischen Ökonomen, dann lerne ich, dass die Einmischung des Staates häufig kontraproduktiv ist, weil die Wirtschaft von sich aus zum Gleichgewicht strebt. Wann gilt was in der Wirtschaftswissenschaft?

Diese Sache mit dem Gleichgewicht ist die klassische Denkfigur des Marktes als Vollautomatismus. Irgendwann pendelt sich alles ein, man darf also nichts machen. Dasselbe hören wir von Hayek, von Ludwig von Mises oder Friedman. Das ist mir, mit Verlaub, zu simpel. Wir müssen zurück zur politischen Ökonomie und uns die politischen Strukturen anschauen. Wir dürfen die Wirtschaft nicht nur als Maschine betrachten, die man mit einem Hebelgriff neu justieren kann, sondern wir müssen uns über die Konstruktionsprinzipien der Maschine Gedanken machen – und die Maschine unter Umständen umkonstruieren. Dafür braucht es kluge Ökonomen und noch mehr kluge Politiker mit sehr viel Durchhaltewillen sowie dem Mut, Dinge zu verändern, auch auf die Gefahr hin, abgewählt zu werden.

Wenn es einen Ökonomen gibt, der das ganz andere zur neoliberalen Wirtschaftstheorie verkörpert, dann ist es Karl Marx. Haben die Ökonomen Marx vernachlässigt?

Ich finde Marx sehr spannend und faszinierend. Aber er liefert auch nicht die letztgültige Wahrheit. Seine Arbeitswertlehre ist beispielsweise grober Unfug. Was ist mit der schöpferischen Arbeit des Ingenieurs oder der großen Bedeutung, die der Leitungstätigkeit zukommt? Das spielt bei Marx keine Rolle.

Was ihn aber interessant macht, ist seine gute Krisentheorie. Wenn sich Kapital akkumuliert, kommen unter Umständen gewisse Beschleunigungsprozesse in Gang: Es bilden sich Oligopole, und es kommt zu Spannungen in der Weltwirtschaft. Lenin sprach vom Imperialismus als höchster und letzter Stufe des Kapitalismus, die dann eingetreten sei, wenn die Großkonzerne ganze Länder für sich vereinnahmt haben und auf ihrer Jagd nach Renditen in Konflikt miteinander geraten. Das klingt doch sehr plausibel. Die sozialistischen Krisentheoretiker haben die zunehmende Abhängigkeit der Politik von der Wirtschaft erkannt und den Finger in viele Wunden gelegt. In anderen Punkten sind ihre ökonomischen Theorien schlichtweg falsch.

Wie verhält es sich mit John Maynard Keynes, der seit Jahrzehnten als Eier legende Wollmilchsau unter den Wirtschaftswissenschaftlern angepriesen wird. War Keynes wirklich so gut?

Ja, Keynes war einer der ganz großen Ökonomen. Das zeigt sich auch darin, dass er nicht nur als Ökonom brilliert hat. Er war auch als Investor am Aktienmarkt und als Architekt der Weltfinanzordnung von Bretton Woods erfolgreich. Der Mann hat in der Praxis gezeigt, dass er etwas konnte.

John Maynard Keynes, die Zwischenkriegszeit und Bretton Woods: Die Lehren aus der Großen Depression

Der britische Volkswirtschaftler John Maynard Keynes (1883–1946) war einer der bekanntesten Ökonomen des 20. Jahrhunderts. Keynes, von 1909 bis 1946 Mitglied des Lehrkörpers des King's College der Cambridge University und ein höchst erfolgreicher Verwalter dessen Vermögens, war gleichzeitig Publizist, Verwaltungsbeamter, Regierungsberater und Herausgeber des *Economic Journal*. Nach seinem B. A. in Mathematik im Jahr 1904 wurde er 1906 Verwaltungsbeamter im India Office – damals eine ungleich mächtigere und prestigeträchtigere Position als zum Beispiel heute Referatsleiter in einem Bundesministerium. 1909 wurde er außerdem Dozent für Wirtschaftswissenschaften, 1912 Herausgeber des *Economic Journal*.

1919 leitete Keynes als Berater des britischen Schatzamtes dessen Delegation, die in Versailles einen Friedensvertrag mit dem Deutschen Reich aushandeln sollte. Entsetzt über die alliierten Reparationsforderungen, denen Deutschland ausgesetzt wurde, sah er in den von den Alliierten diktierten Auflagen das nächste Unheil, den nächsten Krieg, vorprogrammiert, verließ die Delegation und veröffentlichte 1919 ein Buch mit dem Titel *The Economic Consequences of the Peace* (dt. 1920: *Die wirtschaftlichen Folgen des Friedensvertrags*), in dem er vor den katastrophalen Folgen der Ausbeutung Deutschlands durch die Alliierten warnte. Er endete mit dem ominösen Satz: »Aber wer kann sagen, wie viel ein Land aushalten kann oder in welcher Richtung Menschen aus ihrem Unglück ausbrechen werden?« Keynes forderte einen Wiederaufbauplan anstelle von erdrückenden ökonomischen Bedingungen. Das Buch machte Keynes schlagartig bekannt.

As Schatzmeister des King's College (1924–1946) schaffte er es in dieser Zeit, vor allem mit Aktieninvestments, das Vermögen des Fonds um 350 Prozent zu steigern, während der englische Aktienmarkt sich kaum bewegte.

In den 1920er-Jahren wandte sich Keynes wiederholt, u. a. mit seiner *Abhandlung über die Reform des Geldwesens* (1923), gegen die deflationäre Politik der Regierungen. 1936 erschien dann sein Hauptwerk, die *Allgemeine Theorie der Beschäftigung, des Zinses und des Geldes*,[60] in dem er argumentiert, dass es krisenhafte Situationen geben kann, in denen sich ein gesamtwirtschaftliches Gleichgewicht nicht automatisch einstellt, weil ein Nachfragedefizit besteht. In diesen Situationen sollte der Staat durch eine leichte Geldpolitik oder durch schuldenfinanzierte Ausgabenprogramme die Nachfrage stimulieren.

Keynes war einer der maßgeblichen Architekten der neuen internationalen Währungsordnung nach dem Zweiten Weltkrieg. Der Marshallplan zum Wiederaufbau der europäischen Wirtschaft spiegelt zu großen Teilen seine Vorschläge wider, die er schon in *Die wirtschaftlichen Folgen des Friedensvertrags* gemacht hatte. Vom 1. bis 22. Juli 1944 trafen sich im Kurort Bretton Woods im US-Bundesstaat New Hampshire 44 Staaten, um die Währungsordnung der Nachkriegszeit zu entwerfen. Man war sich einig, dass man das Chaos der Zwischenkriegszeit verhindern wollte. Keynes sprach sich für ein System aus, bei dem Defizit- und Überschussländer gleichermaßen in die Pflicht genommen würden. Keynes hatte schon während des Krieges einen Plan für eine internationale Währungsunion, die International Clearing Union, entwickelt. Die internationalen Institutionen hätten sehr mächtig sein müssen, und die Nationen wären in die Pflicht genommen worden, die Wirtschaftspolitiken zu koordinieren. Einen solchen Zwang hatte es – unter anderen Vorzeichen – auch während der Zeit des klassischen Goldstandards von 1873 bis 1914 gegeben. Damals hatte eine bloße Rechtskonvention – nämlich die selbst auferlegte Pflicht der Notenbanken, Geldscheine jederzeit in Gold zu tauschen – zu einer Koordination der Wirtschaftspolitik geführt.

England war hoch verschuldet in die Verhandlungen von Bretton Woods gegangen, während die USA als wirtschaftliche und militärische Supermacht einen Großteil der Goldreserven der Welt gehortet hatten. Das System von Bretton Woods reflektierte dann auch eher amerikanische, d. h. den White-Plan, als britische Vorstellungen, d. h. den Keynes-Plan »*Proposals for an International Clearing Union*«, aber es funktionierte ein Vierteljahrhundert recht ordentlich. Stabile, aber anpassungsfähige Wechselkurse und vielfache Regulierungen beim Devisenverkehr sorgten für ein Umfeld, in dem der Welthandel gedeihen konnte. Die Institutionen von Bretton Woods – Weltbank und Internationaler Währungsfonds – überwachten das System.

Bereits in den 1920er- und 1930er-Jahren wurde Keynes von Friedrich August von Hayek und Ludwig von Mises in ideologischer Weise angegriffen. Dennoch dominierten seine Ideen die Politik der Nachkriegsjahrzehnte. Als die USA aufgrund ihrer undisziplinierten Haushalts- und Wirtschaftspolitik 1971 beim sogenannten Nixon-Schock einseitig das System von Bretton Woods aufkündigten, begann eine Phase der weltwirtschaftlichen Turbulenzen, die durch zwei Ölschocks noch verschlimmert wurden. Nachdem Helmut Schmidt noch davon sprach, dass es besser sei, 5 Prozent Inflation als 5 Prozent Arbeitslosigkeit zu haben, wurden Keyne's Ideen zunehmend diskreditiert. Ende der 1970er-Jahre begann mit Margaret Thatcher in England und Ronald Reagan in den USA die neoliberale Revolution, die zum heutigen globalen Hyperkapitalismus führte.

Seit der Finanzkrise ist Keynes wieder in den Blickpunkt gerückt. Wer sich mit dem Leben und den Vorschlägen dieses großen Mannes intensiver beschäftigt, wird feststellen, dass er ein großer Pragmatiker und keinesfalls ein Ideologe war. Diese Bezeichnung trifft eher auf seine geistigen Gegner Friedrich August von Hayek und Milton Friedman zu, die allerdings beide, anders als Keynes, den Nobelpreis für Wirtschaftswissenschaften erhielten.

Einer der bekanntesten Aussprüche von Keynes ist wohl, dass wir auf lange Sicht gesehen alle sterben müssen (»*in the long run, we are all dead*«). Er bezog sich damit auf das Denken der neoliberalen Ökonomen, dass langfristig eine Wirtschaft immer zum Gleichgewicht tendiere. Keynes plädierte dafür, jede Situation genau zu analysieren und sich nicht von allgemeinen Denkschablonen leiten zu lassen. Das sollte die wichtigste Lehre für die heutigen Wirtschaftswissenschaftler und Politiker sein.

Frage 32

Wie steht es um den russischen Wirtschaftstheoretiker Nikolai Kondratjew? Eigentlich erleichtert dessen Zyklustheorie das Leben doch ungemein: Die Wirtschaft, sagt Kondratjew, entwickelt sich in Wellen von 40 bis 60 Jahren, wobei die Aufstiegsphase etwas länger, die Abstiegsphase etwas kürzer dauert. Gegen die Kondratjew-Wellen kann man also nichts machen, die passieren einfach ...

Kondratjews Zyklustheorie fußt auf der Überlegung, dass technische Basisinnovationen und die nachfolgenden Begleittechnologien die Wirtschaft massiv beeinflussen. Gemeint sind beispielsweise der Eisenbahnbau im 19. Jahrhundert oder das Aufkommen des Automobils und der Siegeszug der Computertechnologie und des Internets. Nach Kondratjew bewirkt eine neue Basistechnik einen Aufschwung, immer mehr Wirtschaftszweige investieren, und es kommt zur Blüte. Irgendwann sackt der Boom aber in sich zusammen, weil die Investoren keine rentablen Anlagemöglichkeiten mehr sehen. Denn irgendwann sind nun mal die Eisenbahnnetze gebaut, hat jeder Mensch ein Auto und einen Computer, und dann sinkt die Auslastung der Produktionsstätten, weil die Kapazitäten so schnell nicht umgelenkt werden können, und noch später liegen sie still.

Ich glaube schon, dass an den großen Wellen etwas dran ist. Ob sie immer so regelmäßig kommen, sei dahingestellt. Aber wenn sich Basistechniken durchsetzen, sorgt das natürlich erst einmal für einen Aufschwung. Seit vierzig Jahren verfügt jedes Großunternehmen über Computer, aber zu einem Massenprodukt wurde der Rechner erst mit dem Aufkommen des PC Mitte der 1980er-Jahre. Und das löste einen jetzt schon mehr als zwanzig Jahre währenden Aufschwung der Informations- und Kommunikationsbranche aus. Die Informationstechnologie hat unseren letzten Aufschwung getragen. Und erst so langsam kommen wir an eine Sättigungsgrenze. In der jetzigen Weltwirtschaftslage kann das ein weiterer Negativfaktor sein. Auch das kann ein Hinweis darauf sein, dass mit Corona ein wie auch immer gearteter Systemwechsel herbeigeführt werden soll.

Frage 33

Wenn sowohl US-Präsident Donald Trump als auch sein Nachfolger Joe Biden im Prinzip eine keynesianische Ausgabenpolitik betreiben, dann verwundert das auf den ersten Blick. Da stimmt doch was nicht?

Es ist nichts Neues, dass Keynes von ganz unterschiedlichen Protagonisten zitiert wird. Selbst Richard Nixon hat schon Anfang der 1970er-Jahre gesagt, dass wir jetzt alle Keynesianer seien. Keynes hat eben sehr viel und vor allem sehr viel Gutes gedacht und geschrieben.

Wenn wir heute von »dem« Keynesianismus sprechen, dann meinen wir vor allem, dass der Staat in einer Krise durch gezielte, auch durch Schulden finanzierte Konjunkturprogramme die Wirtschaft ankurbeln soll. In seinem schon zitierten Hauptwerk *Allgemeine Theorie der Beschäftigung, des Zinses und des Geldes* hat er die Grundlagen für diese Anschauung gelegt. Danach kann es Situationen geben, in denen die Wirtschaft von selbst in sich zusammenfällt. Wenn das Vertrauen dahin ist, die Anleger nicht mehr investieren und wenn das Geld gehortet wird, dann kann es zu einem Abwärtskreislauf kommen. Die klassischen Ökonomen haben das bestritten und argumentiert, dass es nicht so weit kommen werde, solange wir freie Märkte hätten, denn die Märkte seien stets vernünftig. Im schlimmsten Fall würden einige Preise fallen. Und danach werde erneut investiert, weil alles billiger geworden sei. Keynes hat dagegen schlüssig dargelegt, dass sie sich irrten, und er bezog sich dabei auf die Erfahrungen nach der Großen Depression von 1929.

Wo stehen Sie in dieser Diskussion?

Ich halte es für absolut richtig, dass in einer solchen Krisensituation eine Adrenalinspritze gesetzt wird und dass der Staat als zusätzlicher Nachfrager auftritt. Das Problem mit dem Keynesianismus rührt daher, dass sich Politiker seit den 1960er-Jahren schon bei kleinsten Störungen der Wirtschaft auf Keynes berufen haben, um die Aufnahme neuer Schulden zu rechtfertigen. Leider versäumen sie es aber dann in guten Zeiten, die Staatsschulden wieder zu begleichen, weil sie den Bürgern, sprich: den Wählern, ungern zusätzliche Lasten aufbürden. Damit haben sie gewissermaßen nur den halben Keynes umgesetzt, und das hat den Keynesianismus ab Mitte der 1970er-Jahre zunehmend in Verruf gebracht. Als Gegenreaktion hat sich dann das neoliberale Denken durchgesetzt, und das hieß: Abbau der Staatsschulden, Deregulierung, Einführung der Marktwirtschaft, Zurücknahme des Sozialstaates und so weiter und so fort.

> »Eine eklektische Philosophie kann es nicht geben,
> wohl aber eklektische Philosophen.«
>
> *Johann Wolfgang von Goethe*

Frage 34

Neoklassiker und Monetaristen wollen so wenig Staat wie möglich, Keynesianer und Vertreter der Modern Monetary Theory sehen den Staat als eine Überinstanz, die verantwortlich ist für die Globalsteuerung der Wirtschaft, also auf der makroökonomischen Ebene handelt. Direkt in den Markt einmischen soll er sich möglichst wenig. Kann der Staat auch selbst als Unternehmer agieren?

Das ist in der Tat eine höchst spannende Frage. Vor einigen Jahren machte ein Buch der italienischen Ökonomieprofessorin Mariana Mazzucato, die in England lehrt, Furore. In Deutschland ist es unter dem Titel *Das Kapital des Staates* erschienen.[61] Die treffende Übersetzung des englischen Titels *The Entrepreneurial State: debunking public vs. private sector myths* wäre aber »Der Staat als Unternehmer« oder »Der unternehmerische Staat«. Mazzucato zeigt, dass der Staat bei vielen Schlüsseltechnologien als erster Investor die entscheidende Rolle gespielt hat: bei Düsentriebwerken, bei der Raumfahrttechnologie, beim Internet, beim iPhone und bei den Algorithmen, die zum Beispiel Google verwendet. Ganz Silicon Valley ist im Prinzip ein Spin-off der militärischen Forschung.

Das Buch bestätigt mich in meinen Auffassungen, dass die simple Gleichung *Staat = schlecht, privat = gut* so nicht stimmt. Wenn es um Basisinnovationen geht, kann der Staat durchaus die Rolle des Risikoträgers spielen. Allerdings haben wir hier ein ähnliches Problem wie im Bankensektor. Die Risiken werden von der Allgemeinheit getragen, »sozialisiert«, die Gewinne streichen sich oft einige wenige Privatunternehmen ein.

Frage 35

Vor etwas mehr als zwanzig Jahren kam die verhaltenswissenschaftliche Finanzforschung auf. In Deutschland gilt Joachim Goldberg von Cognitrend als einer der Wegbereiter. Was halten Sie davon?

Die Tatsache, dass Märkte irrational sein können, ist erst Ende der 1980er-Jahre durch mehrere Artikel von Andrei Shleifer, heute Professor für Verhaltensökonomik an der Harvard University, erneut ins Blickfeld geraten. Und im Lauf der Jahre wurde aus der verhaltenswissenschaftlichen Finanzforschung eine richtige Mode.

Der Psychologe Daniel Kahneman hat 2002 für seine »Prospect Theory« den Wirtschaftsnobelpreis bekommen. Er hat Menschen in Kernspintomografen geschoben und ihnen Finanzfragen gestellt, zum Beispiel folgende: Hätten Sie lieber 100 Dollar jetzt oder 110 in einem Jahr? Dann hat er analysiert, welche Bereiche des Gehirns vor und während der Beantwortung besonders aktiv waren. Immer wenn sich die Menschen schnell entschieden haben, und das war gerade bei komplexen Fragen so, dann war das Kleinhirn sehr aktiv. Mit anderen Worten: Je komplexer es wird, desto eher verlassen wir uns auf unsere Instinkte. Das Kleinhirn steuert die Basisemotionen, Furcht, Aggression und Flucht und verbindet uns evolutionsgeschichtlich mit den Reptilien. Unsere Geldanlageentscheidungen werden also tatsächlich vom Reptilienhirn gesteuert. Und wird die Gier angesprochen, ist der Verstand ausgeschaltet. Die Börsianer haben das allerdings schon immer gewusst und gesagt: Gier frisst Hirn. Denn je komplexer es wird, desto eher verlassen wir uns auf unsere Instinkte.

Frage 36

Nicht die Vertreter einer bestimmten Lehre haben die Probleme ziemlich genau vorhergesagt, sondern eher diejenigen, die sich aus den bestehenden Theorien das Beste herausziehen. In den USA hat beispielsweise Nouriel Roubini den Finger sehr oft in die richtige Wunde gelegt. Sie selbst sind

Roubini gar nicht mal so unähnlich: Ein wenig österreichische Schule, ein bisschen Keynes und Stiglitz und dazu eine Prise Marx. Ist das die Zukunft der Wirtschaftswissenschaft – ein Mix aus allen gängigen Theorien?

Nein, das glaube ich nicht. Aber der Vergleich mit Roubini ehrt mich natürlich. Roubini ist freilich mehr Ökonom, als ich es bin. Er hat an der Harvard University promoviert und viele mathematisch streng formulierte ökonomische Aufsätze geschrieben. Ich sehe mich eher als politischen Ökonomen und als Praktiker. Und ich bin als Publizist tätig. Ohne diesen Bezug zur Praxis hätte ich mich nie so weit herausgewagt und eine Krise prophezeit. Reinen Ökonomen bekommt es nämlich normalerweise nicht, als Krisenprophet durch die Welt zu gehen. Das ist hinderlich für die Karriere.

Die Ökonomie hat sich leider immer weiter von der Praxis entfernt und gerät zunehmend zu einer recht esoterischen Wissenschaft. Auch die Finanzkrise hat daran nur wenig ändern können. 2009 initiierten etwa die wirtschaftspolitisch orientierten Kollegen in Deutschland den Aufruf »Rettet die Wirtschaftspolitik an deutschen Fakultäten«. Hintergrund war der Streit um die Neubesetzung des Lehrstuhls an der Universität zu Köln. Die gut achtzig Professoren, die den Aufruf unterzeichneten, waren der Meinung, dass sich die Ökonomie in der Praxis beweisen müsse. Doch es gab auch einen Gegenaufruf, der von fast zweihundert Professoren und Assistenten unterstützt wurde und in dem eine »moderne« Ökonomie nach angelsächsischem Muster eingefordert wurde. Und die ist institutionsfeindlich, praxisfern und theorielastig. Ich sehe keine Trendwende.

Brauchen wir eine neue Lehre?

Natürlich, aber ich glaube kaum, dass wir eine bekommen werden. Was zunehmend fehlt, ist der Bildungshintergrund des klassischen Gelehrten. Wirtschaftsgeschichte, politische Ökonomie, die Kenntnis der Schriften von Sombart, List, Marx und wie sie alle heißen sowie mindestens eine Fremdsprache sollten eigentlich obligatorisch sein. Dafür würde ich die Mathematik deutlich zurückfahren, damit die Studenten und Wissenschaftler ihren Blick für die aktuellen wirtschaftspolitischen Probleme schärfen können. Aber das würde auf eine grundlegende Reform des Studiums hinauslaufen, die mehr als unwahrscheinlich ist.

Frage 37

Sie bezeichnen sich als »politischen Ökonomen« und sagen deutlich, dass Sie einen anderen Ansatz verfolgen als die neoklassischen Marktökonomen, die eher staatsgläubigen Keynesianer und auch die Vertreter der Modern Monetary Theory. Was meinen Sie?

Lassen Sie mich das am Beispiel von Hans-Werner Sinn und mir erläutern. Ich möchte hier nicht unsere Leistungen vergleichen, sondern die Art und Weise, wie wir an Probleme herangehen. Hans-Werner Sinn ist durch und durch Ökonom, und er fühlt sich der Wahrheit verpflichtet. Bezeichnenderweise heißt seine Autobiografie *Auf der Suche nach der Wahrheit*.[62] Er sieht seine ökonomischen Modelle und wendet sie an.

Dadurch, dass er sehr geradlinig argumentiert, eckt er gelegentlich bei der Politik an. Ich war einmal dabei, als er gefragt wurde, ob er von der Bundesregierung viel zurate gezogen würde. Seine Antwort: »In Berlin fragt man mich eher seltener, ich wirke eher über die öffentliche Debatte, indem ich Themen aufwerfe.« Damit entfaltet Sinn durchaus beträchtliche politische Wirkung. Aber er ist Ökonom, kein »politischer Ökonom«.

Für politische Ökonomen ist die Politik wichtiger als die Ökonomie. Es geht auch um Macht, Deals, Lobbys, Interessengruppen, nicht nur um den Markt. Es kommt darauf an, wie die Regeln gestaltet sind und wer diese gestaltet. Finanzkapitalismus oder eine sozialere Variante des Kapitalismus liegen eigentlich allen ökonomischen Theorien zugrunde. Für politische Ökonomen sind das nur zwei Möglichkeiten von unendlich vielen, wie wir unser Zusammenleben und unsere Wirtschaft regeln können.

Ich habe mich schon seit meiner Jugend für Politik interessiert. Als Doktorand wurde ich durch Robert Gilpin, der mein Professor

an der Princeton University war, näher mit der politischen Ökonomie vertraut gemacht. Laut Gilpin schafft die parallele Existenz
von »Staat« und »Markt« in der modernen Welt die »politische
Ökonomie« dieser Welt; ohne Staat und Markt könnte es keine
politische Ökonomie geben.[63] Entscheidend ist laut Gilpin, dass
Märkte nicht politisch neutral sind; sie begründen Macht, die ein
Akteur gegen einen anderen benutzen kann.[64]

Die meisten Ökonomen gehen aber mehr oder weniger von der
Annahme eines neutralen Marktes aus. Die politische Ökonomie
hat insofern mehr Gemeinsamkeiten mit der Politikwissenschaft
und der Soziologie als mit der reinen Ökonomie. Auch die »deutsche historische Schule«, die nach dem Ersten Weltkrieg etwas in
Vergessenheit geraten ist, war teilweise durchaus »politische Ökonomie«.

Frage 38

*Arbeiten die Wirtschaftswissenschaft und die Ökonomen heute zum Wohl
der Menschen oder zum Wohl der Geldvermehrung?*

In unserem momentanen System stellen sie eine tragende Säule
der Finanzbranche und der Großindustrie dar. Es gibt sicherlich
viele Wirtschaftswissenschaftler, die Idealisten sind, die glauben,
dass sie zum Wohl der Menschen arbeiten – einige tun das auch –,
aber in Summe stützt die Mehrheit der Wirtschaftswissenschaftler
doch das herrschende System, das aus meiner Sicht falsch ist. Dieses System ist grundlegend reformbedürftig. Wenn die Wirtschaftswissenschaft diese Reformen verhindert, dann arbeitet sie
gegen die Menschen.

*In der Vergangenheit haben sich die Wirtschaftswissenschaften immer wie-
der hinter einer kühlen Rationalität versteckt und sich viel stärker als andere Wissenschaften von unserem moralischen Fundament und unserem
humanistischen Erbe entfremdet. Wie können wir die Wirtschaftswissenschaft aus der Schmuddelecke herausholen?*

Das Problem ist, dass viele junge Menschen, die Wirtschaftswissenschaften studieren, vorher keine Gesellschaftswissenschaften studiert haben und keine humanistische Bildung besitzen. Sie haben sich erst gar nicht mit dem Thema Moral beschäftigt. Früher war das anders. Natürlich ist die Art und Weise, wie ich Wirtschaft verstehe und Wirtschaft betreibe, immer auf eine bestimmte moralische Überzeugung gegründet. Wenn ich wie die Neoliberalen annehme, dass der Markt ein Vollautomatismus ist, der dafür sorgt, dass sich alles zum Guten wendet, dann liegen diesem Gedanken ein gewisses Menschenbild, eine bestimmte moralische Vorstellung zugrunde. Und diese moralischen, philosophischen oder gesellschaftstheoretischen Annahmen muss man eigentlich offenlegen. Und man muss darüber auch diskutieren können. Wenn die Wirtschaftswissenschaften als reine Mechanik verstanden werden, pervertiert das gegenwärtige System weiter. Und die Beutewirtschaft, der Turbokapitalismus schreitet noch schneller voran.

Adam Smith, britischer Moralphilosoph und Ökonom (1723–1790), Begründer der klassischen Ökonomie, sah das übrigens anders als die heutigen Neoliberalen: In seiner Schrift *The Theory of Moral Sentiments* (1759) analysierte er, dass der Markt immer auf bestimmten moralischen Grundannahmen beruht und nicht von sich aus die Moral schafft.[65]

Inflation, Deflation und die Regulierung der Kapitalmärkte

Frage 39

Auch nach mehr als zehn Jahren Finanzkrise haben sich die Zinsen und die Geldpolitik nicht normalisiert; die Zinsen sind weiterhin auf einem Rekordtief. Vielerorts werden Negativzinsen erhoben. Mit dem Corona-Schock ist keine Besserung in Sicht. Das führt zu den unterschiedlichsten Spekulationen: Uns droht Inflation, weil zu viel billiges Geld im Kreislauf ist, uns droht Deflation, weil Deutschland und andere europäische Länder auf eine Haushaltskonsolidierung drängen. Wohin steuert die Welt, in eine Inflation oder Deflation?

Mit Prognosen ist das so eine Sache. Bei Vorträgen bekomme ich immer einige Lacher, wenn ich Mark Twain zitiere: »Prognosen sind schwierig« – und dann mache ich eine Kunstpause –, »besonders dann, wenn sie die Zukunft betreffen.« Die meisten Ökonomen denken in bestimmten Modellen, schätzen die Parameter und projizieren dann in die Zukunft. Die wirklich spannende Frage ist jedoch, ob und wann die Voraussetzungen eines Modells kippen.

Und das gilt auch für die Frage nach den Folgen einer expansiven Geldpolitik. Gegenwärtig ist es etwa so, dass der Bürger aufgrund der vielen Ausnahmen und schnellen Entwicklungen extrem verunsichert ist. Er fragt sich, welche Maßstäbe und Gesetze überhaupt noch gelten. Die Folge ist ein allgemeiner Vertrauensverlust in das System. Und in einer solchen Situation kann es passieren, dass auch expansive Geld- oder fiskalpolitische Maßnahmen nicht mehr greifen. Weil wir die moralisch-rechtlichen Grundlagen derart aufgeweicht haben, dass sich die Bevölkerung zu einer Arbeits- oder Konsum- oder Kreditverweigerung entschließt. Da können Sie dann machen, was Sie wollen: die Geldpresse anwerfen oder Steuergeschenke verteilen, das ändert dann auch nichts mehr.

Ich muss da auch meinem akademischen Lehrer, dem früheren

US-Notenbankchef Ben Bernanke, widersprechen, der die Auffassung vertritt, dass im Notfall einfach mehr Geld unters Volk gebracht, also die Inflation angeheizt werden solle. So funktioniert das aber nicht. Unter Umständen wird das Geld einfach nicht mehr angenommen oder nicht mehr ausgegeben. Die Politik der amerikanischen Notenbank zielt auf Inflation, aber wir haben trotzdem ein Restrisiko der Deflation. Nämlich dann, wenn die Liquidität nicht absorbiert wird und nicht in den Umlauf kommt.

Als Anleger muss ich nun verschiedene Szenarien durchspielen. Mein persönliches Grundszenario läuft auf eine Inflation hinaus. Aber ich bereite mich so vor, dass mich auch eine Deflation nicht komplett umwirft. Natürlich würde im Fall einer Deflation mein Portfolio nicht so toll aussehen. Das könnte man nur erreichen, indem man ganz gezielt auf ein solches Szenario setzt, und das will ich auch nicht. Ich bin trotz allem immer noch Optimist und folge da dem großen André Kostolany, der nur Haussespekulationen machte. Er fragte immer, was es nütze, auf den Verfall zu spekulieren und reich zu werden, wenn alle anderen arm werden. Da wäre es besser, auf eine positive Wirtschaftsentwicklung zu setzen. Selbst in der schlimmsten Baisse gibt es gute Unternehmen und Wirtschaftsbereiche, die funktionieren. Der große John Maynard Keynes vermehrte – wie bereits gesagt – das Vermögen des King's College in London zwischen 1928 und 1944 um 350 Prozent, während der Markt sich in Summe nicht von der Stelle bewegte. Aber die Unsicherheit bleibt natürlich bestehen. Die kann ich keinem nehmen.

Gibt es ein Szenario jenseits von Inflation und Deflation?

Ja, wir sollten uns von den überkommenen Denkmustern lösen. Es gibt noch eine dritte Möglichkeit, nämlich die Blasenwirtschaft. Eine Welt voller Blasen, in der wir von einer Blase in die nächste stolpern. Damit würde ein früheres gesamtgesellschaftliches Phänomen sozusagen auf verschiedene Sektoren verteilt. Eine gesamtdeutsche Inflation, Deflation, Expansion oder Schrumpfung würde es dann nicht mehr geben. Stattdessen würden punktuell Blasen in einzelnen Märkten oder auch in einzelnen Regionen entstehen. Was früher auf der Ebene einer Volkswirtschaft ablief, erleben wir dann auf der Ebene isolierter Märkte. Das kann man sich wie einen Magma-Teig vorstellen, bei dem immer mal wieder etwas platzt oder hochkommt. Ich halte es gar nicht mal für ausgeschlossen, dass auch eine Welt voller Blasen ein stabiles Modell sein kann. Die Akteure, die mit solchen Blasen umzugehen wissen, werden damit viel Geld verdienen. Der große Rest steht allerdings staunend davor und fragt sich: Warum tun wir nichts dagegen?

Hätten Sie sich träumen lassen, dass es einmal Negativzinsen geben würde?

Nein. Ich habe eine lebhafte Fantasie und kann mir alles Mögliche ausmalen. Aber das habe ich mir beim besten Willen nicht vorstellen können. Meine Professoren an der Universität zu Köln in den 1980er-Jahren hätten mich entweder für nicht zurechnungsfähig erklärt oder zum harten Sozialisten abgestempelt, wenn ich mit dieser Idee gekommen wäre.

Im Rückblick sind Negativzinsen mit meinen theoretischen Grundauffassungen durchaus erklärbar. Ich halte das Geldsystem, wie es schon Georg Friedrich Knapp in seiner *Staatlichen Theorie des Geldes* tat, für ein Untersystem der allgemeinen Staats- und Rechtsordnung. Wir alle gestalten also durch die Politik und Rechtsordnung auch das Geldsystem.

Das Geldsystem ist so gut wie unsere Institutionen, das Geld so gut wie unser Staat und Gemeinwesen insgesamt. So brauchen wir zum Beispiel keinen Goldstandard, wenn es eine unabhängige Notenbank gibt, die auf das Ziel eines stabilen Geldwertes festgelegt ist. In der Bundesrepublik Deutschland hat das bis 1998 mit der Deutschen Bundesbank gut funktioniert – bis sie Teil des Europäischen Systems der Zentralbanken wurde.

Unser jetziges Währungschaos und die massiven Interventionen der Notenbanken sind allerdings Indikatoren für die Schwäche der Staaten und der Geldordnung. Das muss uns irgendwann um die Ohren fliegen oder in ein anderes System überführt werden.

Sind Kryptowährungen die Lösung?

Eine Zeit lang wurden Bitcoins und Kryptowährungen sehr ge-
hypt und waren das heißeste Spekulationsobjekt an der Börse.
Nach 2015 gab es eine extreme Bitcoin-Blase. Von 300 Dollar
Mitte 2015 stieg der Wert von Bitcoins auf fast 20 000 Dollar
Mitte Dezember 2018. Das ist ein Plus von ungefähr 6500 Prozent. Danach folgte der Absturz um fast 80 Prozent. Mittlerweile
steht der Kurs wieder bei 16 000 Euro – die nächste Blase deutet
sich an.

Ich habe den Kryptoboom nicht mitgemacht und war immer ein
großer Kritiker sowohl von Kryptowährungen als auch von priva-
tem Geld. Auf dem Privatinvestortag im November 2017 habe ich
im größten Hype einen Vortrag gehalten, der auch im Internet abrufbar ist: »Finger weg von Bitcoin«.[66] Damals hielten mich einige
vielleicht für altmodisch. Ein Jahr später platzte die Blase.

Aber meine Kritik an Kryptowährungen ist grundsätzlicher
Natur. Kryptowährungen sind für mich kein Geld, sondern Waren,
die man gegen andere Waren tauschen kann. Man sollte Kryptowährungen ökonomisch eher mit Start-ups und Aktien vergleichen. Geld hingegen ist ein einheitlicher Rechenmaßstab für alle
Güter, der möglichst wertstabil sein sollte.

Kryptowährungen laufen auf die Privatisierung des Geldes hinaus. Das wäre für mich ein Horrorszenario. Hunderte von Währungen, die sich ständig im Wert – auch untereinander – verändern. Da
blickt kein Mensch mehr durch. Die smarten Wirtschaftsakteure
würden auf Kosten der Normalbürger profitieren, wie sie es jetzt
schon in großen Teilen des Finanzmarkts tun. Im 19. Jahrhundert
war es in den USA im Übrigen nicht viel anders. Da gab jede Bank
ihre eigenen Banknoten aus. Das Geldsystem war intransparent,
krisenanfällig und unsicher.

Kryptowährungen sind keinesfalls sicher. Immer wieder kommt
es zum elektronischen Diebstahl größerer Mengen, wie zum Beispiel der Entwendung von 650 000 Bitcoin von der größten Handelsplattform Mt. Gox im Jahr 2014. Bei Bitfinex wurden 2016
Bitcoin im Wert von über 60 Millionen Dollar entwendet. Der
Diebstahl von Banknoten gleichen Wertes dürfte sich schwieriger

gestalten.[67] Ein weiterer Aspekt in Bezug auf Sicherheit: Was ist, wenn der Strom ausfällt? Wie bezahle ich dann? Ich bin vollkommen in der Hand der technischen Infrastruktur.

Bei Bitcoin gibt es auch erhebliche Bedenken in Bezug auf Privatsphäre und Datenschutz. Zwar sind die Transaktionen verschlüsselt, aber wenn man nur eine Ihrer Transaktionen knackt, kann man dann *alle* Transaktionen nachverfolgen, die Sie mit Bitcoin getätigt haben. Wollen wir das?

2016 nahmen Sie zusammen mit Joachim Starbatty an der ersten Demonstration Ihres Lebens zur Rettung des Bargeldes teil. Warum ist Ihnen Bargeld so wichtig?

An der Verdrängung des Bargeldes, Kryptowährungen und teilweise auch an der COVID-19-Pandemie haben ähnliche Gruppen ein Interesse. Ich habe das in meiner Streitschrift *Rettet unser Bargeld!* bereits 2016 auf Seite 13 f. ausgeführt und in diesem Buch unter Frage 21 S. 46 f.) mit Bezug auf COVID-19 noch einmal abgehandelt. Lediglich die Bankenlobby muss man bei COVID-19 gegen die Pharmalobby austauschen.

Für E-Pay- und E-Commerce-Unternehmen ist COVID-19 ebenfalls ein gigantisches Förderprogramm. Um es hier noch einmal deutlich zu sagen: Das hat nichts mit einer medizinischen Bewertung des Coronavirus zu tun, sondern ist eine politikwissenschaftliche Analyse der Interessengruppen und -strukturen.

Gesteuert wird mit Propaganda und Zwang – und Corona-Alarm. So wurden von der Lobby Studien in Auftrag gegeben, wie schmutzig das Bargeld sei und wie viele Bakterien sich darauf ansammeln. Die Bank of America verbietet ihren Kunden per AGB, Bargeld in den Safes der Bank zu lagern. Begründung: »Auf dem Konto sei es doch viel sicherer.«

Bargeld ist die einzige Möglichkeit für Privatpersonen, Notenbankgeld zu erhalten. Kontoguthaben sind nämlich eigentlich kein Geld, sondern Kredite, die wir den Banken geben.

Letztlich ist Bargeld für mich ein Ausdruck bürgerlicher Freiheit. Es ist die einzige Möglichkeit für mich, mit Ihnen direkt ein Geschäft abzuschließen, ohne dass ein Dritter draufschaut. Nun können Sie zwar sagen, dass Sie nichts zu verbergen haben, aber es wäre vielleicht doch unangenehm, wenn *alle* Ihre Käufe und Verkäufe transparent sind. Ein Rechtsstaat sollte auf Vertrauen zwischen den Bürgern und dem Staat und den Bürgern beruhen, nicht auf der Misstrauensvermutung.

Wir wurden übrigens auf der Bargelddemo fast Opfer eines Komplotts. Ein ZDF-Reporter wollte mich interviewen. Irgendwie kamen mir die Fragen komisch vor, auch der Look war nicht ganz stimmig. Ich gab mich also recht einsilbig. Nachher stellt sich heraus, dass mein Bauchgefühl nicht so ganz falsch gewesen war. Der Reporter war von der *heute-show*, die die Demonstration ins Lächerliche ziehen wollte. Das gelang zum Glück nicht wirklich.[68]

Frage 40

Auch in der Vergangenheit gab es schwere Krisen, die bewältigt worden sind. Dennoch fällt auf, wie sorglos die Regierungen heutzutage mit dem Eigentum des Volkes umgehen. Ob man es nun »Rettungsschirm«, »Konjunkturpaket« oder »Wiederaufbaufonds« nennt – für die Rettung kam letztlich der Staatsbürger auf, ohne dass der Nutzen immer ganz einsichtig war. Sind diese Pakete denn wirklich mit Blick auf die gesamtwirtschaftliche Entwicklung legitimierbar?

Die Bereitstellung von Liquidität ist in kritischen Monaten in meinen Augen tatsächlich notwendig. Aber natürlich ist die damit einhergehende Ressourcenumverteilung von der Masse der Bevölkerung, die sparen muss und die auch die Etatkürzungen zu spüren bekommt, hin zu einigen wenigen Akteuren in der Finanzbranche und ausgewählten Industrien, einer immer aufgeblähteren politischen Klasse und den Vermögenden allgemein hochproblematisch. Zumal Politik und Finanzbranche oft noch eine Teilschuld haben und für ihr Tun nicht zur Verantwortung gezogen werden. Letztlich heißt das, dass wir durch solch eine Aktion Begriffe wie Eigentum oder Gerechtigkeit aufweichen und sehr viel Verwirrung stiften. Wir stören oder verändern damit möglicherweise auch das

Rechtsempfinden, weil in der Folge der Begriff des Eigentums sehr schwierig zu definieren ist.

Inwiefern? Eigentum ist doch das, was mir gehört. Kann es daran Zweifel geben?

Ich denke schon. Gehört Ihnen wirklich, was Sie kaufen, wenn Sie dafür Schulden machen? Ist der wahre Eigentümer nicht eher die Bank, und Sie sind nur der zeitweilige Besitzer? Wir gehen mittlerweile in vielerlei Hinsicht mit Eigentum allzu sorglos um – in den USA noch stärker als in Europa (vgl. meine Ausführungen in diesem Buch auf S. 19 ff.). Das bestärkt mich in meiner Meinung, dass wir nicht in einer liberalen Marktwirtschaft leben, sondern in gewisser Weise in einer neofeudalen Beutewirtschaft. Natürlich ist das sehr überspitzt und trifft auch nicht auf alle Sektoren zu, aber auf viele.

Die Verschiebung hin zum angelsächsischen Modell strahlt in den politischen Bereich aus. Früher wäre es für einen Spitzenbeamten undenkbar gewesen, sein Handeln von privaten finanziellen Überlegungen bestimmen zu lassen. Heute haben viele Politiker einen oder mehrere Nebenjobs, zum Beispiel in Aufsichtsräten. Für das Rechtsempfinden und für den Eigentumsbegriff der Staatsbürger sind solche Entwicklungen katastrophal.

Frage 41

Wie kann man Spekulationsblasen eigentlich vorbeugen? Alan Greenspan, der ehemalige Chef der amerikanischen Fed, behauptete etwa, solche Blasen seien nicht nur nicht vorhersehbar, man kann sie auch nicht bekämpfen. Damit die Märkte im Falle des Platzens einer Blase aber nicht in sich zusammenbrechen, versicherte er den Anlegern, diese so lange mit Liquidität zu versorgen, bis die Krise vorüber ist. Andere Notenbanken haben das in der Finanzkrise nachgemacht. Ist das die richtige Antwort oder kann man solche Blasen nicht doch im Vorfeld identifizieren und bekämpfen?

Im Prinzip brauchen wir dafür eine vernünftige Finanzmarktarchitektur, die Blasen weitestgehend reduziert und verhindert. Das ist nicht so schwer. Die Logik hinter einem solchen System ist sehr einfach – deswegen wird es ja von der Finanzlobby bekämpft. Aktuell haben wir sehr komplexe Regelwerke, die einen großen Aufwand verursachen, in einer echten Krise aber oft nicht weiterhelfen. Gute Regulierung ist einfach.[69] Sie ist transparent, sie tut aber auch weh. Wenn sie nicht wehtut und wenn sie nicht bestimmte Geschäfte erschwert oder unmöglich macht, dann ist sie auch nicht wirkungsvoll. Wenn man zur Interpretation eines Regelwerkes Heerscharen von Rechtsanwälten und Wirtschaftsprüfern braucht, dann ist das keine gute Regulierung. Übrigens gefällt mir der deutsche Begriff »Marktordnung« besser. »Regulierung« impliziert, dass man nur ein bisschen nachsteuern muss. »Marktordnung« impliziert, dass die Finanzmarktordnung wie das Geld- und Rechtssystem Teil unserer Gesamtordnung sind und von der Politik gestaltet werden.

Drei Punkte sind zentral, um die Gefahr einer Blasenbildung massiv zu reduzieren.

- Punkt 1 ist Eigenkapital, Eigenkapital, Eigenkapital. Ausreichendes Eigenkapital bei den Banken und den anderen Finanzakteuren wie Hedgefonds oder Private-Equity-Fonds heißt auch, dass nicht nach Belieben Kredit aufgenommen werden kann.
- Zweitens ist eine internationale Finanztransaktionssteuer notwendig. Eine solche Umsatzsteuer auf alle Finanztransaktionen könnte man sogar für solche Produkte erheben, die eine Bank direkt erstellt und an ihre Kunden verkauft. Dann nennt man sie eben Emissionssteuer. Aber alles, was geschaffen oder gehandelt wird, sollte einmal dieser Steuer unterworfen werden. Diese Transaktionssteuer macht genau das, was sie soll: Sie belastet Finanztransaktionen mit hohem Fremdkapitalanteil sehr viel stärker als bisher. Das Computertrading in Nanosekunden könnte so ziemlich effektiv unterbunden werden, während langfristig und seriös anlegende Akteure kaum etwas von dieser Steuer merken würden.

Gerade weil die Transaktionssteuer so effektiv wäre, versucht die Finanzbranche, sie mit geradezu orwellscher Propaganda zu verhindern. Stattdessen schlagen sie eine Finanzaktivitätssteuer vor. Klar: Weil die Aktivitätssteuer auf den Gewinn erhoben wird, kann man weiter nach Herzenslust spekulieren – am Ende wird die Steuer ja nur einmal auf den Gewinn erhoben. Eine Finanztransaktionssteuer würde die spekulativen Geschäfte dämpfen und die Realwirtschaft unangetastet lassen. Und genau das wollen wir doch!

• Drittens müssten die Geschäftsmodelle und Produkte neu geregelt werden, das Verbot des Eigenhandels für die großen Banken zum Beispiel oder die Regulierung von Derivaten für Privatanleger. Wenn man in diesen drei Bereichen etwas machen würde, wäre man schon sehr viel weiter.

Frage 42

Auf Einladung der SPD wurden Sie zum Thema Finanztransaktionssteuer vom Finanzausschuss des Bundestages angehört. Wie kam es dazu?

Das war ganz spannend. Ich habe mich in einem Beitrag für das Wirtschaftsmagazin *WISO* im ZDF am 18. 03. 2010 deutlich für die Einführung einer Finanztransaktionssteuer ausgesprochen und das ausführlich begründet. Kurze Zeit später bekam ich von der SPD-Bundestagsfraktion eine Einladung zu einer Anhörung. Ich wurde zur Finanztransaktionssteuer befragt, weil Vertreter der FDP auf ein angebliches Gutachten des bayerischen Finanzministeriums gepocht haben. Dessen Kernaussage lautete, die Transaktionssteuer belaste die Kleinsparer, und deswegen wäre sie ganz schlimm. Bis heute ist dieses Gutachten übrigens noch nicht aufgetaucht!

Durch die Finanztransaktionssteuer von 0,05 Prozent wird ein durchschnittlicher Riester-Sparer über zwanzig Jahre hinweg mit 70 Euro mehr belastet. Das hängt natürlich davon ab, wie oft das Investmentvehikel, in das investiert wird, pro Jahr das Vermögen dreht, denn die Steuer fällt ja bei jeder Transaktion an. Bei meinen

Berechnungen bin ich davon ausgegangen, dass das Vermögen einmal pro Jahr gedreht wird. Das ist für einen seriösen und nachhaltig anlegenden Aktienfonds schon hoch. Wir sprechen jetzt nicht von Hedgefonds, aber die sind auch nichts für Riester-Sparer. Auf jeden Fall kommen Sie mit dieser Berechnung auf eine Belastung von 70 Euro über einen Zeitraum von zwanzig Jahren. Die Gebühren der Branche betragen im selben Zeitraum vielleicht 4000 bis 7000 Euro, also rund das 60- bis 100-Fache. Danach spielte das bayerische Gutachten in dem Ausschuss keine Rolle mehr.

Wie erging es denn dem Projekt der Finanztransaktionssteuer in den Jahren danach? Ihre Anhörung ist immerhin schon zehn Jahre her.

Die Deutschen befürworteten mehrheitlich die Einführung einer EU-weiten Finanztransaktionssteuer. Damit waren sie nicht allein in der EU. Die Gründe sind auch sehr zwingend, klar und eindeutig. Dennoch hat sich die Banken- und Finanzlobby sofort nach der Bekanntgabe der Umfragewerte ans Werk gemacht, um die Steuer zu torpedieren. Mit weitgehendem Erfolg. Geholfen haben die Schwäche und Zerstrittenheit der Länder der Europäischen Union. Im Juni 2012 wurde das Projekt einer EU-weiten Finanztransaktionssteuer beerdigt. Heute sind nur noch zehn EU-Länder an dem Projekt beteiligt.

Im Juni 2019 einigten sich diese zehn EU-Länder auf die Grundzüge einer Finanztransaktionssteuer. Nun sollen nur noch Aktientransaktionen besteuert werden: Anleihen, Derivate und anderes bleiben außen vor. Damit fallen bestenfalls 10 Prozent aller Finanztransaktionen unter die Steuer, nach einem Gutachten der österreichischen Regierung sogar nur 1 Prozent.[70] Die Finanztransaktionssteuer wird so geradezu pervertiert. Sie wird zu einem weiteren Mittel der Schröpfung der Mittelschicht und der langfristigen Fondssparer, während die spekulativen Finanzmarktakteure weitgehend ausgenommen sind. Deutschland will allerdings weitermachen. Im Koalitionsvertrag zwischen CDU/CSU und SPD von 2018 steht: »Die Einführung einer substanziellen Finanztransaktionsteuers wollen wir zum Abschluss bringen.« Im

Dezember 2019 legte Finanzminister Olaf Scholz einen entsprechenden Gesetzesentwurf vor.[71]

Es ist eher ungewöhnlich, dass sich ein Fondsmanager für Steuern auf Finanztransaktionen ausspricht. Wie sehen Sie das?

Grundsätzlich sehe ich die Finanzbranche als eine privilegierte Branche an, die durch intensive Lobbytätigkeit viele Sonderprivilegien erhalten hat, die den Bürgern, die täglich für ihre Existenz hart arbeiten müssen, nicht mehr zu vermitteln sind. Das Beispiel der Finanztransaktionssteuer, die sogar zulasten der Bürger umgedreht und pervertiert wurde, verdeutlicht dies.

Wenn ich mich für diese Steuer ausspreche, dann weil ich sie grundsätzlich richtig finde. Ich verdiene gut. Wenn ich etwas mehr bezahlen muss und so zu mehr Gerechtigkeit im System beitrage, warum nicht? Es gibt übrigens etliche Unternehmer, die ebenso denken wie ich. Ich greife einen heraus: Im Jahr 2019 schrieb der amerikanische Unternehmer und Milliardär Eli Broad einen viel beachteten Artikel mit dem Titel: »Please raise my taxes« (»Bitte erhöht meine Steuern«). Auch der Hedgefonds-Manager Ray Dalio, der seit über fünfzig Jahren im Geschäft ist und zu einem der zwanzig reichsten Amerikaner wurde, stellte fest, dass der Kapitalismus dabei sei zu versagen und dringend reformbedürftig sei.[72]

Die jetzt geplante Finanztransaktionssteuer ist in ihrer aktuellen Form allerdings Unsinn und kontraproduktiv: Sie belastet zum Beispiel unsere Fonds, weil wir überwiegend langfristig in Aktien investieren, kein Daytrading betreiben, nicht gehebelt sind und nicht in Derivate investieren, während die Daytrader und Derivatezocker unbehelligt bleiben. Aber unser Geschäftsmodell ist nicht bedroht, weil wir eben langfristig investieren und die Steuer damit nur selten anfällt. Wer unsere Fonds vor der Finanztransaktionssteuer attraktiv fand, wird dies auch hinterher tun.

Mit Ihren drei Punkten haben Sie eine Art Pflichtprogramm zusammengestellt. Und wie sähe die Kür aus?

Der nächste Schritt wäre dann ein neuer internationaler Währungsfonds, ein neues Bretton Woods, um Mechanismen für halbwegs stabile Wechselkurse und den Zahlungsbilanzausgleich zwischen Staaten zu schaffen. Und dann ein Steuer- und Finanzsystem, das nachhaltige Aktivitäten fördert – Kultur, Bildung und Wissenschaft. Also all das, was Deutschland im 19. Jahrhundert groß gemacht hat: Ein Regelsystem, das den Bürgern, dem Mittelstand und nicht den Großkonzernen und den Funktionseliten in Großkonzernen, Politik und Medien zugutekommt.

Kommen wir noch einmal zurück zu Ihrem dritten Punkt, der Regulierung der Geschäftsmodelle. Was müssen wir da tun?

In den letzten Jahren hat sich die Auffassung durchgesetzt, dass fast alles geht, wenn man nur die Verbraucher richtig aufklärt. Das ist aus meiner Sicht grundfalsch. Finanzprodukte sind hochkomplex und für viele kaum verständlich. Auch ich würde etliche Derivate nur verstehen, wenn ich mich tagelang damit befasse, viele wahrscheinlich sogar dann noch nicht. Zudem spielen Emotionen bei der Geldanlage eine sehr wichtige Rolle, wie die verhaltenswissenschaftliche Finanzforschung herausgefunden hat. Verbraucher lassen sich also schnell ein Finanzprodukt aufschwatzen, das nicht zu ihnen passt.

Finanzentscheidungen können massive Auswirkungen auf das eigene Leben haben. Autos müssen vom TÜV zugelassen werden, und einen Waffenschein bekommt man erst nach umfangreichen und langen Prüfungen. Warum haben wir keine Behörde, die die Zulassung von Finanzprodukten regelt? Warum keine Qualifikationen für die Nutzung bestimmter Produkte? Denn die BaFin (Bundesanstalt für Finanzdienstleistungsaufsicht) regelt nur die Anforderungen an die Finanzmarktakteure, bei den Produkten gibt es weitgehend Wildwuchs.

Auf einer Podiumsdiskussion zum Thema TTIP, an der ich einmal mit Gregor Gysi in Mannheim teilnahm, hatte Gysi eine prägnante Formulierung, die die Unterschiede zwischen dem deutschen bzw. kontinentaleuropäischen und dem angelsächsischen System zusammenfasst: Bei uns gilt das Vorsorgeprinzip, dort das

Nachsorgeprinzip. Das heißt konkret: In den USA werden Produkte auf den Markt geworfen, und die Verantwortung liegt vor allem beim Verbraucher. War das Produkt fehlerhaft, kann er klagen, mit ungewissem Ausgang, aber auch in Hoffnung auf einen mehrfachen Schadenersatz, der abschreckend wirken soll. Hat er sich nicht genug informiert – sein Pech. In Deutschland wurden die Produkte traditionell sehr gut geprüft und oft auch nicht für alle zugelassen. Der Staat oder die Behörden übernahmen also eine gewisse Verantwortung. Grundsätzlich finde ich, dass das der bessere Weg ist.

Bei manchen Geschäftsmodellen, wie zum Beispiel dem Computertrading, fehlt mir völlig das Verständnis. Hier schalten sich Computer zwischen Käufer und Verkäufer und sahnen, weil sie schneller sind, etwas vom »Spread«, also von der Differenz zwischen den zunächst aufgerufenen Kauf- und Verkaufspreisen ab. Dabei geht es um Nanosekunden; es kommt also darauf an, wie nahe der Computer an der Börse steht, um den Signalweg zu verkürzen. Michael Lewis hat das in seinem Buch *Flash Boys* sehr gut beschrieben.[73] Begründet wird der Computerhandel damit, dass er Liquidität bereitstellt. Aus meiner Sicht ist das Quatsch. Wenn die Börsen nur einmal am Tag für eine Stunde aufhätten oder nur einmal in der Woche, würde unsere Wirtschaft genauso gut funktionieren. Nanotrading gehört für mich schlicht und einfach verboten.

Frage 43

Hedgefonds sind böse – das haben wir eine Zeit lang jeden Tag aus der Presse oder aus der Politik gehört. Sie selbst managen auch einen Hedgefonds. Sind Sie demnach auch einer von den Bösen?

Es gibt da eine große Begriffsverwirrung. »Hedgefonds« heißt zunächst einmal nur ein Fonds, der nicht den normalen Reglementarien eines Aktienfonds (UCITS) unterworfen ist. Der juristisch korrekte Begriff für unseren »Hedgefonds« ist Alternativer Investmentfonds (AIF).

Wenn Sie etwas freier investieren wollen, müssen Sie sich an einem Alternativen Investmentfonds (AIF) beteiligen. Die hochspekulativen Fonds, die im Gerede sind, teilen sich in zwei Gruppen auf: Da sind zum einen die »Heuschreckenfonds«, die Unternehmen mithilfe von geliehenem Geld kaufen und dann umbauen oder ausschlachten. Das sind aber keine Hedgefonds, sondern Private-Equity-Gesellschaften. Private Equity ist dabei eigentlich ein Propagandabegriff der Finanzbrache. »Private« hat im angelsächsischen Wirtschaftsraum eine andere Bedeutung als in Deutschland das Wort »Privatunternehmen«. Hierzulande versteht man unter »privat« ein privatwirtschaftliches im Gegensatz zu einem öffentlichen Unternehmen. In den USA bedeutet es, dass ein solches Unternehmen durch einen kleinen Kreis von Investoren ohne Zuhilfenahme der Börse finanziert wurde.

Private-Equity-Gesellschaften hießen früher »Leveraged Buyout Firms«, weil man Fremdkapital (Leverage) zu Hilfe nahm, um andere Firmen aufzukaufen. Das klang aber nicht gut. »Private« klingt besser und war damals auch gerechtfertigt, weil diese Firmen nur einen kleinen Kreis von Investoren hatten. Heute ist der Investorenkreis erheblich größer, und viele dieser Unternehmen sind an der Börse notiert. Da sie mit viel Fremdkapital arbeiten, müssten diese Firmen eigentlich Public Leverage heißen.

Die zweite Gruppe sind echte Hedgefonds, die komplexe Strategien anwenden, oft mit computerisierten Tradingsystemen arbeiten oder massiv auf Leerverkäufe setzen. Sie kaufen z. B. Titel aus einer Branche, die billig sind, und verkaufen Titel aus derselben Branche, die ihrer Meinung nach teurer sind, »leer«, das heißt, sie verkaufen sie auf Termin, ohne die Titel zu besitzen. Das nennt sich marktneutrale Strategie, weil sich gekaufte Aktien (Long-Positionen) und leer verkaufte Titel (Short-Positionen) ausgleichen.

Andere Fonds drehen ihr Vermögen jeden Monat Hunderte von Malen. Beim einzelnen Handel wird mit minimalen Margen gearbeitet, aber die Summe macht den Unterschied. Damit können Fonds eine Weile sehr viel Geld verdienen, allerdings nur durch sehr hektisches Traden. Normalerweise springen dann andere auf den Zug auf, eine Kettenreaktion setzt ein, und irgendwann bricht das Modell zusammen, was starke Verluste für viele Fonds zur Folge haben kann.

Sind denn Leerverkäufe grundsätzlich Teufelswerk?

Nicht unbedingt, aber mit Leerverkäufen lassen sich schon Manipulationen anstellen. Wenn Sie Verkaufsoptionen haben oder mit Derivaten oder Leerverkäufen auf den Verfall einer Aktie spekulieren und dann negative Meldungen über das Unternehmen in Umlauf bringen, kann Ihnen das zunächst niemand verbieten. In vielen Fällen funktioniert diese Strategie auch, wenn sich das Opfer nicht wehrt.

Der mittlerweile insolvente deutsche Zahlungsdienstleister Wirecard war immer wieder Ziel von Leerverkaufsattacken. Im Februar 2019 erließ daraufhin die deutsche Bundesanstalt für Finanzdienstleistungsaufsicht ein Verbot für Leerverkäufe der Wirecard-Aktie – ein sehr seltener Vorgang.[74] Im Nachhinein stellte es sich heraus, dass die Leerverkäufer recht hatten und Wirecard ein gigantischer Betrug war.

Bei Staaten ist es ähnlich. Da kann man fragen, ob die Hedgefonds-Manager oder die unsolide Wirtschaftspolitik die Ursache sind. Soros hätte nicht gegen das Pfund und Paulson nicht gegen die griechischen Anleihen spekulieren können, wenn beide Länder nicht massive Misswirtschaft betrieben hätten.

Wenn ein Staat bankrott ist, dann signalisiert der Leerverkäufer den Staaten: »Ich weiß Bescheid« – und gibt ihnen gewissermaßen Nachhilfe in Wirtschaftspolitik. Problematisch wird es, wenn es mit den Leerverkäufen überhandnimmt. Besonders brisant ist dieses Problem bei ungedeckten Leerverkäufen: Wenn Sie also für Anleihen, die Sie leer verkaufen, gar keine Lieferverpflichtung bekommen. Bei einem gedeckten Leerverkauf schließen Sie mit Ihrem Broker einen Vertrag, in dem steht, dass Ihnen die Sachen zu einem bestimmten Zeitpunkt geliefert werden. Bei einem ungedeckten Leerverkauf haben Sie sich noch gar nicht mit den Papieren eingedeckt. Wenn Sie ungedeckte Leerverkäufe, Derivate oder Credit Default Swaps in großen Volumina handeln, dann kann es sehr schnell zu sich selbst verstärkenden Blasen kommen. Und dann fangen die Wölfe an zu heulen ...

In diesem Punkt ist die Politik gefordert, die Instrumente des Leerverkaufs zu begrenzen und strenger zu regulieren. Ungedeckte Leerverkäufe sollte man etwa verbieten.[75] Auch das Computer Trading, bei dem das Vermögen in kurzen Zeiträumen vielfach gedreht wird, halte ich für absolut schädlich.

> »Weil das Osterfest der Juden nahe bevorstand, zog Jesus nach Jerusalem hinauf. Er fand dort im Tempel die Verkäufer von Rindern, Schafen und Tauben und die Geldwechsler sitzen. Da flocht er sich eine Geißel aus Stricken und trieb sie alle samt ihren Schafen und Rindern aus dem Tempel hinaus, verschüttete den Wechslern das Geld und stieß ihre Tische um und rief den Taubenhändlern zu: ›Schafft das weg von hier! Macht das Haus meines Vaters nicht zu einem Kaufhause!‹«
> *Johannes-Evangelium*

Und wie machen Sie es in Ihrem eigenen Alternativen Investmentfonds?

Der Fonds ist für Investoren ab einer Einlagesumme von 100 000 Euro zugelassen. Ich nehme keinerlei Kredit auf und komme ohne Derivate aus. Ich investiere nur in Aktien, Anleihen und Gold, aber in physisches Gold, das im Safe liegt. Sie könnten also sagen, dass es sich um einen ganz klassischen Mischfonds handelt, der nach meinem *Reinheitsgebot der Kapitalanlage* investiert. Es ist aber trotzdem ein Alternativer Investmentfonds, weil ich damit im Unterschied zu normalen UCITS-Aktienfonds auch große Einzelpositionen von 20 Prozent des Fonds fahren kann, wenn ich von einem Investment absolut überzeugt bin. Und das hilft natürlich der Performance, die sich ja auch sehen lassen kann.

Aktuell haben wir eine Online-Apotheke und eine holländische Handelsplattform für Zertifikate mit je 10 Prozent gewichtet. Ein normaler Investmentfonds käme da an seine Grenzen. Buffett selbst hat einmal gesagt, Diversifikation sei eine Versicherung, nämlich eine Versicherung gegen Unwissenheit. Aber wenn man sich mit der Materie beschäftigt hat, kann man natürlich ein konzentriertes Portfolio riskieren. Außerdem haben wir als einer der ganz wenigen Fonds physisches Gold oder Silber als Teil des Vermögensmixes im Safe.

Das ist im Übrigen nicht unproblematisch, weil mein Fonds so in Deutschland nicht in einen Dachhedgefonds aufgenommen werden kann. Sie sehen, wie verrückt es ist: Physische Rohstoffe sind verboten, weil sie nach Ansicht der Aufsichtsbehörden besonders riskant sind. Gold gilt ebenfalls als Rohstoff, also als riskant. Ein Wahnsinn, das sicherste Wertaufbewahrungsmittel der Welt als riskant einzustufen. Das ist dann wieder so eine Regel, die sich die Finanzbranche selbst schreibt.

> »Die verantwortungslosen Heuschreckenschwärme, die im Viertel-jahrestakt Erfolg messen, Substanz absaugen und Unternehmen kaputtgehen lassen, wenn sie sie abgefressen haben.«
> *Franz Müntefering, SPD-Politiker*

Frage 44

Sind Private-Equity-Gesellschaften und Hedgefonds in Summe also gut oder böse?

Wie bei jeder Finanzinnovation kann man sie sowohl zu guten Zwecken als auch toxisch nutzen. Wenn die Spekulation Wellen erzeugt – und wenn viele Akteure mithilfe von Computerprogrammen mitmachen, dann bekommen wir sehr stark schwankende Finanzmärkte. Und das ist schlecht für die Realwirtschaft.

Ich stehe völlig auf der Seite der Kritiker, wenn es darum geht, dass wir zu viel Spekulation haben, dass wir die Spekulationswirtschaft gegenüber der Realwirtschaft massiv begünstigt und übervorteilt haben. Wir erheben kaum Steuern auf Finanztransaktionen, wir haben leichtere Buchhaltungsregeln für Private-Equity-Gesellschaften. Jeder Mittelständler wäre froh, wenn er so wenig bilanzieren und veröffentlichen müsste wie die Private-Equity-Firmen. Zudem werden Kapitaleinkünfte wesentlich geringer besteuert als Arbeitseinkommen.

Bei diesen lockeren Regeln konnte sich eine Finanzoligarchie herausbilden. Ich habe das zum Beispiel ausführlich in *Berliner Republik*, dem Debattenmagazin der SPD, dargelegt.[76] Der Begriff »Finanzoligarchie« wurde 1912 vom wohl angesehensten amerikanischen Verfassungsrichter Louis Brandeis, nach dem sogar eine Universität benannt ist, geprägt. Brandeis sah damals die Demokratie durch die Machtkonzentration in den Händen einer kleinen Zahl von Männern, eben den Oligarchen und Finanzoligarchen, als sehr gefährdet an. Gut hundert Jahre später haben wir wieder ähnliche Zustände. Schon Platon ließ Sokrates in *Der Staat* sagen, dass Oligarchie jene Verfassung sei, »die auf der Vermögensschätzung beruht, in der die Reichen herrschen und die Armen keine Macht haben«.

Sind Politiker so viel besser als die Hedgefonds? Wenn sie öffentliche Unternehmen privatisieren und an Heuschrecken verkaufen, wird das Geld gern genommen.

Politiker nehmen sich viel zu wichtig. Ein Politiker definiert sich heute nur noch über sein Image in der Öffentlichkeit und die Lautstärke des Applauses in einer Talkshow. Aber es ist schon ein wenig paradox: Je geringer ihr Einfluss auf Entscheidungsprozesse ist, desto stärker müssen Politiker an ihrem Image arbeiten. Dazu begeben sie sich dann eben ganz gerne in die Hände von Lobbyisten oder der Medienmaschine, um bei aktuellen Themen zu »glänzen«. Man kann oft genug beobachten, wie Spitzenpolitiker, die bisher nicht in Erscheinung getreten sind, auf einmal zu diesem oder jenem Thema ihren Senf dazugeben, nur weil es gerade in der aktuellen Diskussion ist.

Frage 45

Hinter Hedgefonds und Private Equity stehen Spekulanten. Wie mächtig sind die? Können sie ganze Staatsgebilde aus den Angeln heben?

Definitiv! Allerdings gilt auch hier wieder das Henne-Ei-Prinzip. Griechenland hätte man nicht aus den Angeln heben können, wenn dort nicht extrem unseriös und unsolide gewirtschaftet worden wäre. Ohne Haushaltsbetrug und hohe Staatsschulden wäre der Angriff schnell verpufft. Aber selbstverständlich können ein paar große Hedgefonds, wenn sie vernünftig hebeln können, eine Lawine lostreten und einen Staat oder ein Unternehmen in den Abgrund reißen. Je kleiner und je wackeliger der Akteur, desto eher können Hedgefonds diesen Akteur zerstören. Das funktioniert natürlich nicht immer, weil Spekulation auch immer ein Spiel mit dem Risiko ist. Aber potenziell können die Spiele in diesen Kasinos einen bedrohlichen Ausgang nehmen.

> »Die Krise der Finanzmärkte, die mittlerweile sogar zu einer
> ernsthaften Bedrohung für die globale Konjunktur geworden ist,
> bestätigt sämtliche gängigen Vorurteile über den von reiner
> Profitgier getriebenen, sogenannten ›Raubtierkapitalismus‹.«
> *Ex-Porsche-Chef Wendelin Wiedeking im Oktober 2008*

Frage 46

Wer spielt in diesem Kasino eigentlich welche Rolle? Bisher dachte ich immer, dass der Staat das Kasino ist, also die Bank. Es gibt Spieler, die zocken, und es gibt die Croupiers, die die Karten geben und die Regeln setzen. Nun wird aber immer davon gesprochen, dass der Hedgefonds der Kasinobetreiber ist. Was ist denn jetzt richtig?

Beides. Bereitgestellt wird ein Kasino immer vom Staat, aber ein Hedgefonds kann dort Tische pachten. Die Räume werden vom Staat geöffnet oder auch wieder geschlossen, der Staat bestimmt, welche Spiele erlaubt sind und welche Einsätze maximal gesetzt werden dürfen. In diesen Räumen springen dann die Spieler herum. Charles Munger, der Partner von Warren Buffett in dessen Firma Berkshire Hathaway, hat einen wunderbaren Essay darüber geschrieben, wie eine Nation sich selbst ruiniert, indem immer mehr intelligente Menschen mit Kasinogeschäften Geld verdienen, anstatt innovative Produkte zu entwickeln oder wissenschaftliche Forschungen zu betreiben.

Hans-Werner Sinn hat 2009 ein Buch mit dem Titel *Kasino-Kapitalismus* veröffentlicht. Diesen Kasino-Kapitalismus haben wir weiterhin. Das Bild vom Kasino soll zeigen, dass mit riskanten Geschäften, die oft als Nullsummenspiele ausgehen, Ressourcen fehlgeleitet werden. Und daran können die Staaten durchaus etwas ändern. Es wäre sicherlich von Vorteil, wenn die Wettsummen reduziert, manche Spiele verboten und wenn etliche Kasinos geschlossen würden.

Lassen Sie mich zur Erklärung den Begriff des internationalen Finanzkapitals hervorkramen. Er ist zwar ideologisch vorbelastet und wirkt etwas verstaubt, aber wir sollten ihn uns trotzdem näher anschauen. Denn er ist eigentlich hochaktuell. Der Begriff besagt, dass es Wirtschaftsakteure gibt, die international frei beweglich sind, Großkonzerne zum Beispiel. An deren Spitze stehen Manager, die von Beratern, Wirtschaftsprüfungsgesellschaften und internationalen Lobbyisten umgeben sind. Das ist in der Tat das Finanzkapital. Daneben gibt es aber auch Akteure, die national oder regional gebunden sind: Sparkassen, Volksbanken, regionale Kreditinstitute, Mittelständler, Arbeitnehmer.

Überhaupt nicht in Erwägung gezogen wird, dass der Interessengegensatz zwischen international mobilen und national gebundenen Akteuren heute viel größer ist als der zwischen Arbeit und Kapital. Und so kommt es, dass sich ein Direktor des Instituts der deutschen Wirtschaft dazu aufschwingt, für die deutsche Wirtschaft zu sprechen, obwohl er in Wahrheit für den kleinen und auch nicht besonders wertschöpfenden Teil der Großkonzerne spricht.[77]

Zweifelsohne läge eine Finanztransaktionssteuer im Interesse des nachhaltigen Aktieninvestments und der deutschen Privatanleger, doch das Deutsche Aktieninstitut lässt sich von einer Ideologie leiten, die eigentlich nicht den Zielen des Instituts, nämlich der Stärkung der Aktienkultur, entspricht. Ähnlich geht es tagtäglich den Politikern.

Was meinen Sie konkret damit?

Im Vorfeld der Meinungs- und Gesetzesbildung passiert sehr viel über Lobbys, zum Teil auch über Rechtsanwaltskanzleien, die Gesetze für die Bundesregierung verfassen, oder über die großen Akteure, die sich ihre Gesetze zum Teil selbst schreiben lassen. Offiziell läuft allerdings alles über Anhörungen im Bundestag oder über die Expertengruppen der Europäischen Union.

Aber das täuscht. Letztlich entscheidet die taktisch bessere Elf das Spiel für sich. Der Staat ist nur noch ein schwacher Schiedsrichter im Kampf der Partialinteressen. So darf es eigentlich nicht sein. Wir bräuchten dringend eine kompetente Ministerialbürokratie, die über Fachwissen und Expertise im eigenen Haus verfügt. Im Finanzministerium sitzen, soweit ich weiß, ungefähr zweitausend Juristen. Und die bringen es nicht fertig, ein Finanzmarktstabilisierungsgesetz zu schreiben, sondern müssen damit eine Anwaltskanzlei beauftragen?! Ich finde das erstens blamabel, zweitens völlig widersinnig und drittens gefährlich für die Demokratie.

Frage 47

Um die Jahrtausendwende wurden einige Rahmenbedingungen im Weltfinanzsystem verändert. 1999 wurde in den USA beispielsweise der Glass-Steagall-Act aufgehoben, der bis dahin eine strikte Trennung von Geschäfts- und Investmentbanken vorsah. In Deutschland ließ die rot-grüne Regierung Ende 2003 Hedgefonds zu. Haben die Lockerungen im Koordinatensystem die Finanzkrise, die Euro-Krise und die großen Probleme im Finanzsystem verursacht?

Zunächst möchte ich daran erinnern, dass die Entfesselung der Finanzmärkte in vielen Schlüsselnationen ein Projekt der Sozialdemokratie bzw. der Demokraten war. In den USA wurden unter Bill Clinton die wesentlichen Schritte getan, in England unter Tony Blair und in Deutschland unter Gerhard Schröder und Joschka Fischer. Zwar wurde der Anfang mit dem »Big Bang«

gemacht, der Liberalisierung der City of London unter Margret Thatcher ab 1986. »Liberalisierung« ist übrigens so ein weiterer Propagandabegriff, mit dem man die Demontage der Finanzmarktordnung schönredet.

Die Deregulierungen haben zumindest einen sehr großen Anteil an unseren jetzigen Problemen, denn es war letztlich ein sich selber immer weiter verstärkender Prozess. Wir sangen den Gospel der Globalisierung und der Liberalisierung. »Reaganomics«, massive Steuersenkungen bei zunächst einmal höheren Haushaltsdefiziten in den 1980ern, schien ja auch zu funktionieren. Irgendwann führte das Anfang der 1990er-Jahre tatsächlich zu einem ausgeglichenen Haushalt in den USA. Dann kamen auch noch die Sonderfaktoren dazu wie der Zusammenbruch des Kommunismus. Da wurde immer mehr und schneller liberalisiert, immer mehr toxische Produkte wurden zugelassen. Alles schien wunderbar zu laufen. Ich kann verstehen, dass man in einer solchen Situation das Hohelied der Globalisierung und der Liberalisierung verbreitete. Bis ins neue Jahrtausend hinein habe ich das alles selbst als ganz richtig empfunden. Auch die New Economy habe ich damals, trotz ihrer Auswüchse, grundsätzlich als positive Entwicklung bewertet.

> »Ich habe bisweilen den Eindruck, dass sich die meisten Politiker immer noch nicht darüber im Klaren sind, wie sehr sie bereits heute unter der Kontrolle der Finanzmärkte stehen und sogar von diesen beherrscht werden.«
> *Ex-Bundesbankpräsident Hans Tietmeyer 1996*

Frage 48

Die Macht der Ratingagenturen wurde nach dem Ende der Großen Depression kontinuierlich ausgebaut. Heute reagieren Investoren fast schon mit einem pawlowschen Reflex, wenn eine der großen drei Agenturen – also Moody's, Standard & Poor's und Fitch – die Bonität eines Unternehmens oder eines Staates herauf- oder herabstuft. Alle drei sitzen in den USA. Oft wird kritisiert, dass Amerika mit ihrer Hilfe Industrie- und Wirt-

schaftspolitik betreibt. Haben die privatwirtschaftlich geführten Rating-
agenturen ihre Macht missbraucht?

Die Ratingagenturen bilden ein undurchsichtiges und außerordentlich mächtiges Kartell, das im Prinzip den Markt für Unternehmens- und Länderbewertungen kontrolliert. Wenn ein Land herabgestuft wird, dann steigen die Zinsen. Damit wird es noch schwerer für das Land, an neue Kredite zu kommen. Dann treten die Shortseller und die Hedgefonds auf den Plan, und flugs steckt das Land in einem Teufelskreis.

Gegen Ratings an sich ist nichts zu sagen. Sie könnten sogar eine wichtige Signalfunktion leisten, wenn sie nämlich einem schlecht wirtschaftenden Land wesentlich früher die Rote Karte zeigen und es herabstufen würden. Dann nämlich wäre die Regierung gewarnt und könnte beginnen, solider zu wirtschaften.

Aber genau in diesem Punkt haben die Ratingagenturen versagt. Es ist leider so, dass die Ratings fast immer parallel zur Entwicklung verlaufen oder sogar hinterherhinken. Bei der Bankenkrise haben die Agenturen erst reagiert, als die Katastrophe schon da war. Ebenso bei der Griechenland-Krise und im Fall von BP. Die Liste lässt sich beliebig fortsetzen. Damit haben sie ihrem eigenen Anspruch, objektiv zu prüfen und zu prognostizieren, nicht gerecht werden können – und die Krise verschlimmert.

Ratingagenturen arbeiten der Spekulationswirtschaft direkt in die Hände. Wenn die Krise schon da ist, ist es wenig sinnvoll, die Bonität herabzustufen. Denn dann rutscht ein Land oder Unternehmen noch tiefer in den Keller. Ebenso prozyklisch wird heraufgestuft, wenn sich ein Unternehmen oder Staat wieder erholt. Wozu soll das gut sein – dann reißen sich die Geldgeber ohnehin um den vielversprechendsten Schuldner.

Wie kommen die Agenturen eigentlich zu ihrem Urteil?

Durch »sorgfältige Prüfung und Analyse aller für eine objektive Bewertung relevanten Sachverhalte«. So steht es in ihren Broschüren und auf den Homepages. Dass ich nicht lache! In den Subprime-Papieren, die vor der Finanzkrise oft mit AAA, also der höchsten Stufe bewertet worden waren, steckte in Wahrheit reichlich Schrott. Das war für mich und etliche andere Beobachter offensichtlich, für die Ratingagenturen aber anscheinend nicht. Man hätte nur mal durch die USA fahren und sich ein paar Häuser anschauen müssen. Die Ratingagenturen haben ihre Augen lieber zugemacht. Schließlich erzielen sie bis zu 30 Prozent ihrer Gewinne von den Emittenten dieser Schrottpapiere, und die zahlen sicher nicht für CCC-Ratings. Die Überschuldung Griechenlands haben die Ratingagenturen nicht kommen sehen. Ja, es ist skandalös und unfassbar. Auch bei der Wirecard-Pleite haben die Ratingagenturen versagt.

Muss man nicht das gesamte System der Ratingagenturen hinterfragen?

Ja, Ulrich Horstmann hat es zum Beispiel in seinem Buch *Die geheime Macht der Ratingagenturen* getan.[78] Eigentlich ist das System der Ratingagenturen ein Duopol von Moody's und Standard & Poor's, mit Fitch in einer weit abgeschlagenen dritten Position. Dadurch, dass Ratings in vielen Fällen gesetzlich vorgeschrieben sind, haben die beiden großen Agenturen eine Lizenz zum Gelddrucken – und sehr viel Macht. Wenn Sie dann noch überlegen, dass ein halbes Dutzend Investmentgesellschaften aus New York und Boston zusammen Haupteigentümer der Agenturen sind, dann haben Sie ein geschlossenes, mächtiges System, das sich selbst kontrolliert. Louis Brandeis' Begriff der »Finanzoligarchie« trifft da schon ganz gut. Die Ratingagenturen an der Ostküste sind ein Machtzentrum, genauso wie Silicon Valley und Hollywood Machtzentren an der Westküste sind. Hier werden von einem jeweils kleinen Kreis von Akteuren Entscheidungen getroffen, die Folgen weit über die USA hinaus haben.

Es gibt massive Interessenkonflikte. Die Agenturen dürfen nach wie vor bezahlte Aufträge annehmen, sich also von denjenigen bezahlen lassen, deren Produkte sie prüfen sollen. Sie haben lediglich zugesagt, zwischen ihren Vermarktungs- und ihren Prüfbereichen Chinese Walls einziehen zu wollen. Klar doch. Und die Erde ist eine Scheibe.

Diese Augenwischerei nützt natürlich den Kunden der Agenturen, den Unternehmens- und Bankvorständen. Die sind nämlich fein aus dem Schneider, wenn sie sich in ihren Geldanlagen an den Ratings orientieren. Im Zweifelsfall können sie den Schwarzen Peter immer an die Agenturen weiterschieben. Letztlich machen die Bequemlichkeit und das fehlende Verantwortungsbewusstsein der Manager und Politiker die Ratingagenturen so mächtig.

Im Umkehrschluss kann das doch nur bedeuten, dass viele Vorstände ihre eigentliche Aufgabe – nämlich die Bewertung von Investments – gar nicht mehr wahrnehmen?

Ja, und wenn Sie weiterdenken, heißt es sogar, dass wir uns in einer Art kapitalistischer Planwirtschaft bewegen. Die ganze Welt schaut auf das Rating von drei Agenturen, während sich die Unternehmen und Banken kein eigenes Urteil mehr bilden. Hinzu kommen die massiven Staats- und Notenbankinterventionen.

Das ist eine Zentralverwaltungswirtschaft, wenn Sie so wollen. Wo bleibt die Diversität? Wo das dezentrale Wissen der Marktwirtschaft, von dem Friedrich August von Hayek so schwärmte? Ich frage mich, wie man so etwas als liberale Marktwirtschaft ausgeben kann.

Wäre eine eigene europäische Ratingagentur eine gute Idee?

Ja doch. Ich habe ab 2009 in mehreren Aufsätzen sehr stark für eine europäische staatliche Agentur plädiert. Das wäre eine Möglichkeit, dem angelsächsischen Diktat zu entgehen. Eine solche Agentur würde international den Wettbewerb stärken und den Interessen Europas und der Welt dienen. Für eine vernünftige Arbeit braucht man vielleicht dreißig bis vierzig Analysten. Und mit denen können Sie dann die wichtigen Staatsanleihen dieser Welt bewerten. Das wäre ein unglaubliches Machtinstrument.

> »Verschuldung ist nichts weiter als vorgezogener
> Konsum, der in der Zukunft ausfällt.«
> *Hjalmar Schacht, 1923–1930 Reichsbankpräsident*

Frage 49

Als eine der Ursachen der Finanzkrise wurde die Größe der Banken aus-
gemacht: »too big to fail«. *Aus dieser Erkenntnis folgte erst einmal: nichts.*
Viele Institute sind noch größer geworden oder haben fusioniert. Drohen
jetzt noch größere Pleiten?

In der Tat. Wir haben den Banken zusätzlich Liquidität gegeben,
wir haben die Geschäfte nicht ausreichend reguliert, weil man
ihnen die Chance geben wollte, schnell wieder Geld zu verdienen.
Dabei ist im Herbst 2008 durchaus darüber diskutiert worden,
ob man nicht das schwedische Modell anwendet, das eine sofortige Verstaatlichung, Reorganisation, Abwicklung oder Verklei-
nerung vorsieht. Meiner Ansicht nach wäre dies der richtige Weg
gewesen.

Wenn der Staat den Banken Geld gibt, sollte er auch mehr zu
sagen haben. In Schweden hat das in der Bankenkrise 1990–1992
wunderbar funktioniert. Auch im jüngsten Fall hätte man ein ge-
sünderes System schaffen können, indem man einige Banken ab-
wickelt. Jetzt haben wir im Prinzip dasselbe anfällige System wie
vorher: ein hypertrophes Bankensystem mit sehr vielen kapitalmarktorientierten Akteuren, die eigentlich keiner braucht, und
mit einer Benachteiligung solcher Finanzakteure, die Geschäfte
mit einem Bezug zur Güterwirtschaft machen, wie zum Beispiel
die Volksbanken, die Raiffeisenbanken und die Sparkassen. Sie
sind von der Gesetzgebung gegenüber den rein spekulativ tätigen
Banken deutlich benachteiligt worden. Und das ist schon ein starkes Stück.

> »Es gibt keine Zentralbank der Welt, die von der Politik
> so unabhängig ist wie die Europäische Zentralbank.«
> *Wim Duisenberg als erster Präsident der Europäischen Zentralbank 1998*

> »Wenn Banken zu groß sind, um pleitezugehen,
> dann sind sie einfach zu groß.«
> *Mervin King, britischer Notenbankchef, 2009*

Es ist in der Tat erstaunlich, dass wir als Konsequenz aus der Finanzkrise die Bankenoligarchie noch weiter gestärkt haben. Und zwar nicht nur in Deutschland, sondern auch in den USA. Dort gab es eine Reihe großer Fusionen, aus denen noch größere Häuser entstanden sind. Die Großbanken werden von der Politik voll gestützt. Und deshalb werden sie tendenziell noch größer.

Wir brauchen klarere und einfachere Bilanzregeln. Es ist doch erstaunlich, wie schnell die Lobbys der Finanzwirtschaft und Wirtschaftsprüfer die Abschaffung der Bilanzierung nach dem Handelsgesetzbuch durchbekommen haben. Die damalige rot-grüne Bundesregierung hat sich ganz klar instrumentalisieren lassen. Zur Jahrtausendwende war das eine richtige Bewegung: New Labour, Rot-Grün, Felipe Gonzales in Spanien – diese ganzen modernen Sozialisten haben rückblickend einen Pakt mit der Finanzlobby geschlossen. Oder nehmen Sie Gordon Brown, der als britischer Schatzkanzler die Kapitalertragssteuer auf 15 Prozent gesenkt und ein gigantisches Subventionsprogramm für die Superreichen aufgelegt hat. Zu Beginn des 21. Jahrhunderts wurden viele Entwicklungen in Gang gesetzt, aus denen wir jetzt sehr schwer wieder herauskommen. Die damals regierenden Linksliberalen haben sich selbst als sehr modern begriffen und dadurch viel zerstört.

Wie ist es um das deutsche Banken- und Finanzsystem bestellt?

In Deutschland haben wir immer noch eines der besten Bankensysteme der Welt. Das merkt man schon daran, dass von internationaler Seite immer wieder versucht worden ist, dieses Bankensystem zu diskreditieren und zu zerstören. Ihm wird immer vorgeworfen, dass die Eigenkapitalrenditen nicht stimmen, also die Verzinsung des eigenen Kapitals zu niedrig ist. Hannes Rehm, der frühere Vorstandsvorsitzende der NordLB und jetzige Leiter des Sonderfonds Finanzmarktstabilisierung (Soffin), hat dieses falsche Argument 2008 in einem großartigen Artikel in *Geld und Kredit* vom Tisch gewischt. Das deutsche Bankensystem ist nach allen Produktivitätskennziffern sehr leistungsfähig. Alles stimmt, bis auf die Eigenkapitalrendite.[79]

Und jetzt überlegen Sie mal: Wofür stehen hohe Renditen auf eingesetztes Eigenkapital? Sie stehen für hohe Preise, für die Ausnutzung von Marktmacht und die Behinderung des Wettbewerbs. In einer gesunden Marktwirtschaft sinken die Renditen, weil es Wettbewerb gibt. Unsere niedrigen Eigenkapitalrenditen zeigen also, dass der Wettbewerb in unserem Bankensystem funktioniert, dass sich die Banken gegenseitig Konkurrenz machen und keine extremen Preise durchsetzen können. Schauen Sie sich in unseren europäischen Nachbarstaaten um, in Großbritannien, Spanien oder Italien, wo die Eigenkapitalrenditen unter anderem deshalb hoch sind, weil die Gebühren für Bankdienstleistungen für Privatkunden zum Teil unverschämt hoch sind und weil die Versorgung mit Bankautomaten lückenhaft ist. Vor diesem Hintergrund ist es von der internationalen Finanzlobby ziemlich dreist, das Thema der angeblich zu niedrigen Eigenkapitalrenditen in Deutschland immer wieder aufs Tapet zu bringen.

Wenn wir ein Bankensystem neu aufbauen wollen, dann müsste es eigentlich genauso aussehen, wie das deutsche bis etwa 1990 ausgesehen hat: wenige große Privatbanken, viele Sparkassen und Genossenschaftsbanken bzw. Kreditgenossenschaften, regional verankerte Institute. Wir hatten dieses deutsche Bankensystem schon um 1880 und wurden dafür von der internationalen Gemeinschaft ein wenig beneidet. Wir haben dieses System, das eine große Stärke unserer Wirtschaft war, seit den 1980er-Jahren systematisch demontiert. Und das, weil wir unkritisch die internationalen Einflüsterungen nachgeplappert haben.

In Deutschland haben wir nur noch zwei Großbanken – die Deutsche Bank AG und die Commerzbank AG, und diese beiden großen Privatbanken durchlaufen einen langen, quälenden Niedergang. Unter Alfred Herrhausen war die Deutsche Bank in den 1980er-Jahren zeitweilig das nach Bilanzsumme größte Geldinstitut der Welt. Mit dem Aufkauf von Morgan Grenfell in London wollte man seinerzeit groß ins Investmentbanking einsteigen und zu einer Investmentbank angelsächsischen Stils werden.

Das deutsche Finanzsystem war traditionell überwiegend kreditorientiert. Die Menschen brachten ihre Ersparnisse zur Sparkasse, Volks- oder Raiffeisenbank oder auch zu einer Großbank, und die händigten es größtenteils in Form von Krediten wieder an die Unternehmer und Kreditnehmer der Region aus. Das Kreditgeschäft verlangt Vertrauen, ist langfristig und auf Sicherheit angelegt. Das große und schnelle Geld ist hier nicht zu machen; es geht vor allem darum, dass das ausgeliehene Geld zurückkommt und etwas Zinsen obendrauf. Das war genau richtig für die deutsche Wirtschaft und hat 150 Jahre lang wunderbar funktioniert.

Die deutschen Großbanken haben deutsche Konzerne schon immer beim Auslandsgeschäft sowie auch bei Kapitalmaßnahmen wie Börsengängen, Fusionen oder Übernahmen begleitet. Nun wollte die Deutsche Bank aber zu einer Investmentbank angelsächsischen Stils werden. Das ist, als ob eine Fußballmannschaft nun auf einmal American Football spielen soll. Das kann nicht gut gehen. Das Experiment scheiterte grandios. Von fast 100 Euro im Jahr 2007 stürzte der Börsenkurs auf 6 Euro ab und hat sich seitdem kaum erholt.

Die Deutsche Bank ist heute international nur von geringerer Bedeutung. In einigen Bereichen spielt sie noch mit, aber das Spiel machen längst andere. Auch die Commerzbank hat viel von ihrer einstigen Bedeutung eingebüßt.

Die Volks- und Raiffeisenbanken sind für mich das Vorbild eines guten Bankensystems. Da haben Sie Genossen als Anteilseigner. Ein Genosse kann nur eine bestimmte Anzahl Anteile kaufen. Diese Anteile können auch nur persönlich von einem Genossen übertragen werden; es gibt keine anonymen Börsengeschäfte. Sie haben ein hohes Eigenkapital, das meistens bei 8 bis 10 Prozent liegt. Wenn ein Großteil der Banken auf dieser Welt als Genossenschaftsbanken organisiert gewesen wäre, hätte es keine Finanzkrise gegeben. Die Genossenschaftsbanken sind regional orientiert, das heißt, sie behalten die Kredite, die sie vergeben, größtenteils auch in den Büchern. Und sie sind konservativ in ihren Anlagestrategien. Da stimmt das Eigenkapital, da stimmen die Geschäftsprinzipien, da stimmt die Verantwortung. Das ist Bankwesen, wie ich es mir vorstelle.

Vor der Finanzkrise gab es noch eine genossenschaftliche Bank, die genau einen Mitarbeiter hatte: Er war Vorstand, Kassierer, Kundenberater, alles in einem. Da die Bilanzsumme der Bank sehr niedrig war und er nur kleine Kredite ausgeben konnte, war alles überschaubar. Bei etwas größeren Krediten musste er seinen Aufsichtsrat fragen, der aus Handwerkern und Bürgern seiner Region bestand. Ich habe noch die Mitgliederversammlung einer Volksbank im Schützenzelt mitgemacht, die 70 Millionen Bilanzsumme hatte und bei der es ähnlich lief. Wenig Bürokratie, viel Sicherheit, viel Vertrauen. Auf dieser Ebene hat es wunderbar funktioniert. Natürlich geht das bei Großbanken nicht – da müssen umfangreichere Regeln her. Aber wenn Sie diese Regeln auch auf kleine Banken anwenden, dann gibt es bald keine kleineren Banken mehr, weil diese sich den bürokratischen Aufwand nicht leisten können. Heutzutage sind Banken unter einer Bilanzsumme von 500 Millionen Euro eigentlich nicht mehr lebensfähig. Und auch da wird es schon eng.

Frage 50

Wie steht es nach den Stresstests um das europäische Bankensystem?

Schlecht. Viele Banken haben dieselben Probleme wie die Deutsche Bank und die Commerzbank. Es gibt vier Gründe, warum es den europäischen Banken schlechter geht. Erstens hat die Politik in der Finanzkrise das falsche Sanierungskonzept gewählt. Zweitens bringt die Nullzinspolitik viele Banken in Bedrängnis. Drittens setzen E-Pay und elektronische Zahlungsanbieter, begünstigt von der Politik, den Banken zu. Und viertens die Regulierung.

1. *Sanierung:* Zur Bewältigung der Finanzkrise hat man nicht das schwedische Modell gewählt, also teilweise Verstaatlichung und Aufstockung des Eigenkapitals, sondern versucht, die Banken über Garantien zu stützen, verbunden mit der Hoffnung, dass die Banken sich durch zukünftige Gewinne selber aus der Krise befreien. Das hat nicht funktioniert. Nun haben die Banken wenig oder negatives Eigenkapital, sind hoch gehebelt, und neue Geschäftsmodelle sind auch nicht in Sicht. Viele Banken

sind Zombiebanken, die eigentlich nicht mehr überlebensfähig sind.

2. *Nullzinspolitik:* Das Zinsgeschäft ist ein wesentlicher Bestandteil des Geschäftsmodells von Banken, traditionell sogar ihr Hauptgeschäft. Wenn aber Geld zum Nulltarif fast unbegrenzt verfügbar ist, lässt sich damit kein Geschäft mehr machen.

3. *E-Pay:* Während die Zinsmargen erodierten, setzten auch neue E-Pay-Modelle und elektronische Zahlungsanbieter den Banken hart zu. Diese Unternehmen sind oftmals geringer reguliert als die Banken und können sich das Geschäftsfeld ohne den Ballast der Vergangenheit und überkommener Strukturen erschließen.

4. *Regulierung:* Statt massiv Bankensanierungen in großem Umfang zuzulassen und Eigenkapital aufzubauen, hat man versucht, dies durch eine überbordende planwirtschaftliche Bürokratie in den Griff zu bekommen. Um die Illusion der Sicherheit zu erhalten, werden für die Banken sogenannte Stresstests abgehalten, bei denen die Europäische Bankenaufsicht in Zusammenarbeit mit der EZB die Auswirkungen verschiedener ökonomischer Szenarien auf Bankbilanzen und Ertragsrechnungen berechnet. Besonderes Augenmerk wird auf schwierige Szenarien, »Stresssituationen«, gelegt.

Stresstests sind aber auch ein Teil der »Symbolwirtschaft«, wie es Peter Drucker (1909–2005), der Pionier der modernen Managementlehre, genannt hat. Schon Mitte der 1980er-Jahre machte er das Aufkommen der Symbolwirtschaft als künftigen Megatrend aus. Reale Dinge, sagte Drucker, verlieren an Bedeutung, während die Manipulation von Symbolen immer wichtiger wird.

Globalisierung und der Aufstieg Chinas

Die Globalisierung hat mittlerweile ein Ausmaß erreicht, das keinesfalls unumkehrbar ist, sondern das im Gegenteil nicht nachhaltig sein kann. (...) Es kann nicht mehr lange dauern, bis die Globalisierungsblase platzt. Wir müssen uns auf Diskontinuitäten einstellen, die uns erwarten, und nicht einfach die Entwicklung der letzten Jahre in der Zukunft fortschreiben. Das wirtschaftliche Umfeld, das zwei Generationen lang unser Denken bestimmt hat, wird früher oder später verschwinden. Etwas radikal Neues, das wir bislang nur in seinen Umrissen erahnen können, wird an seine Stelle treten.

Max Otte, Der Crash kommt, 2006, S. 39

Frage 51

In den 1990er-Jahren wurde die Globalisierung zu einem Schlüsselthema, und sie ist es seitdem geblieben. Oft konnte man den Eindruck gewinnen, dass die Globalisierung angeführt wurde, um die Handlungsunfähigkeit der Politik zu entschuldigen oder zu relativieren. Was ist Ihre Sicht?

Wir schieben Globalisierung wie einen Fetisch vor uns her, als Entschuldigung oder auch als Erklärung für alles Mögliche. Ja, lange haben wir die Globalisierung sogar als Naturgesetz angesehen. Manfred Weber, Hauptgeschäftsführer des Bundesverbands Deutscher Banken, sagte zum Beispiel vor einigen Jahren: »Die Globalisierung ist ein Faktum. Wir diskutieren ja auch nicht, ob wir die Schwerkraft gut finden oder schlecht.«

Und wie das mit Schlagworten häufig so ist: Sie verhindern das eigene Nachdenken. Gerade in Deutschland begreifen wir die Globalisierung als Schicksal, das über uns hereinbricht. Aber Deutschland ist, gemessen am nominalen Bruttoinlandsprodukt (BIP), immer noch die viertgrößte Wirtschaftsnation der Welt. Die Europäische Union liegt fast gleichauf mit den USA. Wenn wir die Wirtschaftsleistung nach Kaufkraftparität betrachten, hat

China mittlerweile die größte Volkswirtschaft der Welt. Dennoch könnten Europa und Deutschland die Regeln der Globalisierung, d. h. des fortschreitenden Prozesses der weltweiten Arbeitsteilung, stark mitgestalten – wenn wir eine Politik hätten, die das wirklich wollte.

Und nun scheint die globale Ordnung Risse und Brüche zu bekommen. Nationale Wirtschaftspolitik steht seit Donald Trump wieder hoch im Kurs.

Nicht erst seit Donald Trump. Zwar hat er den Wahlkampf 2016 mit dem Slogan »America First« gewonnen und danach Handelskriege mit China und der Europäischen Union angezettelt – ganz nach der von seinem ehemaligen Chefstrategen Steven Bannon propagierten Strategie des »economic nationalism« (ökonomischer Nationalismus). Der Hauptgegner ist aber vor allem der Hauptkonkurrent China. Ein aktuelles Beispiel dafür ist Trumps Gefecht mit dem chinesischen Telekommunikationskonzern Huawei.[80] Gegenwärtig üben die USA und ihre Lobbyisten in Deutschland sowie die US-hörigen Medien mächtig Druck aus, das Projekt Nordstream II zu stoppen. Auch das ist nichts Neues: Sanktionen und Wirtschaftskrieg und die Erpressung von Wirtschaftspartnern haben eine lange Tradition in den USA.

Noch vor der Wahl Donald Trumps stimmten die Briten im Juni 2016 für den Brexit – den Austritt ihres Landes aus der Europäischen Union. In der Sendung »Markus Lanz« habe ich erklärt, warum ich darin eine Chance, sogar einen Glücksfall für Europa sehe.[81] Aber das jahrelange, immer noch nicht ganz beendete Drama um die politische Umsetzung dieser demokratischen Entscheidung zeigt, welche Beharrungskräfte es im System gibt. Aber offensichtlich ist auch in Europa das Dogma von immer mehr Integration an seine Grenzen gestoßen.

Im Jahr 2016 scheiterten die Verhandlungen zum Transatlantischen Freihandelsabkommen (TTIP). Zum Glück, kann ich nur sagen. TTIP hätte die völlige Entmachtung, das Aus und den ökonomischen Anschluss Europas an die USA bedeutet, hätte zur

Übernahme des amerikanischen Rechts- und Wirtschaftssystems durch die Hintertür geführt, die massive Bevorteilung von Konzernen und großen Wirtschaftsakteuren, die Aufweichung von Arbeitnehmerrechten und Verbraucherschutz und eine Entmachtung staatlicher Stellen bedeutet.

Der damals zuständige Bundeswirtschaftsminister und Vizekanzler Sigmar Gabriel (SPD) sagte im August 2016 im ZDF-Sommerinterview: »Die Verhandlungen mit den USA sind de facto gescheitert, weil wir uns den amerikanischen Forderungen natürlich als Europäer nicht unterwerfen dürfen (...) Da bewegt sich nix.« Nicht in einem einzigen von 27 Bereichen hätten die Unterhändler in 14 Verhandlungsrunden Einigung erzielt. 2016 kam das Aus.

Ökonomischer Nationalismus scheint also salonfähig zu werden. Ja, es scheint sich geradezu eine Deglobalisierung vor unseren Augen abzuspielen. Überrascht Sie das?

Das überrascht mich nicht. Bereits in *Der Crash kommt* hatte ich 2006 das Platzen der Globalisierungsblase vorausgesagt. Viele Menschen betrachteten die Globalisierung lange als einen unumkehrbaren Prozess. Hätten Sie sich tiefer in der Geschichte umgeschaut, hätten Sie gemerkt, dass wir schon vor 110 Jahren eine überaus globale Welt hatten, die dann mit dem Ersten Weltkrieg und der Weltwirtschaftskrise wieder sehr viel nationaler und regionaler wurde.

In seinem bekannten Essay »Nationale Selbstgenügsamkeit«[82] schreibt John Maynard Keynes 1933, dass es angesichts der historischen Erfahrungen nicht logisch ist anzunehmen, dass ungebremste internationale Kapitalflüsse gut für Frieden und Verständigung wären. So ziemlich das Gegenteil sei der Fall. Zwar würde vielleicht irgendeine Kalkulation zeigen, dass ein gewisses Investment an einem entfernten Ort der Erde etwas mehr Rendite bringen würde, aber die Erfahrung zeige, dass die Entfernung zwischen Besitz und Kapitaleigner, also zum Beispiel einem Unternehmen und seinen Aktionären, eher zu Unfrieden führen würde. Eine ernüchternde Feststellung.[83]

Wir hatten übrigens auch schon zur Zeit des Humanismus eine sehr internationale Welt, die dann mit der Reformation wieder viel kleinteiliger wurde. Man sieht also, dass die Globalisierung eher in Zyklen oder Wellen verläuft – und diese Zyklen erklären oder rechtfertigen als solche noch nichts. Darüber nachzudenken bereitet Unbehagen, denn irgendwie wollen wir trotz des Ersten und Zweiten Weltkriegs, trotz Auschwitz, Hiroshima, Irak und Syrien daran glauben, dass der Fortschritt schon, nun ja, fortschreiten wird. Sollte es tatsächlich Zyklen geben, wäre dieses Denken ja infrage zu stellen.

Oft wird das Argument vorgebracht, dass die menschliche Geschichte »offen« sei und Nachdenken über Zyklen zu nichts führe. Der bekannte und erfolgreiche Hedgefonds-Manager Ray Dalio analysiert in seinem 2018 erschienenen Buch, wie sich große Schuldenzyklen und Schuldenkrisen entwickeln und abspielen und schreibt: »Wann immer ich über Zyklen spreche, speziell große und langfristige Zyklen, gehen die Augenbrauen der Leute hoch. Die Reaktionen, die ich bekomme, sind ungefähr dieselben, als wenn ich über Astrologie sprechen würde. Deswegen möchte ich betonen, dass ich nur über Sequenzen von Ereignissen spreche, denen eine innere Logik zugrunde liegt und die in bestimmten Mustern auftreten.«[84]

Welche Logik könnte den Zyklen der Globalisierung (und der entsprechenden Deglobalisierung) zugrunde liegen?

Einer meiner Lehrer, Robert Gilpin, Professor für Internationale Beziehungen an der Princeton University, entwirft in seinem Buch *War and Change in World Politics* ein Zyklenmodell für die Weltwirtschaft bzw. das globale politische System.[85] Gilpin war ein nüchterner politischer Denker in der Tradition der realistischen Schule, das heißt, er sieht die internationale Politik als ein Spiel um Macht und Einfluss, in der Nationalstaaten weiterhin wichtige, wenn nicht sogar dominante Akteure sind. Gilpins Modell hat fünf Phasen:

1. Eine Macht steigt auf – sei es durch überlegene Technologien oder eine überlegene Staats- oder Gesellschaftsform, ein besseres Arbeitsethos, Glück oder eine Kombination all dieser Faktoren. Diese Macht entwickelt sich zu einer unbestrittenen Hegemonialmacht.
2. Die Regeln und Institutionen nützen vor allem der Hegemonialmacht, aber sie bringen auch Stabilität und Berechenbarkeit in ein ansonsten chaotisches und anarchisches internationales System, in dem alle Staaten ihre eigenen Ziele verfolgen und in dem ansonsten Instabilität herrschen würde.
3. Neue Mächte steigen auf, sei es, weil der Hegemon sich an seine Privilegien gewöhnt und Arbeitsethos und Wirtschaftskraft nachlassen, sei es, weil der Hegemon zu viele Mittel in die Rüstung steckt, oder sei es, weil an anderer Stelle überlegene Technologien oder Gesellschaftsmodelle entstehen.[86]
4. Der Hegemon verteidigt nun seine Vormachtstellung immer aggressiver, er führt eine restriktive Wirtschaftspolitik ein, erhöht die Tributforderungen gegenüber seinen Vasallen oder Verbündeten und versucht, potenzielle Rivalen mit allen Mitteln zu schwächen. Wenn die Führungsnation ihre eigenen Interessen immer unverhohlener durchsetzt, wird die Legitimität der internationalen Regeln zunehmend infrage gestellt. Das ist leider oftmals gerade dann der Fall, wenn neue Rivalen am Horizont auftauchen.
5. Wenn ein Herausforderer der Hegemonialmacht zu nahe kommt, ist die Gefahr groß. In der Vergangenheit haben solche Situationen oft, wenn auch nicht immer, zu großen Kriegen geführt.

Gilpin legte Wert darauf, dass sein Konzept des internationalen politischen Wandels kein Prognosemodell sei, sondern analytisch und deskriptiv, und einen konzeptionellen Rahmen darstelle, um bestimmte Phänomene zu analysieren.[87] Gilpins Zyklenmodell sollte also zumindest als Denkansatz ernst genommen werden, gerade wenn es Unbehagen hervorruft.

Frage 52

Wie kam es denn zur jetzigen globalen Ordnung, in der die USA zumindest in der Vergangenheit der dominante Akteur waren?

Die Nachkriegsordnung war eine amerikanische Ordnung. Die Vereinigten Staaten von Amerika spielten die entscheidende und dominante Rolle bei ihrer Genese. Spät in den Zweiten Weltkrieg eingetreten – die Hauptlast im Kampf gegen Nazideutschland hatte die Sowjetunion zu tragen –, konnten die USA durch den Krieg ihr gigantisches Produktionspotenzial entfalten. Nach Ende des Zweiten Weltkriegs trugen die Vereinigten Staaten 40 Prozent der Weltwirtschaftsleistung bei, hatten sie doch eine florierende Wirtschaft mit unzerstörten Produktionsanlagen und verfügten als einzige Macht über Atombomben.

Die internationalen Institutionen, die heute das Zusammenleben der Völker bestimmen, wurden von den Vereinigten Staaten aus Eigeninteresse konzipiert und tragen alle deren Handschrift. Selbst Großbritannien als Amerikas engster Verbündeter musste auf der Währungs- und Finanzkonferenz 1944 in Bretton Woods die eigenen Positionen weitgehend aufgeben. Die Konferenz folgte maßgeblich dem amerikanischen White-Plan und nicht dem Keynes-Plan. Niemals wäre es einem amerikanischen Präsidenten eingefallen, Verträge abzuschließen, die vielleicht im Sinne der Völkergemeinschaft wären, aber handfesten Interessen des eigenen Landes zuwiderliefen.

Militärisch war die Welt nach 1945 bis zum Zusammenbruch der UdSSR in zwei Blöcke gespalten. Es herrschte ein Gleichgewicht des Schreckens. Innerhalb der beiden Bündnissysteme gab es jeweils klare Hierarchien: Die jeweilige Supermacht, USA und UdSSR, hatte die Vorrangstellung gegenüber ihren Bündnispartnern inne, mit anderen Worten, der Zusammenschluss war arithmetisch angelegt.

Auch die NATO ist asymmetrisch angelegt. So wird die Organisation militärisch traditionell immer von einem Amerikaner geführt. Was wir Deutschen weitgehend verlernt haben, nämlich die Wahrung nationaler Souveränität, steht für die USA ganz oben auf der Prioritätenliste. Niemals würden die USA es zulassen, dass amerikanische Soldaten in signifikanter Zahl unter nichtamerikanischem Oberbefehl dienen.

Sehr deutlich zeigt sich die Asymmetrie in den Beziehungen auch am Beispiel des Internationalen Gerichtshofs in Den Haag. Die USA erkennen ihn nur unter erheblichen Vorbehalten an. Und im April 2019 wurde bekannt, dass sich der Internationale Gerichtshof dem Druck aus Washington fügt und keine Verbrechen von US-Soldaten verfolgen wird.[88] Die Vereinigten Staaten können somit Personen vor den Gerichtshof bringen, wie zum Beispiel den ehemaligen serbischen Präsidenten Slobodan Milošević, sie selbst unterwerfen sich aber nicht seiner Gerichtsbarkeit.

Asymmetrische Institutionen wie der UN-Sicherheitsrat oder der Internationale Gerichtshof eignen sich perfekt zur Ausübung von Herrschaft und Macht. Diese Herrschaft ist effektiv, weil die Beherrschten bzw. Beeinflussten oft gar nicht merken, dass sie beherrscht werden. Es handelt sich hierbei um *strukturelle Macht*.

Wirkt sich eine derartige strukturelle Macht auch ökonomisch aus?

Ja. Die Staatsschulden der USA liegen über denen der Euro-Zone. Schon vor der COVID-19-Pandemie waren die USA Weltmeister im Schuldenmachen. Durch die Krise sind sie schlechter als andere Industrienationen gekommen. Dennoch fließt internationales Kapital weiter in Strömen ins Land und finanziert zum Beispiel die hohen Außenhandelsdefizite. Die Aktienkurse haben vielfach wenige Monate nach Ausbruch von COVID-19 neue Höchststände erreicht. Wieder scheint sich die Krise nicht an Regeln halten zu wollen. Allerdings nur scheinbar. Denn in einer großen Krise, in der anscheinend alles unsicher ist, ist es immer noch am besten, sein Geld in dem Land mit dem stärksten Militär zu haben.

Die Tatsache, dass der gigantische US-Vermögensverwalter BlackRock mit über 5 Billionen Dollar verwaltetem Vermögen der größte Einzelaktionär bei allen DAX-Konzernen ist, begründet auch eine sehr große Macht. Das Management der jeweiligen Unternehmen handelt im Sinne seiner Aktionäre. Die Interessen deutscher Arbeitnehmer werden dann eher zurückgestellt. Ähnliches gilt für die vielen deutschen mittelständischen Unternehmen, die mittlerweile in die Hände von Private-Equity-Gesellschaften übergegangen sind. Amerikanische Akteure investieren also in deutsche Sachwerte, die weitgehend heil durch eine Inflation kommen werden, und der deutsche Staat kauft amerikanische Anleihen, die dann wertlos werden würden. Da stecken schon ökonomische Strategien dahinter, ob unbewusst oder gesteuert.

Amerika setzt die Themen und lenkt die Debatten im Bewusstsein, das Zentrum des westlichen Imperiums zu sein. Denken Sie zum Beispiel an Black Lives Matter, eine Bewegung, die in den USA begann und dann schnell auf Deutschland übergriff, obwohl die Bedingungen hier ganz andere sind. Selbst so etwas Absurdes wie »defund the police« (entzieht der Polizei die Finanzierung) ist ansatzweise in den deutschen Diskurs eingedrungen.

Warum ist das so? Warum hören wir so selten auf indische, chinesische, russische, brasilianische und deutsche Wirtschaftsexperten?

Weil es eine Frage der Macht ist – wie immer. Wir stellen uns oft vor, dass es einen freien Markt der Meinungen gibt. Den gibt es aber nicht. Man muss immer überlegen, wie viel Gewicht hinter einer bestimmten Meinung steckt. Wenn Sie eine Meinung nicht verbreiten können, weil Ihnen die Macht dazu fehlt, dann müssen schon sehr besondere Umstände zusammenkommen, damit Sie gehört werden.

In den Wirtschaftsmedien zum Beispiel wurden und werden ganze Meinungsbataillone aus amerikanischer Sicht aufgefahren. Ich möchte das nicht falsch verstanden wissen: Ich habe selbst zehn Jahre in den USA gelebt und bin seit 2005 auch amerikanischer Staatsbürger. Aber wenn Sie sich deutsche Wirtschaftstexte aus teils lange zurückliegenden Jahrzehnten durchlesen, dann stoßen Sie auf eine ganz andere Sichtweise. Hätten wir nicht nach und nach die amerikanische Perspektive übernommen, dann würde vielleicht die kontinentaleuropäische Anschauung den Diskurs bestimmen.

Ganz deutlich wird diese Meinungsmacht auch im Fall von Nordstream II. Der mutmaßliche Giftanschlag auf den russischen Oppositionspolitiker Alexander Nawalny ist schnell in einen Orkan der Mainstream-Medien umgeschlagen, dass man nun die Gaspipeline stoppen solle. Putin verstehe nur eine Sprache.

Soweit ich weiß, spricht Putin hervorragend Deutsch. Hier wird ein noch nicht erwiesener mutmaßlicher Giftanschlag instrumentalisiert, um ökonomische und geopolitische Ziele durchzusetzen. Dass die deutschen Printmedien hier so unisono einstimmen, zeigt, wie sehr die USA die Agenda bei *Zeit*, *Spiegel* & Co. setzt. In seinem Buch *Mainstream. Warum wir den Medien nicht mehr trauen* hat der Leipziger Medienwissenschaftler Uwe Krüger bereits 2014 untersucht, wie Netzwerke transatlantischer Alphajournalisten wie Josef Joffe oder Christoph von Marschall helfen, die US-Positionen zu verbreiten.

Die USA setzen Deutschland schon länger unter Druck, Nordstream II zu stoppen, denn sie wollen ihr teureres Fracking-Gas auch an Deutschland verkaufen. Die deutschen Energiepreise, die aufgrund der Energiewende schon zu den höchsten der Welt gehören, würden dann weiter steigen. Ob das im Interesse der deutschen Bürger ist, sei dahingestellt. Ein weiteres Beispiel für die asymmetrische Natur der Macht: Während Deutschland und Österreich auf amerikanischen Druck russische Firmen sanktionieren, richten sich die US-Sanktionen vor allem gegen Einzelpersonen. Amerikanische Firmen treiben weiter fleißig Handel mit Russland.

Southstream wurde bereits 2014 gestoppt, als eine US-Delegation unter dem inzwischen verstorbenen Senator John McCain nach Bulgarien reiste und die bulgarische Regierung und das bulgarische Parlament massiv unter Druck setzte.

Die sogenannten sozialen Medien, die eigentlich asoziale Medien sind, bringen ein neues Element ins Spiel. Nun können sich Menschen offen und direkt äußern. Manchmal tut sich da eine sehr große Kluft zwischen der Meinung der Bevölkerung und der Eliten auf, wie zum Beispiel im Fall der Ukraine-Krise und des Umgangs mit Russland 2014. Während die Leitmedien pausenlos für eine verschärfte Gangart gegenüber Russland trommelten, sah es in den Kommentarspalten der Zeitungen ganz anders aus. Auch Donald Trump wäre ohne Twitter niemals Präsident geworden.

Der Diskurs ist also über die sozialen Medien wie Facebook, Twitter und Instagram nicht so leicht von oben zu setzen. Die Eliten versuchen allerdings, durch Gesetze, Kontroll- und Zensurmaßnahmen wie das »Netzwerkdurchsetzungsgesetz« wieder die Deutungshoheit zu erlangen. Zudem kommen die Spaltungen der amerikanischen Gesellschaft nun ungefiltert durch deutsche Leitmedien nach Deutschland. Damit bilden sich Teile des inneramerikanischen Diskurses auch in Deutschland ab.

Die maßgeblichen Social-Media-Plattformen – Facebook, YouTube, Twitter, Instagram – sitzen alle in Silicon Valley. Im Zweifel folgen ihre Inhaber und ihr Management amerikanischen Gesetzen. Silicon Valley ist damit – wie Hollywood und die Wall Street – ein Machtzentrum. Europa hat nichts Vergleichbares entgegenzusetzen, außer vielleicht der City of London. Und die wird bald nicht mehr Teil der EU sein.

Frage 53

Imperien haben eines gemeinsam: Irgendwann gehen sie unter. Spätestens dann, wenn das Imperium so groß ist, dass man sich nicht mehr um alle Regionen kümmern kann, fällt es in sich zusammen oder wird von außen einfach überrannt. Sind die Amerikaner schon an diesem Punkt angelangt?

Robert Gilpin ging in seinem Konzept davon aus, dass sich eine Hegemonialmacht irgendwann an ihre Vorrechte gewöhnt. Dann will sie die ökonomischen, politischen oder gesellschaftlichen Veränderungen nicht wahrhaben, sondern verlegt sich darauf, ihren privilegierten Status zu verteidigen. Gleichzeitig ist sie gezwungen, weite Regionen ihres Einflussbereichs zu vernachlässigen, weil ihre Ressourcen nicht ausreichen, um den gesamten Bereich zu kontrollieren. Das führt zu einem von der Politikwissenschaft so genannten Imperial Overstretch, einer imperialen Überdehnung.

Trump wollte Amerika wieder groß machen, die große Reset-Taste drücken. Amerika hat schon häufig seine erstaunliche Fähigkeit unter Beweis gestellt, ganz von vorne anzufangen. Die Ergebnisse waren gemischt. Heute kommen die USA aufgrund ihrer defizitären staatlichen Strukturen schlechter durch die Corona-Krise als andere Länder. Von einem wirklichen Aufschwung, der »Amerika wieder groß« macht, ist das Land weit entfernt.

Eine »imperiale Ideologie« haben die Vereinigten Staaten auf jeden Fall – es ist der »amerikanische Exzeptionalismus«, der Glaube, dass es die Aufgabe Amerikas sei, die Welt zu verbessern. Diese globale interventionistische Ideologie wird von einer erstaunlichen Allianz von Neokonservativen und »liberalen« Eliten, Befürwortern einer »offenen Weltordnung« gestützt. Beide Gruppen sehen sich im Dienst der guten Sache, der »Verbreitung liberaler Werte und einer offenen Weltordnung«, auch wenn dabei Kriege, Chaos und Hunderttausende von Toten wie im Irak in Kauf genommen werden müssen.

Auf jeden Fall ist dieses Imperium teuer. Seine Kriege und Interventionen sind unter anderem so teuer, weil viele Operationen verdeckt laufen und viele Privatunternehmen involviert sind. Teusch: »Die Kosten werden nicht, wie etwa im Zweiten Weltkrieg oder im Koreakrieg, durch Steuererhöhungen, Kriegsanleihen und sonstige Maßnahmen aufgebracht. (...) Heutzutage führen die USA ihre Kriege auf Pump.«[89]

Donald Trump hat sich mehrfach dahingehend geäußert, dass er die aus seiner Sicht sinnlosen Kriege der USA beenden wolle. In einer Pressekonferenz mit dem italienischen Staatspräsidenten Sergio Mattarella sagte er, dass er das Militär nicht in sinnlosen Kriegen verschleißen wolle. Es sei eine Kampfmaschine, keine Polizeitruppe. Viele im »militärisch-industriellen Komplex«, so Trump, hätten ein Interesse am Krieg. Er nicht.[90] Im September 2020 legte Trump nach. Er wolle die sinnlosen Kriege beenden. Viele Planer im Pentagon würden ihn deswegen überhaupt nicht mögen, die einfachen Soldaten hingegen schon.

Herr Otte, es klingt fast so, als ob Sie Trump-Fan seien. Stimmt das?

Ich bin zumindest sehr erleichtert, dass Trump anders als seine Vorgänger George H. W. Bush, Bill Clinton, George W. Bush und Barack Obama keine Kriege angefangen hat. Das sahen zu Beginn seiner Amtszeit viele anders. So schrieb zum Beispiel das ehemalige Mitglied des EU-Parlaments, der Journalist und Bestsellerautor Hans-Peter Martin 2018: »Donald Trump braucht den Krieg, und er wird Krieg führen, falls er noch länger im Amt bleibt.«[91]

Anders als seine Vorgänger hat er keine größeren Kriege angefangen und sich standhaft der Kriegslobby widersetzt. Das überwiegt für mich alle persönlichen Schwächen, die Trump zweifelsohne hat. Er ist ein rauer, eitler Mensch. Er ist ein Populist. Aber er hat das Ohr am Volk. Und das will keine Kriege.

Frage 54

Spätestens seit dem Zusammenbruch der Sowjetunion hat sich der Kapitalismus endgültig durchgesetzt. Aber es zeigen sich auch immer mehr Risse. Vor allem die neoliberale Bewegung hat die Probleme angeheizt. Wann ist der Kapitalismus aus dem Ruder gelaufen?

Man kann mehrere Zäsuren setzen. Zum Beispiel 1971, als der damalige US-Präsident Richard Nixon einseitig die Konvertibilität des US-Dollars aufhob.

Eine weitere Wegmarke lässt sich 1979 erkennen, als Margaret Thatcher zur Premierministerin Großbritanniens gewählt wurde. Auf ihren Druck hin wurde der britische Kapitalmarkt dereguliert, der 1986 mit dem »Big Bang« die City of London zu einem Finanz-Dorado gemacht hat. Susanne Schmidt, die Tochter von Altbundeskanzler Helmut Schmidt, hat in ihrem Buch *Markt ohne Moral* sehr schön beschrieben, wie sich die City of London in den 35 Jahren, in denen sie dort als Bankerin, Analystin und Fernsehmoderatorin gearbeitet hat, verändert hat.[92] Nach dem »Big Bang« ging es nur noch um das schnelle Geschäft. In der Tat sind diese Dinge durch die Verwerfungen Ende der 1970er-Jahre angestoßen worden. Ab diesem Zeitpunkt ist auch die Weltwirtschaft aus dem Ruder gelaufen.

In den späten 90er-Jahren waren es dann ausgerechnet sozialdemokratisch-grüne Regierungen, die die Finanzmärkte endgültig entfesselten und dem Finanz- und Hyperkapitalismus freie Bahn schufen: in Deutschland die Regierung Schröder-Fischer, in den USA Bill Clinton und in England Tony Blair.

Ist der Zerfall des Ostblocks nicht auch eine Ursache für die heutigen Probleme? Innerhalb kürzester Zeit traten große und kapitalhungrige Volkswirtschaften auf den Plan, die auch etwas vom globalen Kuchen abhaben wollten. Ist das unterschätzt worden?

Darauf hat man in der Tat nicht geachtet. Die Ideologie des Neoliberalismus sagte: »Wunderbar – das sind jetzt alles kapitalistische Länder, jetzt brauchen wir uns um nichts mehr zu kümmern, jetzt richtet es der Markt.« Ebendiesen Fehler hat auch der amerikanische Politikwissenschaftler Francis Fukuyama 1992 in seinem viel beachteten – aber auch etwas naiven – Buch *The End of History and the Last Man* gemacht.[93] Dort sagt er sinngemäß, dass mit dem Sieg des Kapitalismus die Weltpolitik an ein Ende gekommen sei. Fukuyama sieht bei sich Parallelen mit Hegel: Bei Hegel ende die Geschichte mit der Errichtung des preußischen Staats, bei Francis Fukuyama mit dem Sieg des Kapitalismus und der Demokratie. Das zeigt, dass Fukuyama Hegel nicht verstanden hat, denn Hegel sah Geschichte als dialektisch an. Eher hat er sich (unbewusst) an Kants Schrift *Zum ewigen Frieden* (1795) orientiert. Fukuyamas Thesen klingen heute absurd, aber damals entsprach es der gängigen Ideologie. Anstatt sich mit den kommenden Herausforderungen zu beschäftigen, gab man sich gegen Ende des 20. Jahrhunderts der utopischen Überzeugung hin, dass die Märkte frei und damit alles gut sei. Dieses neoliberale Denken spielt auch heute noch eine große Rolle.

Die echte Herausforderung für das Weltsystem ist aber nicht der Zerfall des Ostblocks, sondern der Aufstieg Chinas.

Frage 55

Die Welt befindet sich, wie Theo Sommer in seinem Buch China First *(2019) schreibt, auf dem Weg ins chinesische Jahrhundert. Was ändert das im Hinblick auf das Weltsystem?*

Alles. Nichts mehr ist, wie es vorher war. Der Aufstieg Chinas dominiert fast alle derzeitigen politischen Entwicklungen, und zwar weltweit und in fast allen Bereichen. Der Politikwissenschaftler Graham Allison erinnerte in diesem Zusammenhang an einen 200 Jahre alten Ausspruch: »Vor zwei Jahrhunderten warnte Napoleon: ›Lasst China schlafen; aber wenn es erwacht, wird die Welt wanken.‹ Heute ist China erwacht, und die Welt wankt.«[94] Sogar scheinbar in keinem Zusammenhang mit China stehende Ereignisse wie die allgemeine Instabilität im Nahen Osten und die Migrationsströme nach Europa sind eine Folge dieses Aufstiegs.

Chinas Aufstieg begann in den frühen 1980er-Jahren. Zunächst langsam, beschleunigte er sich wie bei allen exponentiellen Prozessen, bis China der Gigant wurde, der es heute ist. Wie John Maynard Keynes bereits 1919 schrieb, sind es die langsamen, aber kontinuierlichen Prozesse, die die großen Ereignisse der Weltgeschichte dominieren. In meinem Buch *Der Crash kommt* widmete ich 2006 ein ganzes Kapitel den Konsequenzen des unaufhaltsamen Aufstiegs Chinas.[95] Denn schon damals waren die Entwicklungen und Konflikte, die sich jetzt vor unseren Augen abspielen, eigentlich recht gut abzusehen.

Gleichzeitig fiel der amerikanische Anteil am Welt-BIP von 22 Prozent im Jahr 1980 auf 20 Prozent im Jahr 1990 auf derzeit 15 Prozent.[96] China liegt, gemessen an der Kaufkraftparität, derzeit bei 18 Prozent.[97] Damit sind beide Nationen zwar allen anderen weit voraus – wenn man von der zerrissenen und weitgehend handlungsunfähigen Europäischen Union absieht –, aber keine der beiden dominiert die Weltwirtschaft so, wie es die Vereinigten Staaten mit rund 40 Prozent der Weltwirtschaftsleistung nach 1945 taten. Das exponentielle Wachstum der chinesischen Wirtschaft wird nicht ewig anhalten. Die Frage ist, ob wir den Übergang zu einer neuen Weltordnung friedlich schaffen. Das wird in den USA, die immer Nr. 1 sein wollen, als große Bedrohung gesehen: US-Präsident Donald Trump macht ernst mit den Handelskriegen und der ökonomischen Konfrontation mit China – mit unüberschaubaren Risiken für die Weltwirtschaft.

Fakt ist: China hat die USA überholt. China ist auf vielen Märkten mittlerweile der größte Produzent und der größte Nachfrager. Die Hälfte aller iPhones weltweit wird in einer einzigen Stadt in China, Zhengzhou, gefertigt.[98] Aber China ist nicht nur größter Produzent, sondern bei vielen Produkten auch größter Importeur der Welt, zum Beispiel bei Erzen und Holz. Die Importe der chinesischen Holzindustrie haben sich seit dem vor zwanzig Jahren eingeführten Schlägerungsverbot für Holz im Land selbst verzehnfacht.[99] Auch der Bauboom in China sprengt alle zuvor bekannten Dimensionen. Sie kennen das Sprichwort »Rom wurde nicht an einem Tag erbaut«. Nun, seit 2005 baut China das Äquivalent der gesamten Bausubstanz der heutigen Stadt Rom – und zwar alle zwei Wochen. Zwischen 2011 und 2013 verbrauchte das Land mehr Zement als die USA im gesamten 20. Jahrhundert. In 15 Jahren wurden so viele Häuser gebaut, wie derzeit in Europa stehen. 2011 wurde ein 30-stöckiger Wolkenkratzer in 15 Tagen hochgezogen – pro Tag zwei Stockwerke.[100] Bis zum Jahr 2035 will China 215 (!) neue Flughäfen gebaut haben.[101] Und wir haben uns 14 Jahre lang in Deutschland mit dem internationalen Flughafen Berlin Brandenburg herumgeplagt.

Nicht nur Rohstoffe saugt das Land auf. Das Land ist zudem ein wichtiger Absatzmarkt für westliche Luxusgüter, die als Statussymbole gelten. Luxuskonzerne wie LVMH, Richemont und andere hängen zu einem großen Teil von China ab, und auch für BMW und Porsche ist China der wichtigste Markt auf der Welt.[102] Zum Beispiel machte 2018 Porsche 31 Prozent seines Umsatzes in China – mehr als in den USA.[103] Die Verkäufe in China stiegen um 12 Prozent, weltweit nur um 4 Prozent, unter anderem, weil Europa zurückfällt.[104]

Im Jahr 2015 gründete China seine eigene internationale Entwicklungsbank. Im Juni 2015 unterzeichneten Vertreter aus

75 Staaten die Gründungsurkunde, 2016 nahm die Bank ihre Arbeit auf. Selbst die sonst eher US-hörige Bundesrepublik Deutschland und das Vereinigte Königreich traten trotz erheblichen Drucks seitens der USA bei. Von den US-Verbündeten traten nur Kanada und Japan der Bank nicht bei.

Frage 56

Welche Rolle spielt das Projekt der »neuen Seidenstraße«?

Das ehrgeizige Projekt »Neue Seidenstraße« (»*One Belt, One Road*«), das Eurasien und Afrika auf dem Land- und Seeweg enger verbinden will, umfasst geplante Infrastrukturinvestitionen im Umfang von 1,1 Billionen Dollar. Insgesamt 60 Länder sind beteiligt, die 35 Prozent der Weltwirtschaft und 60 Prozent der Weltbevölkerung repräsentieren.[105] Der Albtraum amerikanischer Geostrategen, dass der eurasische Kontinent, die »Weltinsel«, enger zusammenwächst und die USA ins Abseits gedrängt werden, droht, wahr zu werden. Zum Beispiel durch den Bau von Eisenbahnen. Jetzt soll zwischen Peking und Moskau eine 7000 Kilometer lange Hochgeschwindigkeitstrasse entstehen, die die Fahrzeit von sechs Tagen auf 33 Stunden verkürzt. Nicht nur international, auch national investiert China massiv in Infrastruktur. Mit einer Gesamtlänge von 31 000 Kilometern verfügt das Land über knapp zwei Drittel des globalen Streckennetzes für Hochgeschwindigkeitszüge. 2025 sollen es bereits 38 000 Kilometer, 2030 gar 45 000 Kilometer sein.[106]

Im Zusammenhang mit dem Bau der Neuen Seidenstraße sichert sich China langfristige Pachtverträge für Häfen und weitet seinen Einfluss in vielen der beteiligten Staaten aus. Und natürlich nutzt die Volksrepublik ihre starke Stellung als Finanzier und initiative Macht, um asymmetrische Verträge abzuschließen, genauso wie dies die USA und jede andere Großmacht in der Geschichte es gemacht hat und in ihrem jeweils eigenen Einflussbereich macht. China trifft aber auch auf Gegenwehr wie 2018 seitens Malaysias, das von ins Auge gefassten Infrastrukturprojekten im Wert von 20 Milliarden Dollar zurücktrat, »weil man keinen neuen Kolonialismus« wolle.[107]

Mit der Neuen Seidenstraße kann China Partner in Europa gewinnen und so seine Position auf dem Kontinent stärken, um dem wachsenden Druck aus Washington zu begegnen. Bereits nach der Finanzkrise investierte China zum Beispiel massiv in griechische Häfen. Eine Schlüsselrolle in der chinesischen Politik spielt Deutschland als immer noch größte Wirtschaftsnation Europas. Seit Jahren ist Deutschland nicht nur Chinas größter Handelspartner in Europa, sondern längst auch der wichtigste Hebel der Chinesen auf dem Kontinent, um eine stärkere Verhandlungsposition zu erlangen und – so das Fernziel – die Europäer auf seine Seite zu ziehen.

China baut sein neues Infrastrukturnetz in Richtung Europa nicht nur bevorzugt nach Deutschland aus. Es gesteht großen deutschen Firmen neuerdings auch Privilegien zu, die weltweit für Aufsehen sorgen, darunter ein 10 Milliarden Dollar umfassender integrierter Chemiekomplex, den die BASF in der Provinz Guangdong bauen darf. Die riesige Anlage, die drittgrößte Produktionsstätte des deutschen Konzerns auf der Welt, soll bis 2030 fertiggestellt werden. Es handelt sich um die erste große Produktionsanlage in der Volksrepublik, die zu 100 Prozent im Eigentum des ausländischen Investors bleibt. Demonstrativ wurde ein deutsches Unternehmen ausgewählt, um für die Neue Seidenstraße zu werben und – wichtiger noch – Vorwürfe und Kritik aus den USA, wo man Pekings Öffnungspolitik für »einen Scherz« (Mike Pompeo) hält, zu entkräften. Aus geostrategischen und handelspolitischen Erwägungen heraus ist China dabei, den größten Binnenhafen der Welt in Duisburg rasch zum wichtigsten Ziel seiner beiden Schienenverbindungen durch die eurasische Landmasse im Rahmen der Neuen Seidenstraße auszubauen.

Die amerikanische Konfrontationsstrategie gegenüber Russland ist auch ein Versuch, das Zusammenwachsen der eurasischen Landmasse zu verhindern.

Frage 57

Typisch für China und andere Länder ist ein staatlich gelenkter Kapitalismus. Ist das die Wirtschaftsordnung, mit der wir uns in den nächsten Jahren auseinandersetzen müssen?

Das wird man sehen. Derzeit haben wir im westlichen Modell relativ schwache Staaten, eine globalisierte Wirtschaft und starke Konzerne, die sich im Großen und Ganzen die Regeln selber schreiben. Wir haben also eine Konzernherrschaft unter dem Deckmäntelchen eines Staatensystems und einer globalisierten, »liberalisierten« Wirtschaft.

Das deutsche Modell von 1870 bis ca. 1939 (die Wirtschaftspolitik des Nationalsozialismus hat da zunächst wenig verändert, bevor – übrigens auch erst nach 1941 – die totale Kriegswirtschaft kam) und wieder von 1948 bis ca. 1985 halte ich immer noch für sehr überlegenswert. Wir haben dieses Modell erst zerstört, indem wir uns in der zweiten Hälfte des 20. Jahrhunderts mehr und mehr dem angelsächsischen Modell zugewandt haben.

Nun kommt das Modell China mit seinem teilweise staatlich gelenkten Kapitalismus. Man blickt nie so ganz durch, wie China funktioniert. Auf der einen Seite herrschen im Land Zustände wie im Manchesterkapitalismus – sehr schlechte Arbeitsbedingungen, starke Migration, Menschen, die vom Land in die Industriezentren kommen und unter menschenunwürdigen Bedingungen arbeiten –, auf der anderen Seite macht sich der Staatseinfluss in der Behandlung ausländischer Firmen bemerkbar. Die Chinesen haben zum Beispiel Google in seine Schranken verwiesen. China nutzt den Staat derzeit vor allem, um ausländische Konzerne kleinzuhalten oder sie dorthin zu bringen, wo man sie haben will – also in Joint Ventures mit chinesischen Unternehmen, die der chinesische Partner dominieren kann.

Die marktgläubigen USA tun das nicht?

Doch, auch Amerika pflegt eine extrem aggressive Außenwirtschaftspolitik. Zum Beispiel wenn es darum geht, deutsche Industriegeheimnisse auszuspionieren. Oder beim Thema Einflussnahme. Ein Manager sagte mir einmal, dass amerikanische Unternehmen zwar nicht bestechen, dass aber die amerikanische Entwicklungshilfe sehr aggressiv dazu eingesetzt wird, den eigenen Unternehmen Vorteile zu verschaffen. Das ist nichts anderes als eine Form der Bestechung vonseiten des Staates. Und gleichzeitig zeigen sie mit dem Finger auf Siemens und schicken amerikanische Anwaltskanzleien hinein, die Hunderte von Millionen an Gebühren bekommen und auch das ein oder andere Betriebsgeheimnis zu sehen kriegen. Wir Deutschen sind da sehr naiv. Wir glauben immer noch an den fairen Wettbewerb und die freie Welt. Dabei vertreten fast alle anderen Staaten ihre jeweiligen Wirtschaftsinteressen sehr aktiv und aggressiv. Nur wir tun das nicht.

Wie sich Staatlichkeit und Marktwirtschaft letztlich international ausbalancieren werden, ist noch völlig offen. Das ist vor allem eine Frage der internationalen Macht. China vertritt ein Modell, das für einen Teil der Welt durchaus stilprägend werden könnte, zum Beispiel für die afrikanischen Staaten. Vor mehr als zehn Jahren gab es in der wohl bekanntesten amerikanischen außenpolitischen Zeitschrift *Foreign Affairs* einen Artikel, in dem gefordert wurde, Afrika als Protektorat des Westens zu übernehmen, um dort für geregelte Verhältnisse zu sorgen. Diese Rolle übernimmt inzwischen China, und ich glaube, dass etwas mehr Bürokratie im guten Sinne, etwas mehr Ordnung, etwas weniger Chaos dem afrikanischen Kontinent nur helfen kann.

Über allem schwebt aber die Frage, wie sich die Hauptrivalen der nächsten Jahrzehnte, die USA und China, zueinander positionieren werden. Da ist natürlich auch ein Kampf der Systeme, der zum gegenwärtigen Zeitpunkt keinesfalls entschieden ist. Hoffen wir, dass er friedlich ablaufen wird.

> »Die USA und China führen eine Ehe wie meine Frau und ich.
> Die Frau gibt aus, was der Mann spart und verdient.«
> *Niall Ferguson, britischer Historiker*

Friedrich List: Das System der Produktivkräfte

In Deutschland gab es im 19. und in der ersten Hälfte des 20. Jahrhunderts eine eigenständige politische Ökonomie. Heute sagen den meisten die Namen des genialen Friedrich List oder Werner Sombart, Alexander Rüstow und Wilhelm Röpke leider wenig. Von den Marktideologen, die heute die Diskussion beherrschen, werden sie nicht beachtet. Nur Karl Max und die Klassentheoretiker werden noch gelegentlich hervorgeholt.

Bei einigen wenigen politischen Ökonomen leben sie allerdings weiter – erstaunlicherweise gerade in den USA. Zu ihren Anhängern gehört mein schon mehrmals zitierter Lehrer Robert Gilpin.

Friedrich List, der in der ersten Hälfte des 19. Jahrhunderts lebte und als Professor der Staatswirtschaft und Staatspraxis von 1817 bis 1820 in Tübingen lehrte, lenkte den Blick auf die Rolle des Staates oder allgemein die Rolle eines Gemeinwesens bei der wirtschaftlichen Entwicklung. Infolge seiner kritischen und demokratischen Einstellung kam er wegen »staatsfeindlicher Aufreizung« 1822 in Festungshaft nach Hohenasperg bei Ludwigsburg. Aufgrund seines Versprechens, in die USA auszuwandern, wurde er, nachdem er einen Teil seiner Strafe abgesessen hatte, freigelassen. Er ging in die USA, wurde dort mit Eisenbahnen und Kohle reich, unterstützte Präsident Jackson und kehrte als amerikanischer Konsul mit diplomatischer Immunität 1832 nach Deutschland zurück. Im Herzen war er deutscher Patriot geblieben. Dort half er in Sachsen, Eisenbahnen zu konzipieren, wurde aber von den Dresdnern übervorteilt. Zur Gründung der Leipzig-Dresdner Eisenbahn kam es dennoch. Als Ideengeber und unermüdlicher Idealist wurde er geschätzt, als Geschäftsmann hinausgedrängt.

Im Jahr 1841 verfasste List sein unvollendetes Hauptwerk: *Das nationale System der politischen Ökonomie.* Darin wandte er sich gegen die Freihandelslehre von David Ricardo, Adam Smith und David Hume und befürwortete Schutzzölle, die die Industrialisierung eines Landes beschleunigen sollten. List nannte sie »Erziehungszölle«. Letztlich war es für List nicht »der Markt« beziehungsweise Angebot und Nachfrage, sondern ein »System der Produktivkräfte«, welches über den Erfolg oder Misserfolg einer Volkswirtschaft entscheidet.

Solche Produktivkräfte können sein: Bildung, Organisation, Gewerbefleiß, Sparsamkeit. List war damit auch Vorbereiter der Theorie vom Humankapital, nur hat er es oftmals besser und treffender ausgedrückt als heutige Ökonomen. List nahm ein tragisches Ende. Der unermüdliche Kämpfer für die Verbesserung der wirtschaftlichen Bedingungen wurde überall mit Interesse gehört, konnte aber nirgends eine gehobene Stellung erzielen und war so vor allem publizistisch tätig. Im Jahr 1846 beging er Selbstmord.

Lists Ideen, dass nämlich eine Infrastruktur aufgebaut werden und dass der Staat günstige Wirtschaftsbedingungen her- und Infrastruktur bereitstellen müsse, lebten aber fort. Er war der Ideengeber des deutschen Eisenbahnnetzes sowie der deutschen Zollunion, die Deutschland vor der politischen Einigung von 1871 zu einer größeren Wirtschaftseinheit machten und den wirtschaftlichen Aufstieg der Nation einleiteten. Auch der Aufstieg der rohstoffarmen asiatischen Nationen wie zum Beispiel Japan und Korea scheint eher nach dem nachhaltigen und humankapitalintensiven deutschen Modell erfolgt zu sein als nach dem englischen oder amerikanischen der unbegrenzten Ausbeutung von Rohstoffen und Kolonien. Anfang der 1890er-Jahre bestätigte Michael Porter von der Harvard University in einer groß angelegten Studie zu den Wettbewerbsvorteilen von Nationen viele von Lists Ideen. Dabei fand Porter heraus, dass sich in Nationen oder Regionen Branchencluster bilden, die sich gegenseitig befruchten und so eine hohe Wirtschaftsdynamik entstehen lassen.

Was geschieht heute mit unserem »System der Produktivkräfte«? Indem wir unproduktive Finanzkasinos und Banken wie die Deutsche Bank, die Commerzbank, die Hedgefonds und Private-Equity-Gesellschaften wirtschafts- und steuerpolitisch unterstützen, Bahn und Post privatisieren und die produktive Wirtschaft durch restriktive Regelungen benachteiligen, setzen wir unsere Zukunft aufs Spiel. Es ist höchste Zeit, diese Politik zu überdenken. Groß geworden ist Deutschland nach 1870 und wieder nach 1945 durch einen anderen Weg.

Frage 58

In Ihrem Buch Weltsystemcrash *schreiben Sie von der »Geburt einer neuen Weltordnung«. Wagen Sie einen Blick in die Zukunft. Wie sieht die Welt von morgen aus?*

Die Glaskugel hat natürlich niemand. Zunächst einmal bin ich mir mit Henrik Müller, Chefökonom des *Manager Magazin* und Professor für Wirtschaftsjournalismus an der TU Dortmund, einig, dass die jetzige Ordnung enden wird, Müller schrieb im Sommer 2019: »Die westlich dominierte Weltwirtschaftsordnung geht zu Ende – und es dürfte noch schlimmer kommen.«

Aus meiner Sicht sind drei Szenarien möglich: erstens ein neuer kalter Krieg zwischen einem amerikanisch dominierten und einem chinesisch geführten Block, zweitens ein heißer globaler Krieg und drittens eine halbwegs stabile Großraumordnung mit mehr als zwei Blöcken.

1. *Ein neuer kalter Krieg:* Der sogenannte Westen rückt wieder enger zusammen, eine transatlantische Freihandelszone entsteht. China wird sich allerdings nicht kleinkriegen oder eingliedern lassen, sodass eine neue Blockbildung wie zwischen 1947 und 1989 die Welt dominieren wird. Letztlich wird ein neuer Konflikt der Systeme ausbrechen – zwischen dem amerikanischen Finanzkapitalismus und dem Kapitalismus chinesischer Prägung. Europa spielt in diesem Szenario als Akteur keine Rolle mehr und ist fest in das US-amerikanische Herrschaftssystem integriert oder »angeschlossen«. Russland ist eine Unbekannte.

2. *Großer Krieg:* Kaum jemand wird gerne darüber nachdenken; die meisten werden es sogar verdrängen wollen. Auch ein großer heißer Krieg ist denkbar. Planer und Kriegsstrategen *müssen* dieses Szenario in Betracht ziehen, um ungeplante Kriege möglichst zu verhindern. Laut Graham Allison, dem langjährigen Dekan der Kennedy School of Government an der Harvard University, werden die wenigsten Waldbrände von Brandstiftern verursacht. Rahmenbedingungen wie das Klima, achtlos weg-

128

geworfene Zigaretten, nicht richtig gelöschte Lagerfeuer, Unfälle in Unternehmen und Blitzeinschläge sind viel wahrscheinlichere Ursachen. Ähnlich ist es mit der Kriegsgefahr. Es ist daher nicht verwunderlich, dass die Modelle der Strategen denen der Waldhüter ähneln.[108] Bereits 2017 skizzierte Allison, wie der seitdem entbrannte Handelskrieg zwischen den USA und China sich zu einem heißen Krieg ausweiten könnte.

Welche Folgen ein Krieg zwischen China und den USA hätte, der wahrscheinlich zu einem Dritten Weltkrieg führen würde, brauche ich nicht weiter auszumalen. Die Welt, wie wir sie kennen, würde danach nicht mehr existieren. Europa würde weitgehend zerstört sein.

Ein Blick in die Menschheitsgeschichte ist überhaupt nicht ermutigend, offenbart er, dass die Spezies Mensch extreme Ungleichheit immer nur durch Kriege zu beseitigen in der Lage war. Zu diesem Ergebnis kommt nach umfangreichen Studien der Altertumswissenschaftler Walter Scheidel von der Stanford University. Die von mir mitbegründete internationale Oswald-Spengler-Gesellschaft hat ihm 2020 den zweiten Oswald-Spengler-Preis verliehen. (Der erste ging 2018 an den französischen Schriftsteller Michel Houellebecq.)[109] In seinem Buch *Nach dem Krieg sind alle gleich – Eine Geschichte der Ungleichheit*[110] präsentiert er seine wenig erfreulichen Ergebnisse. Der Titel der englischen Originalausgabe lautet übrigens *The Great Leveler* (Der große Gleichmacher), womit der Krieg gemeint ist.[111] Es ist völlig klar, dass wir alles tun müssen, um den nächsten großen Krieg zu verhindern. Das heißt auch, dass wir über mögliche Ursachen und Gefahren nüchtern nachdenken müssen, anstatt sie zu verdrängen und kleinzureden.

3. *Stabile Großraumordnung:* Das dritte und aus meiner Sicht beste Szenario wäre eine Großraumordnung mit mehreren größeren Blöcken, die koexistieren und einen gewissen Austausch untereinander zulassen. Zumindest drei solcher Blöcke zeichnen sich schon heute deutlich ab: die USA und ein Teil der westlichen Hemisphäre, China und ein Teil Asiens, Europa. Vielleicht treten noch weitere Blöcke hinzu. Der amerikanische Politikwissenschaftler Samuel Hunting-

ton und sein russischer Kollege Alexander Dugin vertreten Großraumkonzepte. Huntington unterscheidet zwischen dem Westen, Lateinamerika, der orthodoxen Welt, der chinesischen, hinduistischen und japanischen Kultur, der islamischen Welt und Afrika südlich der Sahara. Dugins Aufteilung folgt im Großen und Ganzen diesem Muster.[112]

Die »liberal«-interventionistischen Eliten des Westens lehnen eine Großraumordnung ab, da diese ihre »offene Weltordnung« bedrohen würde. Der Regionalismus ist geradezu ein Albtraum. Doch darf die Frage schon gestellt werden, was an relativ homogenen Großräumen, die für Stabilität im Inneren sorgen und nach außen locker kooperieren, so verkehrt sein muss. Ähnliches hat Europa 1648 mit dem Westfälischen Frieden eine Ebene darunter, auf der Ebene der Staaten, erreicht: Man mischte sich in Religions- und Glaubensfragen nicht mehr beim Nachbarn ein und koexistierte. Zwar sicherte das nicht immer den Frieden, aber ein großer Vernichtungskrieg wie der Dreißigjährige Krieg konnte mehr als 260 Jahre verhindert werden. Man sollte also die Möglichkeit einer Großraumordnung für die Welt nicht ungeprüft vom Tisch wischen, zumal unsere aktuelle Weltordnung an allen Ecken und Enden aus den Fugen gerät.

Die Ökonomien solcher Großräume wären leistungsfähig genug, eine gewisse Deglobalisierung zu verkraften. Die »Governance«, die politische Koordination in den einzelnen Blöcken, wäre einfacher als in der aktuellen globalen Welt mit ihren multiplen Konfliktfeldern.[113] Und eine solche Großraumordnung wäre auch die letzte Chance für Europa und das europäische Wirtschafts- und Gesellschaftsmodell.

Ich darf hier kurz träumen: Deutschland vertritt seine Interessen aktiver als Führungsmacht in Europa, indem es eine solide Geldpolitik und eine grundlegende Reform des Euro-Systems durchsetzt. Frankreich bringt seinen ständigen Sitz im Sicherheitsrat und seine Atomstreitmacht zugunsten europäischer, nicht nationalstaatlicher Interessen ein. Das europäische Wahlrecht wird reformiert: ein Bürger, eine Stimme. Das Parlament wird zu einem echten Parlament, schlägt die Mitglieder

der Kommission vor und wählt diese. Ein verteidigungspolitisch unabhängiges Europa betreibt eine Entspannungspolitik nach allen Seiten.

Und Europa?

Frage 59

Euro-Krise ohne Ende: Im März 2010 wurde in dramatischen Verhandlungen ein Rettungspaket der Euroländer für Griechenland verabschiedet, weil dort der Staatsbankrott drohte. Wo steht Europa nach zehn Jahren Euro-Krise?

Das Jahrzehnt seit Ausbruch der Finanz- und kurzer Zeit später der Euro-Krise ist für Europa ein ökonomisch verlorenes Jahrzehnt. Die Wirtschaftsleistung in vielen Ländern wie Griechenland, Spanien, Portugal und Italien liegt unter dem Niveau vor der Finanzkrise. Auch Frankreich hat sich nicht erholt, hier ist die Industrieproduktion deutlich eingebrochen. In Deutschland ist die Wirtschaftsleistung leicht gestiegen. Die Arbeitslosigkeit liegt in vielen Ländern deutlich über dem Niveau vor der Finanzkrise, nur in Deutschland ist sie deutlich gesunken. Zwar geht die Arbeitslosigkeit in vielen Ländern seit einigen Jahren zurück, aber die Schuldenstände sind immer noch inakzeptabel hoch. Das wird einer der Gründe sein, dass die französische Diplomatie so hartnäckig versucht, Deutschland zur Kasse zu bitten.

Die Euro-Zone: Ein verlorenes Jahrzehnt

	Arbeitslosigkeit (in Prozent)		Jugendarbeitslosigkeit (in Prozent)		BIP (Billionen US-$)	
	2008	2018	2008	2018	2008	2018
Griechenland	7,8	18,1	20,0	43,5	0,35	0,22
Spanien	10,8	14,7	24,6	32,7	1,64	1,43
Portugal	7,8	6,8	20,7	17,2	0,26	0,24

Italien	6,8	10,1	22,1	30,5	2,39	2,07
Frankreich	7,4	8,7	19,2	20,1	2,92	2,78
Deutschland	7,2	3,1	10,0	5,1	3,75	3,99
Euro-Zone	7,4	7,3	15,2	15,9	14,12	13,67

Quelle: *www.tradingeconomics.com*

Die Lage in etlichen Ländern des europäischen Südens ist dramatisch. Die Jugendarbeitslosigkeit in Griechenland lag zum Beispiel 2008 bei 20 Prozent und ist bis 2018 auf 43 Prozent hochgeschnellt, in Spanien von 24,6 auf 32,7. Es ist offensichtlich, dass wir nicht die Menschen in diesen Ländern »gerettet« haben, sondern die Vermögenden und die Gläubiger. In gewisser Weise haben die politischen Eliten sich selbst gerettet. Aufgrund der Perspektivlosigkeit arbeiten nun viele junge Menschen des Südens im Norden. Wenn man es zynisch sieht, sind wir der Mobilität von Arbeit ein Stück näher gekommen. Das ist natürlich der falsche Ansatz.

Besonders deutlich wird, dass die falsche Rettungspolitik uns ein verlorenes Jahrzehnt eingebrockt hat, wenn man die Euro-Zone mit den USA und China vergleicht. Während die Euro-Zone von 2008 bis 2018 um 3,1 Prozent geschrumpft ist, ist die Wirtschaft der USA um knapp 40 Prozent, die Chinas – in Dollar gemessen – sogar um knapp 200 Prozent gewachsen. Da ist es ein schwacher Trost, dass Japan ebenfalls stagniert.

Die Wirtschaft der Euro-Zone: im internationalen Vergleich deutlich abgehängt

	2008	2018	Entwicklung
Euro-Zone	14,10	13,67	– 3,1 %
USA	14,71	20,49	+ 39,3 %
China	4,59	13,61	+ 196,5 %
Japan	5,04	4,97	– 1,4 %

Quelle: *www.tradingeconomics.com*

Bis heute machen die Eliten weiter, als sei nichts gewesen. Im Gegenteil: Anstatt die dysfunktionalen und demokratiefeindlichen Institutionen der EU zu reformieren, satteln wir immer noch einen drauf. Über die Target-II-Salden lieh allein Deutschland dem Süden rund eine Billion Euro. Finanziert werden damit keine Reformen, sondern Kapitalflucht, die Aufrechterhaltung der aktuellen Misere und des Status quo. Ganze Länder wie Griechenland werden vom Markt genommen, damit der menschenfeindliche EU-Zentralismus weiter wuchern kann. Und die Antwort darauf ist immer mehr Zentralismus: Bankenunion, Fiskalunion, Haftungsunion. »Vorwärts immer, rückwärts nimmer« – die Losung der alten DDR-Kader trifft auch auf die EU-Eliten zu.[114] Fast scheint es, dass die Migrationskrise den Eliten in die Hände spielt, weil sie damit die Einzelstaaten weiter bis zur Unkenntlichkeit schwächen und den Zentralstaat stärken können. Einen nochmaligen Schub hat diese Entwicklung durch die Berufung von Ursula von der Leyen als Präsidentin der EU-Kommission und Christine Lagarde an die Spitze der Europäischen Zentralbank erhalten.

Sie haben 1998 schon sehr früh vor den Konstruktionsfehlern des Euro gewarnt. Ihre Warnung wurde sogar vom angesehenen American Council on Germany in New York als Working Paper veröffentlicht. Was war da los?

Ich hatte mich 1998 um eine Professorenstelle an der Boston University beworben. Am 26. April hielt ich dort meinen Bewerbungsvortrag mit dem Thema: »*The Euro and the Future of the European Union*«. Ich argumentierte, dass die Bedingungen für eine Währungsunion in der EU noch gar nicht vorliegen würden, namentlich freier Verkehr von Waren, Dienstleistungen, Kapital und Menschen. Insbesondere an der Mobilität der Menschen und Arbeitskräfte mangelte es. Damit, so mein Argument, wäre der Euro ein Zwangskorsett. Bei einer Einheitswährung sei das Zinsniveau im Süden zu niedrig, im Norden zu hoch, was in beiden Regionen unterschiedliche Probleme auslösen und früher oder später zu schweren Verwerfungen in Europa führen würde. Mit dieser Ansicht war ich nicht allein. Im Februar war in Deutschland der Aufruf von 155 Ökonomen »Der Euro kommt zu früh« in der *Frankfurter Allgemeinen Zeitung* erschienen.

Den Amerikanern, die immer sehr darauf bedacht sind, Nummer eins zu sein, gefiel mein euroskeptischer Vortrag. Sie machten sich nämlich Sorgen, dass der Euro den Dollar als Reservewährung ablösen könne. Ich bekam die Professorenstelle. Im Anschluss daran habe ich versucht, meinen Vortrag auch in Europa zu publizieren. Ich habe ihn angeboten wie Sauerbier, doch niemand wollte ihn drucken. Er passte nicht ins politische Bild. So erschien mein Vortrag nur auf Englisch im American Council on Germany in New York.[115]

Die Probleme des Euro traten genauso ein, wie von mir vorhergesagt. Diesen Währungsverbund hätte es nie geben dürfen. Die ökonomische Theorie ist da nämlich eindeutig: Optimale Währungsräume setzen voraus, dass die Produktionsfaktoren, also Kapital oder Arbeit, innerhalb des Währungsraumes frei beweglich sind. Arbeit ist aber in Europa nicht beweglich. Die Arbeitnehmer werden vielleicht mobiler, aber wir haben doch innerhalb des Euroraumes nach wie vor heterogene Wirtschaftsregionen mit unterschiedlichen Arbeitsbeziehungen, Arbeitskulturen und Arbeitsmentalitäten.

Mit einer anderen Prognose allerdings lag ich gewaltig daneben. Ich glaubte damals, dass mit der Krise das zentralistische »Kartenhaus von Brüssel« in sich zusammenfallen würde und wir eine neue, demokratische EU bekommen würden. Wie wir wissen, ist das Gegenteil passiert. Mit immer mehr zentralistischen Zwangsmaßnahmen versucht man, den Euro zu stabilisieren. Widerstandsbewegungen, wie zum Beispiel die Gelbwesten-Bewegung in Frankreich oder neuerdings die Corona-Proteste in Deutschland, versucht man, mit repressiven Maßnahmen zu unterdrücken. Der einzige Punkt, in dem ich recht behalten könnte, wäre der Brexit, den ich am 29. Juni 2016 bei »Markus Lanz« als einen »Glücksfall für Europa« bezeichnete.[116] Ich argumentierte, dass der Brexit ein guter Anlass ist, die Richtung der EU insgesamt zu überdenken. Das passiert aber nicht. Stattdessen hat man das Gefühl, dass sich die politischen Eliten die seinerzeit von Erich Honecker für die DDR und den Sozialismus geprägte Losung »Vorwärts immer, rückwärts nimmer!« zu eigen gemacht haben. Sogar die Minister der EU heißen »Kommissare« – wie ehemals in der Sowjetunion. Wo das endete, wissen wir ja.

Seit mehr als zehn Jahren beteuern Politiker, der Euro sei eine Überlebensfrage für Europa. Ich halte das für groben Unfug. Europa würde es mit einem europäischen Währungssystem mit festen, aber anpassungsfähigen Wechselkursen viel besser gehen. Das Europäische Währungssystem (EWS), das wir von 1979 bis Ende 1998 hatten, war gut. Die europäischen Währungen wurden aneinandergekoppelt, um sie vor Attacken zu schützen. Dieses System war insofern gut, als dass es einen gewissen Zwang mit sich brachte, feste Wechselkurse einzuhalten. Wenn dann wirklich Dinge massiv auseinanderklafften, wurden die Wechselkurse einmalig angepasst. Das war zwar auch nicht schön für die beteiligten Akteure, aber wenigstens wusste man, wohin die Reise geht. Das EWS hätte Krisen wie diejenige in Griechenland flexibler verarbeiten können und den einzelnen Ländern dennoch ihre Souveränität gelassen.

Frage 60

Zu Beginn der Euro-Krise war Griechenland der große Buhmann. Gerade in Deutschland wurde nicht mit Spott und Hohn gespart. Kurz darauf wurde Deutschland selbst wegen seiner dominierenden Exportwirtschaft als Buhmann ausgemacht. Was ist da dran?

In wirtschaftlich guten Zeiten hinterfragen Ökonomen nicht, ob das Wachstum gesund oder ungesund ist, oder ob die Strukturen noch angemessen oder schon hypertroph sind. Griechenland hat von der Europäischen Union hohe Transferzahlungen erhalten. Und davon haben die deutsche Rüstungslobby und andere Industriezweige profitiert. Die haben sich auf diesem Weg einfach einen Teil der Transferzahlungen zurückgeholt.

Lassen Sie es mich so ausdrücken: Volkswirtschaften haben nun mal unterschiedliche Betriebssysteme. Wir Deutschen konsumieren nicht so viel, wie uns eigentlich aufgrund unserer Produktivkraft zustehen würde. Das heißt, wir haben eine tendenzielle Unterkonsumtion und sparen dementsprechend mehr. Griechenland hingegen wirtschaftete leichtsinniger und verschuldete sich. Das hilft natürlich Exportnationen wie Deutschland. Hier kann man durchaus von einer Symbiose sprechen: Beide Seiten ziehen Vorteile aus dieser Situation.

Die verschuldeten Staaten frönen ihrer Konsumlust, und die Exportländer leben von den Schulden der Defizitländer. Die Amerikaner konsumieren ebenfalls zu viel, aber sie leben erst mal ganz gut – wenn auch auf Pump. Die Chinesen dagegen produzieren und sparen. Sie konsumieren nicht, und deshalb werden die Chinesen irgendwann ein großes Auslandsvermögen besitzen, während die Amerikaner auf einem Berg von Schulden hocken. Wer profitiert von dieser Situation am meisten? Die Chinesen, die jetzt wertlose US-Dollar besitzen, oder die Amerikaner mit ihren wertlosen Konsumgütern, zum Beispiel der schrottreifen Elektronik? Das würde ich zwar nicht als Win-win-Situation bezeichnen, aber wenigstens ist das Ganze fair.

Daraus Vorwürfe an eine Partei ableiten zu wollen, ist ziemlich billig und wird den unterschiedlichen Mentalitäten der Völker nicht gerecht. Vielmehr sollten wir versuchen, die Eigenheiten der verschiedenen Nationalökonomien besser zu verstehen. Genau diese Frage wurde aber von der modernen Volkswirtschaftslehre systematisch verdrängt. Da waren wir schon mal weiter. Die historische Schule hat sich bis in die 1930er-Jahre hinein damit beschäftigt: zum Beispiel die Wiener historische Schule oder Günter Schmölders, der die sozialökonomische Verhaltensforschung als empirische Wissenschaft begründete, oder der Soziologe und Volkswirt Werner Sombart, der sich schon um 1920 intensiv mit der europäischen Wirtschaftsgeschichte auseinandergesetzt hat. Sie alle haben sich schon überlegt: Wie tickt die Wirtschaft des Landes A, wie tickt die Wirtschaft des Landes B? Damit beschäftigen sich heute allenfalls noch die politischen Ökonomen. Und das sind sehr wenige.

Aus Sicht unserer Nachbarn ist die Kaufunlust der Deutschen, die, so hört man, schon an Konsumverweigerung grenze, sicher nicht zu begrüßen. Wie kann man denn ein Volk dazu bewegen, mehr zu konsumieren?

Das kann ich Ihnen leider auch nicht sagen. Wir versuchen das in Deutschland mit der Einführung von Verbraucherkrediten. Seitdem wir weltweit die Niedrigzinspolitik haben, wird auch der fleißige deutsche Sparer bestraft, weil er letztlich keine ordentliche Rendite für sein Sparvermögen erhält. Es läuft schon seit Längerem an allen Ecken und Enden ein Generalangriff auf die Sparsamkeit der Deutschen, der bis jetzt aber noch nicht so richtig zum Erfolg geführt hat. Das ist schon erstaunlich. Natürlich könnten viele Deutsche ein zweites Haus kaufen oder ein drittes Auto. Das machen uns die Amerikaner schon seit Langem vor, dort ist Konsum quasi ein Volkssport. Aber selbst ich muss zugeben, dass ich das letzte Mal vor drei Jahren in der Kölner Fußgängerzone unterwegs war – und nur schnell wieder wegwollte.

Im Übrigen hat ausgerechnet Adam Smith, der Begründer der klassischen Nationalökonomie, gesagt, dass Volkswirtschaften, in denen die Sparsamkeit und Kapitalakkumulation vorherrschen, auf dem Weg zum Wohlstand sind, solche aber, in denen das laufende Einkommen und die Ausgaben dominieren, hingegen im Abstieg begriffen sind. Das sollte man nicht vergessen.

Außerdem verbrauchen wir Deutschen schon ganz ordentlich. Ich weiß wirklich nicht, ob wir noch mehr konsumieren sollten. Meiner Meinung nach sollten die Deutschen eher weiter sparen. Wir haben eine alternde Bevölkerung, und deshalb sollten wir auch eine Nettosparnation sein. Wir müssen für die kommenden Generationen Rücklagen bilden, denn sie werden sehr viel kleiner sein. Nach dem Umlageverfahren werden wir dann unseren Sozialstaat nicht mehr bezahlen können. Ein Staatsfonds nach norwegischem Vorbild, der die deutschen Auslandsüberschüsse in Aktien und Sachwerten nachhaltig investiert, wäre nicht schlecht, nur würde das sofort als Sozialismus gebrandmarkt werden. Stattdessen verpulvern wir lieber unser Geld an den Kapitalmärkten – und finden das auch noch schick. Wenn eine staatliche Agentur Geld sammeln und dieses Kapital ganz normal langfristig anlegen würde, in Ölaktien oder in Nahrungsmittelhersteller- oder Industrieaktien, wäre sicher allen langfristig besser gedient.

Wenn das EWS doch funktioniert hat, warum wurde es dann aufgegeben?

Hinter dem Euro steckte der politische Wunsch Frankreichs und einiger anderer Länder, Deutschland ökonomisch zu kontrollieren. Dieser Wunsch war im Zuge der Wiedervereinigung sehr stark geworden. Schon Ende der 1980er-Jahre sagte Jacques Attali, der außenpolitische Berater des französischen Staatspräsidenten François Mitterrand: »Um eine Balance zu halten, möchten wir über die deutsche Atombombe reden.« Die Deutschen erwiderten erstaunt: »Sie wissen doch, dass wir gar keine Atombombe besitzen.« Daraufhin Attali: »Ich meine die D-Mark.« Dieser Dialog wird im 2009 erschienenen Buch *Der Euro. Die geheime Geschichte der neuen Weltwährung* des britischen Autors David Marsh wiedergegeben. Bruno Bandulet hat in seinem Buch *DEXIT. Warum der Ausstieg Deutschlands aus dem Euro zwar schwierig, aber dennoch machbar und notwendig ist* sehr genau nachgezeichnet, wie eine überlegene französische Diplomatie die Deutschen überrumpelt hat.[117] Es ging darum, Deutschlands ökonomisches Potenzial zu kontrollieren, genauso wie die NATO Deutschlands militärisches Potenzial kontrollieren sollte.

Wir Deutschen haben zugestimmt, weil wir die Wiedervereinigung nicht gefährden wollten. Wir haben allerdings auch darauf gedrängt, dass die Europäische Zentralbank wie unsere Bundesbank funktionieren soll, für die der Erhalt der Währungsstabilität Priorität hat. Dazu wurden die Stabilitäts- und Konvergenzkriterien in den Vertrag über die Europäische Währungsunion aufgenommen. Dass diese auf internationaler Ebene nicht funktionieren, wenn und weil die nationalen Interessen auseinanderlaufen, hätte man bereits im Vorfeld der Verhandlungen sehen müssen.

Der Konstruktionsfehler des Europäischen Währungssystems

Die Griechenlandkrise Ende 2009 lenkte unser Augenmerk erstmals darauf, wie verletzlich die europäische Gemeinschaftswährung ist. Plötzlich führten Finanzexperten aus aller Welt ein Argument an, das eigentlich schon bei der Einführung des Euro auf der Hand lag: Eine gemeinsame Währung ist nur dann sinnvoll, wenn auch die Fiskal-, Finanz- und Währungspolitik der beteiligten Länder in einer Hand ist. Tatsächlich aber unterscheiden sich die einzelnen Mitglieder der Euro-Zone in dieser Hinsicht erheblich voneinander.

Griechenland ist eines von mehreren PIGS – diese hintersinnige Abkürzung steht für die Länder Portugal, Italien/Irland, Griechenland und Spanien. Allen Ländern ist gemein, dass sie von der Einführung des Euro zunächst ungemein profitierten. Sie konnten sich plötzlich am Kapitalmarkt günstig mit Geld eindecken – standen doch große Volkswirtschaften wie Deutschland oder Frankreich für eine stabile Gemeinschaftswährung. Das Geld ließ sich – am Beispiel Griechenlands – trefflich dafür verwenden, großzügige Wahlgeschenke zu verteilen, Staatsbeamte mit üppigen Gehältern und Pensionen zu erfreuen, Angestellten ein 13. und 14. Monatsgehalt zu überweisen und Ruheständlern eine Rente ohne nennenswerte Abschläge von ihrem Ursprungsgehalt zu zahlen. Der Traum war erst vorbei, als Zweifel daran laut wurden, dass Griechenland seinen Zahlungsverpflichtungen würde nachkommen können.

Die PIGS hatten vor Einführung des Euro offiziell nachgewiesen, dass sie die Maastricht-Stabilitätskriterien (Preisniveaustabilität, Haushaltsstabilität, Wechselkursstabilität und Stabilität der langfristigen Zinssätze) erfüllten. Wollten oder konnten die Befürworter der Gemeinschaftswährung nicht nachprüfen, ob die Angaben der einzelnen Beitrittskandidaten richtig waren? Im Fall Griechenlands stellte sich jedenfalls heraus, dass die Regierung systematisch Statistiken geschönt hatte. Zudem hatte die US-amerikanische Investmentbank Goldman Sachs dem Land noch mit einer kurzfristigen, sehr undurchsichtigen Finanztransaktion von rund 10 Milliarden Euro geholfen, seine wahre Haushaltssituation zu verschleiern. Inzwischen ist klar: Der griechische Staat gilt als Pleitekandidat, die Gesamtverschuldung liegt mittlerweile bei rund

120 Prozent des Bruttoinlandsprodukts (Sie erinnern sich: Die Maastricht-Kriterien sahen ursprünglich eine Begrenzung auf 60 Prozent vor).

Um den Euro nicht völlig in Verruf zu bringen, mussten die restlichen Euro-Staaten handeln. Sie beschlossen, Griechenland und anderen möglicherweise wankenden Euro-Staaten beizustehen. Dass die anderen Euro-Länder für die maroden Mitglieder der Währungsgemeinschaft würden einspringen müssen, war absehbar. Die Frage ist nur, ob sie dies auch langfristig können. Denn die Griechenlandhilfe mag gerade noch zu verschmerzen sein. Dagegen wird ein drohender Staatsbankrott Italiens die Gemeinschaft mit Sicherheit überfordern.

Heute sollen europäische Institutionen wie der Rettungsschirm ESM, der Europäische Stabilitätsmechanismus, die Euro-Zone stabilisieren. Auch die Europäische Zentralbank hat ihr Mandat stark ausgeweitet und kauft Staats- und Unternehmensanleihen. Die EU wurde damit unter schrittweiser Überrumpelung der Parlamente, vor allem in Deutschland, zu einer Haftungsunion umgebaut, von der man uns Deutschen versprochen hatte, dass sie nie kommen würde. Der Grundstein dafür wurde in der Schicksalsnacht vom 9. Mai 2010 gelegt, als Jean-Claude Juncker, Jean-Claude Trichet und Christine Lagarde die unterbesetzte deutsche Delegation überrumpelten.

Fazit: Die Einführung des Euro war aus politischen Gründen erwünscht. Dass eine Gemeinschaftswährung aber handfeste Probleme mit sich bringen würde, darüber sahen die beteiligten Staaten großzügig hinweg. Jetzt aber drohen genau diese Probleme den Euro zu Fall zu bringen.

»Es wird nicht so sein, dass der Süden bei den sogenannten reichen Ländern abkassiert. Dann nämlich würde Europa auseinanderfallen. Es gibt eine ›no bail out rule‹. Das heißt, wenn sich ein Land durch eigenes Verhalten hohe Defizite zulegt, dann ist weder die Gemeinschaft noch ein Mitgliedstaat verpflichtet, diesem Land zu helfen.«
Horst Köhler als Finanzstaatssekretär 1992

Wie hätte man gleich am Anfang mit der Euro-Krise umgehen sollen?

Die Politiker und die europäischen Währungshüter haben es versäumt, Griechenland rechtzeitig zu disziplinieren. Also ging die Spekulation gegen den Euro los. Das eigentliche Problem ist, dass die Wirkung der »Griechenland-fliegt-raus«-Wetten durch Derivate und die Credit Default Swaps, also Kreditausfallversicherungen, enorm verstärkt wurde. Und damit stieg der Druck auf Griechenland, und die Zinsspannen sausten auf 300, 400 Basispunkte und mehr. Griechenland wäre unweigerlich in die Insolvenz gestolpert.

Aus meiner Sicht hätte man das zulassen sollen. Eine Umschuldung wäre für die griechische Bevölkerung wie auch für das restliche Europa zwar schmerzhaft, langfristig aber der beste Weg gewesen, um die Banken an der Sache zu beteiligen. Denn Umschuldung heißt, dass die Gläubiger sich mit dem Schuldner hinsetzen und verhandeln müssen. Daran hatten die Banken aber kein Interesse, und ihre Lobby hat sich letztendlich durchgesetzt. Die europäischen Politiker sprechen allerdings lieber von einem »Sieg der Politik«.

Kredite hätte man nach der Umschuldung bzw. Staatsinsolvenz dennoch geben können oder müssen. Aber nicht an den Staat, sondern direkt für wichtige Importe, für Infrastrukturmaßnahmen und so weiter. Dann wären diese auch der Bevölkerung zugutegekommen.

Wenn die europäische Politik, die ihre Marschrichtung ja von den Banken vorgegeben bekommen hat, sagt, dass sie den Euro verteidigt, dann verschweigt sie, dass dies in erster Linie den Interessen der Banken dient. Man hat beschlossen, die in Griechenland engagierten Banken schadlos zu halten.

Frage 61

Wir sprechen von Ländern, die sehr heterogene volkswirtschaftliche Strukturen haben. In diesem Zusammenhang fällt immer wieder der Begriff vom »Europa der zwei Geschwindigkeiten«. Kann solch eine Gemeinschaft funktionieren, oder ist die Kohäsionskraft lediglich dem politischen Willen geschuldet?

Selbstverständlich kann ein Europa der unterschiedlichen Geschwindigkeiten funktionieren. Eine künstliche Beschleunigung des Integrationsprozesses durch eine Währungsunion ist kontraproduktiv.

In einem Wirtschaftsraum kann man durchaus Zonen mit einer mehr oder minder intensiven, konsequenten und konsistenten Politik haben, die dann in unterschiedlichen Tempi wachsen. Nur muss man das dann auch akzeptieren und darf sich nicht mittels einer gemeinsamen Währung über die Unterschiede hinweg mogeln. Die Spanier sind wie die Griechen ohne eine strenge Wirtschaftspolitik in den Genuss der Segnungen des deutschen Zinsniveaus gekommen. Man hat ihnen gewissermaßen eine Überholspur frei gemacht, damit sie schneller vorankommen. Die Vorstellung von einem Europa der zwei Geschwindigkeiten hat sich damit schon ein bisschen als Sonntagsrede entlarvt.

Wir haben verschiedene Geschwindigkeiten in Europa: Dänemark und Schweden, zum Beispiel, sind nicht Mitglied der Euro-Zone und leben hervorragend damit. Das »Europa der mehreren Geschwindigkeiten« wurde übrigens von den CDU-Politikern Wolfgang Schäuble und Karl Lamers 1994 vorgestellt. Damals pfiff Helmut Kohl, der davon nichts wissen wollte, die beiden zurück. Heute müssen wir uns langsam mit dieser Idee abfinden.

Im Juni 2016 votierten sich die Briten mit der Brexit-Entscheidung dafür, die EU zu verlassen. In der Sendung »Markus Lanz« haben Sie diese Entscheidung einen »Glücksfall« und eine »Chance für Europa« genannt.

Der Brexit ist eine Chance, Europa grundlegend neu zu denken und zu hinterfragen, ob der Brüsseler Zentralismus weiter der richtige Weg ist. Noch machen die europäischen Eliten weiter, als ob es den Brexit nicht gegeben hätte. Das ist bislang nicht passiert. Die Verhandlungen zu einem Austrittsabkommen stocken immer noch. Zudem haben sich die Briten meistens auf die Seite der USA geschlagen, die nun eine sehr eigene und, sagen wir, imperiale Politik verfolgen. Bei der Formulierung europäischer Standpunkte waren sie eher nicht hilfreich.

Ja, es ist richtig, was von einigen vorgebracht wird, dass nun die Südländer noch mehr Gewicht in der EU haben und Deutschland und die Nordländer in vielen Fragen überstimmen können. Vielleicht muss der Zentralismus in der EU noch weitergehen, bevor das Kartenhaus in sich zusammenfällt, wie ich es 1998 prognostiziert habe. Das Beispiel Großbritannien zeigt auf jeden Fall, dass Erich Honeckers Devise »vorwärts immer, rückwärts nimmer« ihre Grenzen hat.

Frage 62

Wenn wir irgendwann zu dem Schluss kommen: Gut, der Euro war ein Experiment, und es hat nicht funktioniert, deshalb schaffen wir ihn wieder ab – was würde passieren?

Das würde sehr schwer werden. Da ist zum einen die makroökonomische Ebene: Wir schaffen den Euro ab, aber belassen es beim EWS und bei festen Wechselkursen, die wir bei Bedarf anpassen. Außerdem lösen wir die EZB auf und stärken unsere Zentralbanken. Das würde schon gehen. Auf der anderen Seite gibt es aber noch die konkreten Implementierungen in der Mikroökonomie, zum Beispiel die Vorschriften in der Buchhaltung für die innereuropäische Wareneinfuhr und -ausfuhr. Die Strukturen und Prozesse stehen, eine Änderung ist da gar nicht so einfach. Da bräuchte man schon einen extrem starken politischen Willen und auch starke Führungspersönlichkeiten in der europäischen Politik.

Grundsätzlich machbar wäre es aber. Bruno Bandulet hat in seinem Buch *DEXIT* einen Fahrplan dazu vorgestellt. Die wiedereingeführte D-Mark würde massiv aufwerten, was unsere Exportwirtschaft in Mitleidenschaft ziehen würde. Aber wenn wir gleichzeitig ein Investitionsprogramm starten, könnten wir das abfedern. Nicht viel anderes machen wir jetzt bei dem künstlich erzeugten Corona-Schock.

Frage 63

Stattdessen wird vor allem von französischer Seite immer wieder eine europäische Wirtschaftsregierung gefordert. In einer Rede an der Sorbonne vom 26. September 2017 schlug der französische Staatspräsident Emmanuel Macron ein gemeinsames Budget der Länder der Euro-Zone vor. Also mehr Zentralismus, aber auch ein Europa der zwei Geschwindigkeiten. Wie beurteilen Sie das?

Das Budget der Euro-Zone wurde im Juni 2019 beschlossen, wenn auch zunächst nur in bescheidenem Umfang, weswegen die Reaktionen auch gemischt ausfielen.[118] Die Corona-Krise hat den Zentralisten nun in die Hände gespielt. Im Sommer 2020 wurde ein Corona-Wiederaufbaufonds in Höhe von 750 Milliarden Euro beschlossen, der eigentlich ein Umverteilungsfonds ist und die Macht der Brüsseler Bürokratie (und Frankreichs) weiter stärkt. Der Fonds soll seine Gelder im Rahmen des regulären EU-Haushalts verausgaben und sich aus Beiträgen der Mitgliedstaaten finanzieren. Die Beiträge sollen außerhalb des Haushalts durch Ausgabe von Gemeinschaftsanleihen aufgebracht werden, die von der Kommission emittiert und von den Mitgliedstaaten entsprechend ihren Anteilen garantiert werden. Damit ist die EU endgültig zu einer supranationalen Organisation mit eigener Finanzierung geworden. Wir Deutschen und andere solide Staaten dürfen nur noch garantieren und haften. In den Verträgen – vor allem Art. 310 des Vertrags über die Arbeitsweise der Europäischen Union (AEUV) – und in der EU-Haushaltsordnung war ein defizitärer Haushalt verboten. Mit der neuen Konstruktion will man das Verbot umgehen. Sicherlich wird dagegen geklagt werden, aber die Chancen stehen gut, dass der Europäische Gerichtshof diese Praxis durchwinkt.

In einem Artikel für *Die Welt* am 3. September 2020 zieht mein emeritierter Kollege Roland Vaubel Bilanz: »Die Verschuldung erleichtert den Politikern die Finanzierung höherer Staatsausgaben. Da die Mehrausgaben in der Rezession erfahrungsgemäß nicht durch entsprechende Minderausgaben im Boom ausgeglichen werden, steigt im Trend die Staatsquote zulasten der Privatwirtschaft. Deshalb ist die Schuldenfinanzierung des Wiederaufbaufonds ein schlimmer Präzedenzfall.« Daniel Stelter hat es schön zusammengefasst: »Die Transferunion ist keine Rettung, sondern beschleunigt den Niedergang.«[119]

Wie sollte Europa denn mit der Corona-Krise umgehen?

Dazu habe ich am 27. Mai 2020 vor dem Wirtschaftsausschuss des Deutschen Bundestages ausgesagt. In vielen Punkten schließe ich mich den Ausführungen des unabhängigen Krisenökonomen Daniel Stelter an.[120] Es ist klar, dass Europa – und die Welt – nicht mehr aus der Schuldenspirale herauskommen. Irgendwann werden Schulden gestrichen werden müssen, fragt sich nur, von wem und wo und wie man das Geld vorher ausgegeben hat.

In einer solchen Welt ist das Dogma der schwarzen Null, das die deutsche Politik lange vor sich hergetragen hat, grundfalsch. Durch die mangelnde Inlandsnachfrage bauen wir auch Leistungsbilanzüberschüsse auf. Deutschland leiht also anderen Ländern oder Staatsbürgern anderer Länder Geld. Diese investieren oder verkonsumieren es. Am Ende haben sie einen Nutzen davon, während wir auf Geldforderungen sitzen bleiben, die stark abwerten. Und zusätzlich schaffen die Leistungsbilanzüberschüsse noch Unmut.

Weitere Schulden sind in dieser großen Krise unumgänglich. Insofern handelt die Europäische Union richtig. Stelter schlägt nun aber einen europäischen Schuldentilgungsfonds vor, in welchen Schulden in Höhe von 80 Prozent der Wirtschaftsleistung (nicht der Staatsschulden) der jeweiligen Länder eingebracht werden. Diese Schulden werden dann »auf Eis gelegt«, zum Beispiel die Rückzahlung auf hundert Jahre gestreckt. Sie werden mehr oder weniger erlassen. Durch die Bezugsgröße »Prozent der Wirtschaftsleistung« wird Sparsamkeit belohnt, aber alle profitieren.

Die gewonnenen Handlungsspielräume sollten die Einzelstaaten nutzen, um durch Infrastrukturinvestitionen und Reformen ihre jeweilige Wirtschaft voranzubringen.

Wie sieht die Zukunft Europas in einer globalen Wirtschaft aus? Haben wir uns als industrielle Hochkultur überlebt?

Offensichtlich bewegen wir uns seit der Finanzkrise (und nicht erst seit Donald Trump) auf eine neomerkantilistische Wirtschaftsordnung zu, in der die Staaten wesentlich stärker in die internationalen Wirtschaftsbeziehungen eingreifen als früher. Der Welthandel – einst Motor des Wachstums – wächst seit der Finanzkrise erheblich langsamer. Auch das Produktivitätswachstum ist stark gefallen.

Die Wirtschaft Europas ist immer noch fast so groß wie die der USA, fällt allerdings zurück. Es ist offensichtlich, dass wir in einigen Fragen eine gemeinsame Politik und Antwort brauchen. Die sieht aber teilweise anders aus, als sie derzeit angestrebt wird.

Wir brauchen Waffengleichheit mit den großen Wirtschaftsakteuren USA und China, sonst werden wir zwischen beiden zerrieben. Von einer bewussten Industriepolitik im Sinne der Schaffung europäischer »Champions« halte ich nichts, aber unsere Unternehmen müssen wissen, dass die EU im Fall von Handelskonflikten hinter ihnen steht und nicht, dass unsere nationalen Regierungen, wie im Falle des sogenannten Dieselskandals, noch mit draufhauen.

Flankiert werden sollte dies durch eine Forschungs- und Bildungspolitik und Infrastrukturinvestitionen. Dies kann aber durchaus auf nationaler Ebene im europäischen Wettbewerb erfolgen. Der durch PISA und andere Initiativen eingeleitete Vereinheitlichungsprozess zieht die Standards eher nach unten. Europa lebt von der Vielfalt und vom Wettbewerb.

Träumen Sie mal ein bisschen! Welches Europa wünschen Sie sich?

Wenn man den Tatsachen auf den Grund geht, dann stellt man fest, dass die deutsche Außenpolitik auch dreißig Jahre nach der Wiedervereinigung immer noch von zwei großen Strukturen bestimmt wird. Die NATO sorgt dafür, dass wir militärisch nicht unsere eigenen Entscheidungen treffen, die EU sorgt auf dem ökonomischen Bereich dafür. Während das NATO-Narrativ aber hier und da bröckelt – und durch eine künstliche Konfrontationspolitik gegenüber Russland aufgepäppelt werden soll –, wird die EU zunächst einmal im ökonomischen Bereich immer mächtiger. Die Abschaffung der Nationalstaaten schreitet voran.

Die Europäische Union wurde schon einmal »eine Unterabteilung des französischen Außenministeriums« genannt. Da ist was dran. Frankreich wollte immer ein zentralistisches Modell, in dem sich die Staats- und Regierungschefs einigen und dann die EU-Bürokratie die Beschlüsse umsetzt. Eine solche EU kann Frankreich, den staatlichen Zentralismus mit seiner Elitebildung in der DNA, dominieren. Und so ist es auch gekommen. Sehr deutlich wurde dies wieder 2019, als nach der Wahl zum EU-Parlament das von den europäischen Parlamentsfraktionen beschlossene Spitzenkandidatenprinzip kurzerhand von den Regierungschefs Macron und Merkel auf den Müll geworfen wurde, der Spitzenkandidat der konservativen Parteien, Manfred Weber, ins Abseits gestellt wurde und dem Parlament Ursula von der Leyen als Kommissionspräsidentin von Macron und Merkel vor die Nase gesetzt und die Französin Christine Lagarde an die Spitze der europäischen Zentralbank gehievt wurde.

Der deutsche Traum ist, dass die Einzelstaaten in einer demokratisch-föderal-subsidiär verfassten EU aufgehen. Ich könnte mir das rein theoretisch auch vorstellen: Verteidigung und Handelspolitik sind europäische Zuständigkeiten; Wirtschaft, Wissenschaft, Sozialsysteme und Kultur verbleiben bei den Einzelstaaten. Dazu eingedämmter Lobbyismus.

Dafür bräuchten wir aber ein europäisches Parlament, das den Namen wirklich verdient, und eine EU-Kommission, die vom Parlament gewählt wird, und das Parlament müsste in wenigen, eng umrissenen Bereichen, wie der Verteidigung, Haushaltsrecht besitzen. Im Prinzip würden wir den Föderalismus, der in der Bundesrepublik viele Jahrzehnte gut funktioniert hat, eine Ebene höher heben. Zurzeit haben wir im europäischen politischen System eine Regierungs- und Verwaltungsebene zu viel: 1. EU, 2. Nationalstaat, 3. Bundesland oder Regierungsbezirk bzw. Departement und 4. Kommune. Eine Ebene sollte wegfallen. Derzeit arbeitet man daran, die Ebene Nationalstaat abzuschaffen. Ich denke eher, dass die Ebene Bundesland oder Regierungsbezirk wegfallen sollte.

Zudem müssen wir ein wirklich faires Wahlrecht einführen, bei dem gilt: ein Mann oder eine Frau – eine Stimme. Es kann nicht sein, dass man in Deutschland oder Frankreich zehn- bis zwölfmal mehr Stimmen für einen Sitz im Europäischen Parlament benötigt als auf Malta oder Zypern. Markus Krall nannte dies einmal ein »Apartheid-Wahlrecht«. Und das völlig zu Recht.

Der Abstieg der Mittelschicht und das Gespenst des Populismus

Frage 64

In den Industrienationen haben sich vielerorts populistische Kräfte bemerkbar gemacht und etabliert: zum Beispiel mit den Gelbwesten und dem Front National in Frankreich, der FPÖ in Österreich, den Protesten gegen die Corona-Maßnahmen und der AfD in Deutschland. Mit Donald Trump und Boris Johnson sind zwei Populisten in höchste Regierungsämter gelangt. Wie erklären Sie sich das?

Während es im internationalen System mächtig knirscht, droht den Gesellschaften der Industrienationen selbst die Zerreißprobe. Der Grund ist nicht, dass auf einmal der »Populismus« wie aus dem Nichts auftaucht. Die Gründe für die Unzufriedenheit sind real. Die Mittelschicht kommt im globalen Finanzkapitalismus unter die Räder. Aus sozialem Fortschritt sind Rückschritt, prekäre Arbeitsverhältnisse und ökonomischer Abstieg geworden. All die vielschichtigen Bewegungen als »Populismus« abzustempeln, ist eine Abwehrstrategie derjenigen Kräfte, die am jetzigen System festhalten wollen.

Vor Kurzem erregte der amerikanische Hedgefonds-Manager Ray Dalio Aufsehen mit seinem Appell, dass der Kapitalismus dringend reformiert werden müsse, weil er sich sonst selbst zerstören würde. »Seit mehr als 50 Jahren habe ich den Kapitalismus sich in einer Art und Weise entwickeln sehen, die für die Mehrheit der Amerikaner nicht funktioniert, weil sie selbstverstärkende Spiralen für die Vermögenden und die Besitzlosen hervorbringt.«[121] Das klingt schon fast nach Karl Marx, und es würde nicht verwundern, wenn Dalio dem linken Flügel der Demokratischen Partei um Bernie Sanders angehören würde. Aber Dalio ist Erzkapitalist.

Er managt mit Bridgewater einen der größten Hedgefonds der Welt, ist seit mehr als 45 Jahren im Geschäft und belegt mit einem Vermögen von knapp 19 Milliarden Dollar Platz 58 auf der Liste der reichsten Menschen der Welt.

Laut Dalio sind alle diese Fundamente einer freiheitlich-bürgerlichen Gesellschaft nun gefährdet: »Ich glaube, dass der Kapitalismus für die Mehrheit der Amerikaner nicht funktioniert. Alle guten Dinge, die ins Extrem getrieben werden, können selbstzerstörerisch werden und müssen sich weiterentwickeln oder absterben. Das ist nun der Fall beim Kapitalismus.« Die amerikanische Zeitschrift *Fortune*, sicherlich kein sozialistisches Kampfblatt, resümiert: »Das Resultat: eine Wirtschaftsordnung, in der die Klasse der Kapitalbesitzer große Vorteile hat und die Kosten der Zulassung zu und des Ausschlusses von dieser Klasse immer höher werden.«[122]

Geht es der Mittelschicht wirklich schlechter?

Der absolute und relative Abstieg der Mittelschicht in den westlichen Industrienationen ist Fakt. Zum einen wird sie kleiner, zum anderen ärmer. Während in den vergangenen drei Jahrzehnten die Gehälter der Topmanager explodierten, stiegen die Realeinkommen der Arbeitnehmer in Deutschland nur sehr moderat, wie der *Handelsblatt*-Journalist Daniel Goffart in seinem Buch *Das Ende der Mittelschicht* darlegt.[123] Für Durchschnittsverdiener waren oft sogar Stagnation oder Reallohnverluste zu verkraften. Mittlerweile befindet sich fast jeder Vierte in einem prekären Arbeitsverhältnis, das sind in der Bundesrepublik fast acht Millionen Menschen.

Seit ungefähr dreißig Jahren erodiert das Mittelklasseidyll. Der Berliner Finanzwissenschaftler Timm Bönke kommt zu dem Schluss, dass die Lohnkurve ab dem Jahrgang 1965 nach unten zeigt. Dieser Jahrgang trat um 1990 in das Berufsleben ein. Seitdem ist die Mittelschicht um mehr als drei Millionen Menschen geschrumpft.[124] Zwischen dem Jahr 2000 und 2010 sind die Reallöhne nur um 1,4 Prozent gestiegen und in den unteren 80 Prozent sogar gesunken.[125] Seit der Finanzkrise 2008 hat sich die Entwicklung verschärft. Das *Handelsblatt* spricht von einem »verlorenen Jahrzehnt für die Arbeitnehmer. Trotz guten Wachstums ist der weltweite Gehaltszuwachs schwach wie seit 2008 nicht.« Und das trotz sinkender und sehr niedriger Arbeitslosigkeit.[126]

Das durchschnittliche Bruttogehalt betrug 2019 in Deutschland ca. 2860 Euro je beschäftigten Arbeitnehmer, das Nettogehalt nach Abzug aller Steuern und Abgaben ca. 1890 Euro.[127] Für diese Zahl wurden sowohl Teil- als auch Vollzeitbeschäftigungsverhältnisse ausgewertet. Vollzeitbeschäftigte verdienen ungefähr ein Drittel mehr, also ungefähr 3800 Euro brutto und 2500 Euro netto. In den meisten Städten lässt sich davon eine Familie nicht mehr wirklich ernähren. In Köln kostet die durchschnittliche 100-qm-Mietwohnung mittlerweile 11,45 Euro je Quadratmeter, also ca. 1150 Euro. Damit würde fast die Hälfte des Einkommens auf die Miete entfallen.[128]

In vielen ehrbaren Berufen liegt das Einkommen deutlich unter dem Durchschnittsgehalt. Krankenschwestern und -pfleger verdienen in staatlichen und kirchlichen Einrichtungen zwischen 2800 und 3600 Euro, in nichttarifgebundenen privaten Einrichtungen oft nur zwischen 1800 und 2200 Euro.[129] Das Einstiegsgehalt für Mechatroniker liegt nach drei Lehrjahren zwischen 2000 und 2500 Euro; wenige kommen später über 3000 Euro.[130] Das Gehalt eines Assistenzarztes liegt mit anfangs durchschnittlich 4600 Euro nur leicht über dem Durchschnittsgehalt. Dem vorausgegangen ist eine Studienzeit von durchschnittlich 6,5 Jahren und eine harte Auslese.[131] Der Assistenzarzt kann mit seinem Einstiegsgehalt auch in der Stadt eine Familie ernähren, aber große Sprünge kann er nicht machen.

Durch die hohen Einkommen der Spitzenverdiener liegt das Durchschnittseinkommen über dem Median. Während im einen Fall der Durchschnitt aller Einkommen, also auch der sehr hohen, einbezogen wird, ist das Medianeinkommen das Einkommen, bei dem die eine Hälfte der Haushalte darüber, die andere Hälfte darunter liegt. Das Medianeinkommen erlaubt somit eine bessere Einschätzung der Einkommenssituation der Mehrzahl der Menschen. Es lag im Jahr 2019 bei 1615 Euro netto für Singles und bei 3392 Euro netto für eine Familie mit zwei Kindern, wobei davon ausgegangen werden kann, dass es in vielen Familien zwei Verdiener gibt.[132]

Kürzlich deckte eine Untersuchung des Familienbundes der Katholiken und des Deutschen Familienverbandes alarmierende Zahlen auf. Schon bei einem Bruttoeinkommen von 35 000 Euro (durchschnittliches Bruttoeinkommen in Deutschland: 35 189) rutscht eine Familie in unserem Land unter das gesetzliche Existenzminimum. Es fehlen knapp 3000 Euro pro Jahr. Noch vor fünf Jahren war die Situation deutlich besser.

Der immer spätere Start ins Berufsleben und die Inflation der Hochschulabschlüsse erschweren für viele den »Eintritt« in die Mittelschicht zusätzlich. Wo früher Jugendliche mit 14, 15 oder 16 Jahren eine duale Ausbildung beginnen konnten, schon zu ihrem Unterhalt beitrugen und mit 18, 19 oder 20 bereits in einem produktiven Berufsleben standen, sind sie heute oft zehn Jahre später dran. Während die Generation der Babyboomer (Jahrgänge 1942–1964) noch zu 71 Prozent in der Mittelschicht vertreten war, sind es die »Millennials« (1983–2002) nur zu 61 Prozent.[133] Auch das ist es, was im zitierten Artikel der Zeitschrift *Fortune* mit den Kosten der Zulassung zur Mittelschicht gemeint ist.[134] Es vollzieht sich ein Paradigmenwechsel, den Goffart in seinem gleichnamigen Buch über das Ende der Mittelschicht treffend zusammenfasst: »Zu verschwinden drohen die Normalarbeitsverhältnisse, die Normalbürger, die Normalbiografien, der Normalarbeitstag und der als ›Otto Normalbürger‹ bezeichnete Durchschnittskonsument.«[135]

Die OECD, nicht gerade ein sozialistischer Klub, stellte fest, dass viele Mitglieder der Mittelschicht zu den Verlierern der Globalisierung gehören.[136] Selbst im »sozialen« Europa ist es immer schwerer, oft sogar unmöglich, eine Familie mit einem normalen Job zu ernähren, zumal in attraktiven Ballungsgebieten. In den 1980er-Jahren war das in Deutschland und vielen anderen Ländern noch selbstverständlich. »Prekäre Arbeitsverhältnisse« gab es damals kaum. Wenn Menschen mit einer normalen, sinnstiftenden Arbeit nicht mehr die Sicherheit haben, eine Familie ernähren zu können sowie eine ordentliche Kranken- und Altersversorgung zu haben, sind sie Dauerstress ausgesetzt, werden abgehängt und verlieren unter Umständen das Interesse an unserem Gemeinwesen. Die Mittelschicht, das »Bürgertum«, ist das Fundament unserer Demokratie. Wenn dieses Fundament bröckelt, bröckelt auch die Demokratie.

Das sind ziemlich erschreckende Zahlen und Aussichten. Warum ist das so?

Globalisierung und Abstieg der Mittelschicht hängen ursächlich zusammen. Durch den globalen Standortwettbewerb sind Arbeitnehmer, Regierungen und Gewerkschaften erpressbar geworden. Was zunächst nur in der Industrie stattfand, übertrug sich nach und nach auf andere Wirtschaftssektoren. Das hat einen ganz einfachen Grund: Es gibt international mobile und weniger bis nicht mobile Produktionsfaktoren. Mobil sind Kapital, Großkonzerne und international orientierte Manager. Immobil sind die meisten Arbeitnehmer, die meisten Mittelständler. Wer ein Haus gebaut, eine Familie gegründet und in ein soziales Beziehungsgeflecht investiert hat, hat Sozialkapital aufgebaut. Da ist es schon mit erheblichen materiellen und immateriellen Kosten verbunden, auch nur innerhalb eines Landes umzuziehen. International sind nur die wenigsten Arbeitnehmer mobil, und das ist auch gut und richtig so.

Noch vor zwanzig Jahren war die Globalisierungskritik eine überwiegend linke Domäne. In ihrem Bestseller *Die Globalisierungsfalle* legten die damaligen *Spiegel*-Redakteure Harald Schumann und Hans-Peter Martin im Jahr 1996 dar, dass sich als Folge einer »Entgrenzung« der Ökonomie und eines Verlusts der staatlichen politischen Kontrolle über die zunehmend von Weltkonzernen gesteuerte Wirtschaftsentwicklung die soziale Spaltung verschärfe und eine »20-zu-80-Gesellschaft« mit 20 Prozent Arrivierten und 80 Prozent Zurückgelassenen entstehe.[137] Im US-Präsidentschaftswahlkampf 2016 sollte die demokratische Kandidatin Hillary Clinton diese Zurückgebliebenen als »deplorables« (bemitleidenswerte Personen) bezeichnen und sich damit viele Sympathien verscherzen.[138] Heute kommt die Globalisierungskritik auch sehr stark von den nationalistischen Strömungen, die seit einigen Jahren in den Industrienationen auf dem Vormarsch sind. In einer

Rede in Lindheim im September 2018 analysierte der Vorsitzende der AfD-Bundestagsfraktion Alexander Gauland die Kluft, die sich zwischen einer urbanen und auch globalen oberen Mittelschicht und den weniger Begüterten sowie den ländlichen Regionen auftut: Während Erstere mobil sind, oft grün oder liberaldemokratisch wählen und ihre Kinder auf Privatschulen schicken können, ist die zweite Gruppe davon abhängig, dass staatliche Leistungen und Infrastruktur funktionieren.[139]

Seit den 1980er-Jahren werden Produktionsstandorte und ganze Wertschöpfungsketten in Niedriglohnländer verlagert. War es zu Beginn nur die Produktion, so sind seit den 1990er-Jahren auch Dienstleistungen und hochwertige Entwicklungsjobs, zum Beispiel für Software, abgewandert. Der börsennotierte IT-Dienstleister Cognizant legte seit seiner Gründung 1994 ein rasantes Wachstum hin und beschäftigt 260 000 Mitarbeiter. Das Unternehmen ist an der US-Technologiebörse Nasdaq notiert, gehört dort zu den hundert größten Unternehmen und hat seinen Hauptsitz in Teaneck, New Jersey. Die Mehrzahl seiner Mitarbeiter arbeitet jedoch in Indien. Auch wenn Sie heute ein Callcenter Ihres Versicherungsunternehmens oder Ihrer Bank anrufen, kann es durchaus sein, dass der entsprechende Servicemitarbeiter in Indien sitzt. Dort lernt man gerne Deutsch, wenn man dadurch einen Job in einem solchen Callcenter bekommen kann.[140]

Ein Beispiel dafür ist die Schließung des Nokia-Werks in Bochum und die erregte politische Debatte, die sich daran entzündete. Der damals führende Handyhersteller hatte zwischen 1995 und 1999 knapp 60 Millionen Euro Fördermittel von Bund und Ländern erhalten. Zusätzlich hatte das Bundesforschungsministerium von 1998 bis 2006 9,5 Millionen Euro Forschungsmittel gewährt. Dafür wurde das Unternehmen verpflichtet, bis Mitte September 2006 mindestens 2856 Arbeitsplätze in Bochum zu schaffen oder zu erhalten.[141] 2008 kündigte Nokia allerdings an, seine Produktion nach Rumänien zu verlagern. Aus dem Streit mit der Landesregierung kaufte Nokia sich durch Zahlung von 20 Millionen Euro und dem Erlös aus dem Verkauf des Betriebsgeländes heraus.[142] Für Nokia immer noch ein guter Deal. Das Nachsehen hatten das Land NRW und die Arbeitnehmer.

Erpressung, Ausnutzung von Macht und Steuerarbitrage sind mittlerweile Bestandteile des Geschäftsmodells der meisten Großkonzerne. Irland hatte schon vor der Finanzkrise mit besonders lockeren Regulierungsstandards gelockt, sodass zum Beispiel die Pleitebank IKB hier eine Auslandstochter hatte, die in der Finanzkrise prompt in Schwierigkeiten geriet. Die Summe der Kredite, Derivate und Hypothekendarlehen irischer Banken überstieg vor der Finanzkrise das Bruttoinlandsprodukt des Landes beinahe um das Vierfache.[143] Der Finanzsektor musste mit einem Hilfspaket von über 85 Milliarden gerettet werden, ein Großteil davon EU-Gelder. Irlands Haushaltsdefizit schnellte zwischenzeitlich auf über 30 Prozent hoch.[144] All dies widersprach nach meiner Auffassung dem Maastricht-Vertrag, wie ich 2010 dem *Handelsblatt* gegenüber erläuterte.[145]

Aber seit der Finanzkrise sind die Börsen doch mit gelegentlichen Rücksetzern massiv gestiegen und befinden sich vielerorts auf Allzeithochs! Das müsste doch dazu geführt haben, dass es den Menschen besser geht, oder?

Tatsächlich steigen die Vermögenspreise mit Unterbrechungen schon seit den 1980er-Jahren massiv. Begünstigt wurde das durch die Nullzinsen. Nur ist damit eine gigantische Umverteilung zu den bereits Vermögenden erfolgt, während die Normalverdiener der Mittelschicht abgehängt wurden. Sie sind zudem mit steigenden Mieten, Gesundheits- und sonstigen Kosten des täglichen Bedarfs konfrontiert, während Löhne und Gehälter stagnieren. Nein, der Anstieg der Vermögenspreise ist eine Folge der falschen Geldpolitik und bringt große gesellschaftliche Probleme mit sich.

Die Bankenrettungsaktionen haben vor allem die Aktionäre der Banken und dort viele extrem gut bezahlte Jobs gerettet. Die Bereinigung des aufgeblähten Finanzsektors blieb hingegen aus. Die Vermögenspreisinflation sorgte dafür, dass die Reichen nach der Finanzkrise fast alle Gewinne einstrichen. In den USA flossen 95 Prozent der Finanzgewinne nach der Finanzkrise an die reichsten 1 Prozent, während die 90 Prozent ärmeren Haushalte noch ärmer wurden. In Deutschland ist es ähnlich.

Seit die Notenbanken im Rahmen der Stützungsaktionen einen weiteren Gang zugelegt haben, hat sich die Entwicklung von niedrigen Zinsen auf quantitative Lockerung, Null- und Negativzinsen noch einmal beschleunigt. Je niedriger die Zinsen sind, desto einfacher wird es, Vermögenswerte wie Immobilien, Land, Aktien oder Private Equity auf (billigen) Kredit zu erwerben.

Nur: Es sind vor allem die Reichen, die Großkonzerne und die Staaten, die die billigen Kredite nutzen und sich verschulden, »echte« Vermögenswerte kaufen, während die Mittelschicht auf Kontoguthaben sitzt und ihre Alterssicherung oftmals in Pensionskassen stecken hat, die in Anleihen investiert sind. So ermöglichte die Schuldenblase eine gigantische Umverteilung von Realvermögen zu den bereits Vermögenden, während die Mittelschicht auf Geldforderungen sitzt. Keine gute Idee.

Vom Anstieg der Vermögenswerte profitieren vor allem diejenigen, die bereits Vermögen haben, und zwar umso mehr, je vermögender sie sind. Die Immobilien- und Aktienportfolios der Reichen gewinnen an Wert, die Mittelschicht und normal arbeitende Menschen leiden eher unter dieser Vermögenspreisexplosion. Damit wird die Vermögensverteilung immer schiefer, immer ungleicher. Während die oberen 10 Prozent fast automatisch reicher werden, spüren Normalverdiener erheblichen Gegenwind.

In ihrem Bericht zur Vermögensbilanz der Privathaushalte kommt die Bundesbank zu dem wenig überraschenden Schluss, dass die Reichen immer schneller noch reicher werden. Aktuell verfügen die reichsten 10 Prozent der deutschen Haushalte über 55 Prozent des gesamten Nettovermögens in der Bundesrepublik. Die unteren 50 Prozent der Haushalte besitzen insgesamt hingegen nur 3 Prozent des gesamten Nettovermögens. Dass das Nettovermögen in Deutschland laut Bundesbank sehr stark mit dem Immobilienbesitz zusammenhängt, dürfte nicht verwundern.

Zahlt die Mittelschicht die Zeche noch auf andere Art mit?

Es ist nicht zu einer Währungsreform gekommen. Auch ansonsten sind allzu offensichtliche Schröpfungen der Mittelschicht, zum Beispiel durch Sondersteuern und Umlagen, bislang ausgeblieben. Dafür hat die »smarte Diktatur« (Harald Welzer)[146] die Bürger umso smarter zur Kasse gebeten. In *Weltsystemcrash* habe ich hierzu eine Rechnung aufgemacht. Ich komme auf offene und versteckte Belastungen von 470 bis 710 Mrd. Euro pro Jahr in Deutschland. Das sind zwischen 14 und 21 Prozent des Bruttoinlandsprodukts. Der größte Posten ist allerdings die Erosion der öffentlichen Güter wie Sicherheit, Infrastruktur, Schulbildung, Meinungsfreiheit und Gesundheitsvorsorge, der sich nur schwer schätzen lässt. Aber auch ohne diesen Posten sind die Belastungen enorm.

Offene und versteckte Belastungen der Mittelschicht

Belastung	Wirkung	Kosten p. a. (in Mrd. Euro)
Niedrigzinsen	Die Niedrigzinsen sorgen dafür, dass den deutschen Sparern jährlich 80 bis 120 Milliarden Euro entgehen.[147] Und die Sparer, das sind bekanntlich vor allem Menschen aus der Mittelschicht. Die Reichen haben Aktien, Private Equity, Immobilien, Land und Edelmetalle. Und sie verschulden sich zu absolut günstigen Konditionen, um noch mehr davon zu kaufen.	80–120
Schlechte Investition der Außenhandelsbilanzüberschüsse	Die äußerst dumme Anlage der deutschen Außenhandelsbilanzüberschüsse in Target-II-Salden (staatlicherseits) und Auslandskrediten und dubiosen Investmentfonds (von privater Seite) sorgt dafür, dass Deutschlands Auslandsvermögen nicht wächst, obwohl ständig neue Mittel hinzukommen.[148]	50–100

Explosion der Mieten und Immobilienpreise	Die Explosion der Mieten und Wohnungspreise nützt den Reichen und belastet viele Familien in den Ballungsgebieten bis über die Schmerzgrenze, gerade auch viele junge Familien, die etwas leisten.	40–80
Versteckte Inflation	Zwar schwankt die offizielle Inflation seit Jahren zwischen moderaten -0,5 und 2 Prozent, aber dies gibt die Lebensrealität vieler Menschen nicht wieder. Gerade die Ausgaben für Gesundheit, Krankenversicherung, Transport, Energie, Mieten, Umlagen und Entertainment steigen. Auch die Kommunen machen mit und drehen kräftig an der Gebührenschraube; so stiegen in Hamburg 2015 die Friedhofsgebühren um 216 Prozent. Von den Toten (oder ihren Hinterbliebenen) kann man es ja holen.[149] Auch Wasser- und Abwasser- sowie Müll- und Entsorgungsgebühren steigen oft kräftig. Bundesweit sind sie zwischen 2005 und 2016 um mehr als 25 Prozent gestiegen. In manchen Regionen könnten noch einmal bis zu 62 Prozent dazukommen.[150] Im Spree-Neiße-Kreis stiegen 2018 die Entsorgungsgebühren für einzelne Leistungen um bis zu 1000 Prozent.[151]	2 % des BIP von 3,4 Bio. = 70
Versteckte Inflation	Auch Banken und andere »Dienstleister« drehen kräftig an der Gebührenschraube. Vor einiger Zeit wollte ich für jedes meiner beiden älteren Kinder bei einer Sparkasse auf dem Land 1000 Euro einzahlen, ohne dort ein	In der vorigen Berechnung enthalten

	Konto zu besitzen. Der Mann am Schalter wies mich freundlicherweise darauf hin, dass ich doch besser nur 990 Euro überweise – dann würden je Überweisung nur 30 Euro Gebühren fällig. Ab 1000 Euro wären es 50 Euro. Früher kostete eine Bareinzahlung auf ein Konto bei einer anderen Bank 50 Pfennige.	
Erosion der öffentlichen Güter	Schließlich – und das ist den wenigsten bewusst – werden wir Bürger auch durch die Erosion der öffentlichen Güter zunehmend ärmer. Der Staat hat sich kaputtgespart, Steuergeschenke gemacht und die vorhandenen Gelder in eine aufgeblähte Bürokratie gesteckt statt dahin, wohin sie fließen sollten: Straßen, Mobilfunknetz, Gesundheit, Wissenschaft, neue und besser besoldete Stellen für Lehrer und die Polizei. Wenn heute unsere Renten nicht mehr sicher sind, wenn die Mobilfunknetze zu den schlechtesten in Europa gehören und wenn wir uns um unsere Sicherheit in den Städten ernsthaft Sorgen machen müssen, dann sind wir viel, viel ärmer als vor 20 Jahren.	Unbezahlbar, unschätzbar (10 % des BIP = 340 Mrd. Euro)
Summe der jährlichen Belastungen		470–710 Mrd. Euro 14–21 % des BIP

Kein Wunder, dass die deutschen Haushalte zu den ärmsten in Europa gehören! Die schleichende Enteignung ist längst da. Viele schlafen und merken es nicht, etliche haben eine dumpfe Ahnung, und nur wenige erkennen die gesamten Zusammenhänge. Das ist von der politisch-medialen Elite genau so gewollt, denn sonst würden ja viel mehr Menschen »aufstehen«. So ist auch verständlich, dass die gleichnamige Sammlungsbewegung von Sahra Wagenknecht von Anfang an mit massivem Widerstand zu kämpfen hatte.

Frage 65

In einem Artikel des Monatsmagazins Atlantic Monthly *behauptete der frühere IWF-Chefvolkswirt Simon Johnson während der Finanzkrise, in den USA habe sich eine Finanzoligarchie etabliert, die so mächtig sei und so gierig, wie wir es sonst nur aus Ländern wie Russland oder Südamerika kennen. Das klingt ein wenig nach »Verschwörungstheorie«. Ist da was dran?*

Wir haben in Europa und auch in Deutschland Institutionen und Akteure, die Teil dieser Oligarchie sind. Das hat mit Verschwörungstheorie gar nichts zu tun. Es ist die Folge neoliberalen Wirtschaftens. Um das zu begreifen, muss man sich nur mal die neoliberalen Theoretiker anhören, zum Beispiel den politischen Ökonomen Mancur Olson. Er war der Überzeugung: Wenn Politiker ihre Stimmen maximieren wollen, wenn Lobby- und Interessengruppen mächtig sind und wenn politische Entscheidungen nur davon abhängen, wer was im politischen Prozess durchsetzen kann – wenn der Staat also nur Resultat der gesellschaftlichen Kräfte ist –, dann werden sich die stärksten gesellschaftlichen Kräfte die Regeln so schreiben, dass sie selber davon am meisten profitieren.

Die kapitalmarktorientierten Finanzakteure sind nun einmal extrem mächtig. Sie haben viel Geld, kluge Lobbyisten und sind gut vernetzt. Es ist für einen Politiker nicht uninteressant, mit der Welt der Hochfinanz in Berührung zu kommen, weil sie dort eine ganz besondere Macht spüren. Und die Banker nutzen das natürlich aus.

Es ist deshalb nicht übertrieben, von einer Finanzoligarchie zu sprechen. Sie sehen doch selbst, dass wir mit dem Aufbrechen der Strukturen und mit dem Entwickeln von Regeln, die wirklich sinnvoll gewesen sind, nicht sehr weit vorangekommen sind – obwohl Ende 2008 alles nach neuen Regeln geschrien hat.

Das klingt fast so, als würden wir uns auf eine Art von neuer Feudalwirtschaft zubewegen. Mit der Finanzbranche als Feudalherrn und den Bürgern als Bauern ...

Ja – es ist ein feudales Modell, das kann man schon sagen. Es gibt Lehen, in der Tat. Das deutsche Sparvermögen ist ein solches Lehen. Wir Deutsche sind immer noch sehr kapitalstark. Wir sind die drittstärkste Sparnation der Welt. Angesichts dessen fragen sich zeitgenössische Feudalherren natürlich: Wie kommt man an das Sparkapital der Bürger heran? Wie macht man zum Beispiel das Geschäftsmodell der Volks- und Raiffeisenbanken und der Sparkassen so unattraktiv, dass dieses Geld in andere Kanäle fließt? Antwort: indem man die Gesetze umschreibt. Früher steckte man die Lehen im territorialen Sinne ab, heute machen wir das im juristischen Raum. Die Ritterheere in der heutigen Zeit sind die Rechtanwaltskanzleien, PR-Agenturen und Lobbyisten. Und die Bauernschaft sind die nicht mehr ganz so freien Bürger.

Die neue Feudalwirtschaft

Der Hyperkapitalismus hat längst seinen Tribut gefordert. Immer mehr Lebensbereiche werden ökonomisiert, das heißt den Regeln von ständigem Wachstum, Rendite und Effizienz untergeordnet. Nichtökonomische Regulative wie »Qualität« oder »Allgemeininteresse« fehlen oder kommen nicht mehr zum Zuge – was die Grundprinzipien unserer Gesellschaft gefährdet. Wenn wir nichts dagegensetzen, wird ein neues Feudalsystem vollständig die Herrschaft übernehmen. Begonnen hat diese Entwicklung längst: Große Akteure setzen heute ihre eigenen Standards. Sie werden weder kontrolliert, noch wird ihr Hunger nach Einfluss und Wachstum in irgendeiner Weise begrenzt. Das führt dazu, dass die

163

bürgerlich-plurale Gesellschaft an Einfluss verliert und die neuen Feudalherren ihre Herrschaft immer weiter ausbauen. Bürgerinnen und Bürger sind am Ende nur noch Verfügungsmasse in einer neofeudal ausgerichteten Gesellschaft.

Der Markt, der einen Ausgleich konkurrierender Interessen schaffen soll, ist eine Fiktion. Er existiert nur noch als freundliche Propagandaversion, die von einigen Interessengruppen verbreitet wird.[152] Diese PR aber ist eine Nebelkerze. Sie soll der öffentlichen Meinung suggerieren, dass alles in bester Ordnung ist. Im Schutz des Nebels können die Feudalherren unbehelligt ihren Zielen nachgehen.

Die neue Form der Lehens- oder Beutewirtschaft ist kein abstraktes Risiko, sie ist längst im Anmarsch. Große Lehnsherren, die Konzerne oder einzelne Großinvestoren, vergeben ihre »Lehen« an treue Gefolgsleute und Vasallen zur Ausbeutung und »Optimierung«. Untereinander befinden sie sich dabei in permanenter Auseinandersetzung um ihre Lehen und Gebiete: mal versteckter, mal offener. »Herolde«, seien es Politiker, wissenschaftliche Institute oder Interessenverbände, verkünden die Wahrheiten der Stunde.

Auch der Staat wird in den Dienst der modernen Lehnsherren gestellt: Ärzteverbände und Pharma-Lobby haben es bislang geschafft, jede Reform des Gesundheitswesens, die ihren Namen verdient hätte, zu verhindern. Bürger werden durch immer höhere Zahlungen an diesen industriellen Komplex geschröpft. Die Elektrizitätswirtschaft konnte den Kartellschutz, den ihnen das Gesetz seit 1935 gewährt, erfolgreich gegen jede Veränderung verteidigen. Verbraucher und Unternehmen zahlen ungerechtfertigt hohe Strompreise, das Aufkommen kleinerer, dezentraler Strukturen in der Elektrizitätserzeugung konnte mit Verweis auf Pseudoargumente wie »Versorgungssicherheit« erfolgreich abgewehrt werden. TV-Zuschauer und Radiohörer werden durch das Interessenkartell aus öffentlich-rechtlichen Rundfunkanstalten und Fußball-Rechteverwertern ausgebeutet. Die Last dieses Medienkartells trägt die Allgemeinheit durch eine Rundfunksteuer, die, als »Rundfunkgebühr« getarnt, von einem mit polizeiähnlichen Praktiken wirkenden Dienstleister eingetrieben wird. Ein Industriezweig hat es gar zu einem eigenen Ministerium gebracht, das dessen ständigen

Hunger nach immer neuen Geldzahlungen befriedigt. Das zuständige Ministerium müsste »Bundesministerium zur Ernährung der Landwirtschaft« heißen, denn hier geht es darum, ganz überwiegend industriell arbeitenden, umweltschädlichen landwirtschaftlichen Großbetrieben unter dem Deckmantel von Argumenten wie »Landschaftspflege« oder »Erhalt eines unabhängigen Bauernstandes« Subventionen zuzuführen. Mit dem Schutz des selbstständigen Kleinbauernstandes hat das nichts zu tun.

Die Bewohner der Lehen werden zunehmend zur Dispositions- und Verfügungsmasse: als Mitarbeiter und als Verbraucher. Die Interessen der Feudalherren werden qua gesellschaftlichem Konsens zu Tabuzonen erklärt. Die Finanzwirtschaft soll sich selbst organisiert helfen, Konzerne dürfen vom Staat nicht noch mehr eingeschränkt werden, sonst ziehen sie aus Deutschland weg – all das sind Denkstandards, deren Erhalt von Interessengruppen sorgsam verteidigt wird.

Das alles gelingt am besten, indem man der demokratischen und bürgerlichen Gesellschaft den Boden unter den Füßen wegzieht. Dieser besteht vor allem aus verlässlichen Informations-, Rechts- und Bildungsstandards. Wenn anstelle der umfassenden humanistischen Bildung vor allem das technische und ökonomisch direkt verwertbare Wissen gefördert wird, fehlt den Menschen zunehmend der Rahmen, gesellschaftliche und politische Entwicklungen einzuordnen. Und wenn das Rechtssystem zunehmend davon abhängt, wie viel Geld man hat und welchen Anwalt man sich leisten kann, dann leistet auch dieses System einen Beitrag dazu, die Herrschaft von Feudalherren zu festigen.

Frage 66

Ist der Neoliberalismus eigentlich eine Ideologie?

In gewisser Weise schon, denn der Neoliberalismus vermittelt bestimmte Vorstellungen davon, wie sich eine Gesellschaft zu organisieren hat. Auch wenn sich diese Vorstellungen im Lauf der Zeit gewandelt haben. Ordoliberale wie Rüstow oder Röpke haben unter Neoliberalismus eine bewusste Rekonstruktion des Liberalismus mit souveränen, humanistisch gebildeten Menschen auf einem breiten ökonomischen Fundament verstanden.

Heute verstehen wir unter Neoliberalismus die unbedingte Marktgläubigkeit, und die führt in der Tat zu einem Gesellschaftssystem, das in vielerlei Hinsicht hinter die einmal gesetzten Standards zurückfällt. Wir haben ein neues Prekariat – man könnte auch Proletariat sagen –, das sehr stark von Unterstützungszahlungen abhängt. Auch Menschen mit einem einfachen oder normalen Job geraten mittlerweile immer stärker unter Druck. Der Mittelstand schwindet. Auf der anderen Seite formieren sich die Reichen zu einer neuen Oligarchie. Aber solange an den Neoliberalismus geglaubt wird, kann dieses ungerechte System stabil weiterexistieren. Die Tatsache allein, dass es viele Menschen als unfair empfinden, heißt noch nicht, dass es bald verschwindet.

Frage 67

Im Finanzkapitalismus frisst der Große den Kleinen, der Starke den Schwachen, der Schnelle den Langsamen. Gibt es so etwas wie einen ökonomischen Darwinismus?

Neoliberalismus *ist* Darwinismus. Und nur wenn wir glauben, dass die Selektion der Überlebensfähigsten ein optimales Ergebnis bringt, sollten wir am jetzigen System nichts ändern. Dann sollten wir die Märkte sich selbst überlassen, mit Monopolen und Oligarchien auf der einen und dem Prekariat auf der anderen Seite. Ich halte das aber für den falschen Weg und glaube, dass wir stattdessen eine solidarische Gesellschaftsordnung brauchen, in der sich der Einzelne frei entfalten kann, und das nicht nur, wenn er schnell, stark und auf Kosten der anderen agiert.

Preußen besaß zum Beispiel in vielen Bereichen ein solch solidarisches Gesellschaftssystem, das mit einem starken, aber schlanken Staat wirtschaftlich sehr leistungsfähig war. Das wäre in der Tat ein Gegenentwurf zum neoliberalen Darwinismus. Eine an-

dere Variante wäre der Sozialismus, wobei der Sozialismus der SPD
von August Bebel in gewisser Weise zutiefst preußisch war. Die
SPD war eine große solidarische Organisation, die eben nicht auf
dem darwinistischen, sondern auf dem Solidarprinzip beruhte.
Natürlich gab es in Preußen auch sehr unmoderne Elemente, wie
zum Beispiel die Junkerkaste mit ihrer Herrschaft, aber in den
meisten Bereichen war der preußische Staat zu seiner Zeit absolut
vorbildlich. Man darf nicht vergessen, dass trotz des Dreiklassen-
wahlrechts in Preußen vor dem Ersten Weltkrieg ein größerer Teil
der Bevölkerung wahlberechtigt war als in England.[153]

Mancur Olson: Warum konsequenter Neoliberalismus zur Stagnation führt

Mancur Olson (1932–1998) war auf den Gebieten der Wissens-
und Eigentumsökonomik tätig und leistete wesentliche Beiträge
zur Theorie der öffentlichen Güter, der Besteuerung, der öffentlichen Hand und der wirtschaftlichen Entwicklung.

In seinem ersten Buch *Die Logik des kollektiven Handels: Kollektivgüter und die Theorie der Gruppen* untersucht Olson 1965 die Dynamik des politischen Prozesses.[154] Geht man von konsequent eigen-
nützigen Individuen aus, dann werden diese erst einer Gruppe oder
einer Organisation (einem Staat) beitreten, wenn diese (Interes-
sen-)Gruppe für die Mitglieder Güter bereitstellt, die andere nicht
haben. Individuen werden sich also nur zusammentun, um Güter
und Dienstleistungen für die Gruppe zu produzieren, nicht aber für
die Allgemeinheit.

In seinem zweiten Buch *Aufstieg und Niedergang von Nationen*
wandte Olson 1982 diese Logik auf ganze Nationen an.[155] Nach
Olsons Logik sind in einem konsequent neoliberalen System vor
allem kleine Interessengruppen interessant, die ihren Mitgliedern
sehr spezifische und konzentrierte Vorteile bringen, während sie
der Allgemeinheit vage und kaum wahrnehmbare Lasten aufbürden, zum Beispiel Baumwollfarmer, Stahlproduzenten oder Gewerkschaften. Deswegen wehrt sich die Allgemeinheit auch nicht
gegen solche Maßnahmen, während die Interessengruppen sich

massiv dafür einsetzen. Nach Olsons Auffassung ist die Politik, die daraus folgt, fortschrittsfeindlich und protektionistisch.

Olsons Ausblick ist trübe: Je länger eine Nation den Interessengruppen ausgesetzt wird, desto mehr erlahmt ihre wirtschaftliche Dynamik. Erst ein großer ökonomischer Schock – zum Beispiel eine massive technologische Umwälzung oder ein Krieg – kann nach Olson das erstarrte Dickicht der Interessengruppen auflösen und ein unverzerrtes Spielfeld für erneute wirtschaftliche Dynamik eröffnen.

Frage 68

Der Kapitalismus ist sehr stark geprägt vom Wettbewerb. Nur er selbst steht eigentlich mit keinem anderen Gesellschaftssystem in Konkurrenz. Siegt sich der Kapitalismus irgendwann zu Tode?

Man kann den Wettbewerb von unterschiedlichen Seiten aus betrachten. Ein streng marktgläubiger Mensch würde sagen: Der freie Markt ist gut, er führt zu fairem Wettbewerb und damit zu optimalen Ergebnissen. Aber das ist völliger Quatsch. Das ist eine vorwissenschaftliche, quasi theologische Auffassung. Schon Mitte des 20. Jahrhunderts hat der Volkswirt und Soziologe Alexander Rüstow darauf hingewiesen.

Der große deutsche Ökonom und Soziologe Werner Sombart hat einmal gesagt, dass es drei Arten von Wettbewerb gibt. Zum Ersten die Leistungskonkurrenz, wie der Wettkampf im Sport, bei dem es um messbare Leistungen geht. Das ist positiv. Zum Zweiten gibt es die Suggestionskonkurrenz, bei der es um Marketing, um Show geht: Wer vermittelt den besten Eindruck? Und zum Dritten gibt es die Gewaltkonkurrenz, also den Kampf von Monopolen und Oligopolen um Marktanteile. Da geht es um die Verdrängung des anderen, damit man danach groß abkassieren kann. Auf diese Weise erwarb John D. Rockefeller um 1900 sein Vermögen im Ölgeschäft, Andrew Carnegie seines im Stahlbereich. Weil die Märkte schranken- und grenzenlos wurden, entstanden immer mächtigere, immer größere Konglomerate. Sie teilten dann den Markt unter sich auf und erwirtschafteten riesige Profite. Anders hätten diese gigantischen Vermögen nicht entstehen können.

Erst mit der Antikartellgesetzgebung in den USA wurden dieser Entwicklung Grenzen gesetzt. Doch seit etwa 30 Jahren können wir beobachten, dass diese Grenzen wieder fallen, dass die Konzerne wieder größer und mächtiger werden. Natürlich schreiten die Kartellbehörden hin und wieder ein. Aber aus meiner Sicht stehen wir erneut in einem brutalen Verdrängungswettbewerb, der mit Leistungskonkurrenz nichts zu tun hat. Angestrebt werden lokale, regionale, nationale, globale Oligopole und Monopole.

Hatte Karl Marx genau das nicht im Kapital *prognostiziert beziehungsweise Lenin in* Der Imperialismus als höchstes Stadium des Kapitalismus?

Nun ja, wir bewegen uns schon in Richtung der marxistisch-leninistischen Krisentheorie. Diese Entwicklung gab es schon einmal vor gut hundert Jahren. Jetzt haben wir sie wieder, mal schauen, was passiert. Ich hoffe jedenfalls nicht, dass sich die Geschichte des 20. Jahrhunderts wiederholt. Zwei Weltkriege sind wahrlich genug. Aber Phasen des Übergangs – im Moment verschiebt sich etwa die wirtschaftliche Macht von den USA nach China und Asien – bringen immer höchst instabile und gefährliche politische Konstellationen mit sich. Hoffen wir, dass die Regierenden einen kühlen Kopf behalten.

Die Frage ist doch: Wem gehört der Monopolgewinn oder der Oligopolgewinn in einer Wirtschaft, die durch immer größere und anonymere Konglomerate bestimmt wird? Denn die unterscheiden sich beträchtlich von dem »dynamischen Unternehmer« in Joseph A. Schumpeters *Theorie der wirtschaftlichen Entwicklung* (1912), der neue Werte und Strukturen schafft, indem er alte zerstört. Es gibt viele Märkte, die quasi oligopolistisch oder sogar monopolistisch verwaltet werden, wie zum Beispiel die Automobilbranche. Da gibt es kaum noch Basisinnovationen. Der Job als Automobilmanager ist erlernbar und standardisiert, auch wenn er dadurch nicht einfacher wird. Dasselbe gilt für die Telekommunikationsindustrie oder die Energie- und Wasserversorger. Auf diesen Märkten herrschen inzwischen Konzernbürokraten und Investoren und keine leibhaftigen Unternehmer mehr.

Wem also gehören die Überrenditen und Zusatzgewinne, die einzig und allein dadurch entstehen, dass es bestimmte Marktstrukturen erlauben, von den Kunden höhere Preise zu verlangen? Man kann jetzt hergehen und sagen: Die stehen den Aktionären zu, schließlich haben die ihr Geld investiert. Man könnte aber auch sagen: Oligopol- und Monopolgewinne werden stärker besteuert, eben weil das investierte Kapital diese Marktbeschränkungen erst hat entstehen lassen. Man könnte sich sogar eine Art »Stamokap«, staatsmonopolistischen Kapitalismus, vorstellen und diese Großbetriebe staatlich managen. Technisch sehe ich da kein Problem: Die Managementtechniken sind bekannt, und selbst für Gehälter, die »nur« um 1 Million herum liegen, würde man genügend qualifizierte Führungskräfte finden.

Also: Vieles ist offen. Offen ist die Regulierung der Großkonzerne, offen ist der Umbau der Sozialsysteme, offen ist, wie es mit der Wettbewerbspolitik weitergeht und die Frage, ob es Europa schafft, ein Europa der Völker zu werden und nicht ein Europa der Lobbys und der Konzerne. Wir steuern auf sehr unruhige Zeiten mit großen Umbrüchen zu. Und dessen sind sich die meisten noch gar nicht bewusst.

> »Der Kapitalismus basiert auf der merkwürdigen Überzeugung,
> dass widerwärtige Menschen aus widerwärtigen Motiven
> irgendwie für das allgemeine Wohl sorgen werden.«
> *John Maynard Keynes*

Aber in Deutschland hat doch die soziale Marktwirtschaft den extremen Kapitalismus nicht im Zaum gehalten?

Kapitalismus und Marktwirtschaft können nach unterschiedlichen Betriebssystemen funktionieren. Sicher, es gab einmal ein deutsches Modell des Kapitalismus, die soziale Marktwirtschaft. Selbst die Ordoliberalen wie Alexander Rüstow, Wilhelm Röpke und Walter Eucken haben bereits in den 1930ern und 1940ern akzeptiert, dass der Kapitalismus nicht die Ultima Ratio sein kann.

Denn der Kapitalismus führt, wenn man ihn konsequent umsetzt, automatisch zum Sieg der Monopole und zur Weltherrschaft der Kartelle.

Die Ordoliberalen haben das erkannt und dem Kapitalismus politische Regeln entgegensetzen wollen. Alexander Rüstow spricht sogar davon, dass die radikale Gerechtigkeitsforderung des Sozialismus prinzipiell gerechtfertigt sei. Man muss Monopole verhindern und für Bildung und für Chancengleichheit sorgen. Denn all das bewirkt der Markt von sich aus nicht. Die Marktreligiösen hingegen – Leute wie Friedrich August von Hayek, Karl Popper und Milton Friedman – waren davon überzeugt, dass der Markt von sich aus Fairness und Gerechtigkeit schafft. Das tut er aber nicht. Der Markt fördert ein System, das dem Schnellen und dem Starken nützt. Wer das bejaht und zulässt, wird Zustände bekommen, wie wir sie heute in den Vereinigten Staaten von Amerika und zunehmend auch in Deutschland haben. Wer will das schon?

Leider wird die angelsächsische Doktrin, dass die Politik dem Markt folgen sollte, immer seltener in Zweifel gezogen.

Eliten, Parteien, Politiker, Lobbyisten und Manager – Sind die Eliten in Deutschland unfähig, die wirtschaftlich richtigen Entscheidungen zu treffen?

Frage 69

Die Automobilbranche, unsere Schlüsselindustrie, war schon vor dem Corona-Schock unter Bedrängnis. Die Aktien der DAX-Konzerne befinden sich mittlerweile überwiegend in ausländischer Hand. Private-Equity-Gesellschaften kaufen reihenweise Mittelständler auf. Der Forschungs- und Bildungsstandort Deutschland wackelt. Unsere Infrastruktur ist veraltet. Sind die Eliten in Deutschland unfähig, die wirtschaftlich richtigen Entscheidungen zu treffen?

Zunächst einmal brauchen unsere Eliten einen Kompass dafür, was gut ist für unser Land. In den USA, Frankreich, Großbritannien und China ist ein solcher Kompass sicher vorhanden. 2006 veröffentlichte Henrik Müller ein Buch mit dem Titel *Wirtschaftsfaktor Patriotismus. Vaterlandsliebe in Zeiten der Globalisierung.* Darin argumentierte er, dass Nationalstaaten auch heute noch einen wesentlichen Einfluss auf den wirtschaftlichen Zustand eines Landes haben und dass Patriotismus durchaus ein Wettbewerbsvorteil sein kann. Nach dem Zweiten Weltkrieg waren in Deutschland noch vier Arten von Patriotismus gesellschaftsfähig: der Stolz auf die deutsche Kultur, das Grundgesetz, die Fußballnationalmannschaft und die wirtschaftliche Leistungsfähigkeit mit dem Sozialstaat.

Insbesondere die Kriegsgeneration war weiterhin stolz auf die deutsche Wissenschaft, Kunst und Kultur: Schiller, Goethe, Beethoven und viele andere. Der Politikwissenschaftler Dolf Sternberger prägte 1979 den Begriff »Verfassungspatriotismus«, um der besonderen Verbundenheit zum Grundgesetz Ausdruck zu verleihen. Breitenwirksamer als beim Begriff »Verfassungspatriotismus«, der über Insiderkreise nicht hinauskam, äußerte sich der

Patriotismus in Deutschland beim Fußball und in der Wirtschaft. Nach dem »Wunder von Bern«, als die deutsche Nationalmannschaft 1954 den Weltmeistertitel holte, war Fußball Angelegenheit aller Deutschen, wie sich am deutlichsten im »Sommermärchen« von 2006 zeigte.

Zu Recht waren die Deutschen stolz auf ihren wirtschaftlichen Aufschwung nach 1945, der sie in etwas mehr als zwei Jahrzehnten an die Spitze der Industrienationen zurückgeführt hatte, sowie den vorbildlichen Rechts- und Sozialstaat.

Dieses Bild hat mittlerweile viele Schrammen: Dieselskandal, Skandale um die Deutsche Bank und Siemens sowie anderen Unternehmen, eine schier unendliche Kette von missglückten Übernahmen von internationalen Unternehmen durch deutsche Konzerne, der Ausverkauf des Mittelstandes, die Transrapid-, Stuttgart21- und BER-Fiaskos und das Fehlen nennenswerter Zukunftsbranchen.

Um unsere Eliten, die über die wirtschaftliche Zukunft des Landes zu entscheiden haben, steht es nicht gut. Die Politik in Deutschland leidet an einer gewissen »Verzwergung«: Ein aufgeblähter Bundestag hat für die meisten Abgeordneten (709 zurzeit) wenig echte Aufgaben.

Politiker ist eigentlich der sicherste Job, den man in Deutschland haben kann, wenn man die ersten Jahre übersteht. Man kann es sich auf der mittleren Ebene gemütlich machen oder einfach für mehr Geld in die Industrie wechseln oder irgendeinen Repräsentationsposten übernehmen. Ein klares Indiz dafür, dass den heutigen Politikern der Blick fürs Ganze, fürs gesellschaftspolitische Programm, abhandengekommen ist. Was im Moment passiert, hat der österreichisch-britische Philosoph Karl Popper einmal »Piecemeal Engineering« genannt: Man geht ein Stück voran, aber auf der anderen Seite fehlt mehr und mehr der konzeptionelle Zusammenhalt. In diesem Punkt ist es mit der Politikerkaste nicht anders bestellt als mit der übrigen Gesellschaft, die heute nicht mehr weiß, wo sie hinwill. Es fehlen die Entwürfe, und es fehlt das verbindende Moment.

Und die Managereliten, die nach 1949 unsere Unternehmen wieder zu Weltrang geführt haben, sind abgetreten. Heute haben wir dort größtenteils Funktionäre des globalistischen Finanzkapitals wie Jürgen Dormann, Joe Kaeser oder Josef Ackermann. Wenn jemand Ansätze von Profil zeigt, wie Heinrich Hiesinger bei Thyssen-Krupp, wird er schnell rasiert. Hoffnung gibt es bestenfalls im Mittelstand.

Unsere medialen Eliten sind ein eigenes Kapitel wert. Hier nur so viel: Gut steht es um die auch nicht.

Das Peter-Prinzip kommt aus der Wirtschaft und besagt, dass jeder so lange aufsteigt, bis er irgendwann nicht mehr kompetent genug ist, um seine Aufgaben zu erledigen. Gilt es auch für Politiker?

Na, da ist die Welt doch ziemlich fair. Wer ehrgeizig ist, steigt normalerweise auf, auch wenn es manchmal dauern kann. Und dann kommt es wirklich häufig so, wie im Peter-Prinzip beschrieben: Man endet auf einer Stufe, auf der die Anforderungen die Kompetenzen überschreiten. Das ist ein universell gültiges Prinzip.

Angela Merkel hat es zum Beispiel aufgrund ihrer Intelligenz und ihrer Art, mit Macht umzugehen, bis ins Kanzleramt geschafft. Dort hat sie aus meiner Sicht viele katastrophale Fehlentscheidungen zu verantworten, die Deutschland schwer geschadet haben. In »Die Rechnung« hat der unabhängige Krisenökonom Daniel Stelter im Magazin *Cicero* die ökonomischen Kosten der »Fehlentscheidung Merkel« berechnet und kommt auf schwindelerregende Summen.[156] Später hat er seine Berechnungen für die Kosten in dem Buch *Das Märchen vom reichen Land* noch einmal dargelegt:[157]

Kosten wirtschaftspolitischer Fehlentscheidungen und Fehlentwicklungen unter Angela Merkel nach Daniel Stelter

Politikbereich	Kosten
Euro-Krise und Nullzinspolitik	1000 bis 2000 Milliarden Euro
Falsche Migrationspolitik	900 bis 1500 Milliarden Euro

Vernachlässigte Infrastruktur	Mindestens 120 Milliarden Euro, latente Last über 30 Jahre rund 1000 Milliarden Euro
Ungedeckte Rentenversicherung	3000 bis 4000 Milliarden Euro
Fehlgeleitete Energiewende	500 bis 1000 Milliarden Euro
Sanierung der Bundeswehr	Mindestens 130 Milliarden Euro, latente Last 750 Milliarden Euro

Wie tickt eigentlich Angela Merkel?

Es ist kein Geheimnis, dass ich Angela Merkel sehr kritisch gegenüberstehe und sie für ein großes Unglück für Deutschland halte. Sie ist in einem sozialistischen Regime groß geworden und war dort ziemlich angepasst. In die CDU ist sie nur aus Zufall gekommen, eigentlich wollte sie in die SPD. In einem Interview mit dem legendären TV-Journalisten Günter Gaus von 1991 gibt eine sehr junge Angela Merkel zu, dass es bei der FdJ Spaß gemacht habe und dass man auch ein »bisschen aus Opportunismus« mitgemacht habe.[158]

Auf jeden Fall ist Merkel blitzgescheit und hat ein sehr gutes Machtbewusstsein. Gegner schaltet sie zum richtigen Zeitpunkt eiskalt aus. Die Liste der politischen Leichen ist lang. 2012 schrieb die Publizistin und Unternehmensberaterin Gertrud Höhler ein Buch mit dem Titel *Die Patin. Wie Angela Merkel Deutschland umbaut.* Seitdem hat sie weiter umgebaut. Das System Merkel ist ein autokratisches System geworden.[159] Die Partei hat sie seit dem Parteiausschlussverfahren gegen Martin Hohmann wegen einer missglückten Rede fest im Griff. Ich glaube, dass sie das Ausschlussverfahren durchgezogen hat, um der Partei zu sagen, dass sie jeden kleinkriegen kann. Seitdem spurt die Partei – auch jetzt noch, wo Merkel gar nicht mehr Vorsitzende ist.

Gut, nun haben Sie erklärt, wie Angela Merkel Ihrer Ansicht nach ihre Macht sichert und umsetzt. Aber woher bezieht Sie ihre Inhalte?

Ich glaube, dass sie auch hier extrem pragmatisch und opportunistisch ist. So ist die Hypothese, dass die Energiewende nur erfolgte, weil man die Landtagswahlen in Baden-Württemberg nicht verlieren wollte, aus meiner Sicht durchaus plausibel. In den letzten Jahren baute Angela Merkel die CDU immer mehr zu einer »grünen« Partei um, weil sie da das Stimmenpotenzial sieht. Ob es ihr allerdings gelingen wird, die Grünen genauso an den Rand zu drängen, wie sie die SPD durch die Sozialdemokratisierung der CDU an den Rand gedrängt hat, wage ich zu bezweifeln.

Die neue Bruchlinie im politischen System ist die zwischen den Befürwortern stärkerer Nationalstaaten wie Donald Trump und Boris Johnson und den Globalisten. Merkel ist ganz klar Globalistin. Sie arbeitet auch daran, Deutschland abzuschaffen und Schritt für Schritt mehr Macht an Brüssel zu übertragen. Ob aus Überzeugung oder aus politischem Kalkül, sei dahingestellt.

Dass die Parteien überwiegend top-down gesteuert werden, ist aus meiner Sicht bei der CDU ganz klar zu beobachten, ebenso bei der FDP und den Grünen. Bei SPD, Linken und AfD ist es etwas anders. Das liegt meines Erachtens am Niedergang der SPD, den unterschwelligen Flügelkämpfen bei den Linken und der Tatsache, dass die AfD als junge Partei immer noch dabei ist, sich zu finden.

Wenn die Parteien aber top-down gesteuert werden, dann muss Merkel ihre Signale anderswoher beziehen und die Parteimeinung bestenfalls als Umfrageinstrument nutzen. Solche Signale kommen von den internationalen Partnern, insbesondere von Frankreich, den USA und der EU, aber auch von den großen Thinktanks, Interessengruppen und Wirtschaftsinteressen. Merkel empfängt sicher lieber Mark Zuckerberg oder Emmanuel Macron, als dass sie sich zu einem Stammtisch an die Basis begibt. Sie ist ein Apparatschick – und ein ausgesprochen effizienter dazu.

Wie wichtig sind die Parteien in Deutschland und wie wichtig ist es für einen Bundeskanzler oder eine Bundeskanzlerin, diese »im Griff« zu haben? Wie viel entscheidet das?

Alles. Die Parteien spielen im politischen System der Bundesrepublik Deutschland die absolut dominante Rolle. Laut Grundgesetz wirken sie »an der Willensbildung« mit. De facto sind sie aber die eigentlichen Machtzentren. Als ich in den 1980er-Jahren Politikwissenschaft studierte, wurde das Problem der Macht der Parteien in politikwissenschaftlichen Aufsätzen und Hochschulseminaren aktiv diskutiert.

Die Macht der Parteien ist in den mehr als drei Jahrzehnten seitdem noch einmal massiv gestiegen. Dennoch ist es ruhig um das Thema geworden. Warum ist das wohl so? Ich habe eine einfache Erklärung: Wenn man ein Problem nicht lösen kann, viele aber ein Interesse daran haben, dass es so weitergeht, dann wird das Problem totgeschwiegen. Genau das passiert.

Politische Parteien werden heute wie Konzerne gemanagt – allerdings sind das die einzigen Konzerne, in denen Sie eine Berufsperspektive vom 16. bis zum 80. Lebensjahr haben.

Die neue politische Klasse

Vom Kreißsaal über den Hörsaal in den Plenarsaal. Dieses geflügelte Wort über den Werdegang vieler Toppolitiker klingt auf den ersten Blick simplifizierend, gar abwertend oder fast polemisch. Doch es schmeichelt unserer politischen Klasse sogar noch. Denn überraschend viele Abgeordnete im Deutschen Bundestag haben ihre politische Karriere ohne vorherigen bürgerlichen Beruf oder ein abgeschlossenes Studium gemacht. Viele haben ihr Studium abgebrochen, um früh in den politischen Betrieb ein- und dort aufzusteigen. Sie haben aus der Sicht der Bürger, die regulären Berufen nachgehen, in einer Parallelwelt Karriere gemacht.

Paul Ziemiak, der Generalsekretär der CDU, hat keinen Studienabschluss. Sein erstes juristisches Staatsexamen bestand er nicht. Ein folgendes Studium in der Unternehmenskommunikation an der Business and Information Technology School in Iserlohn hat er nicht abgeschlossen. Auch Martin Schulz, ehemals Parteivorsitzender und Kanzlerkandidat der SPD, hatte lediglich eine Ausbildung als Buchhändler. Er trat mit 19 Jahren in die SPD ein und arbeitete sich nach oben.

Katrin Göring-Eckardt (Bündnis 90/Die Grünen) brach ein Theologiestudium in Leipzig ab und ging in die Politik. Ähnlich sieht es bei SPD-Hoffnungsträger Kevin Kühnert aus. Er hat es bereits zum Vizevorsitzenden seiner Partei gebracht. Ein Studium der Publizistik und Kommunikationswissenschaft an der FU Berlin, in das er sich eingeklagt hatte, brach er ab und arbeitete dreieinhalb Jahre in einem Callcenter. Dann ging er in die Politik. Ein 2016 begonnenes Fernstudium der Politikwissenschaft ruht seit seiner Wahl zum Bundesvorsitzenden der Jusos.

Die skizzierten Werdegänge illustrieren das Bild einer Politikerkaste, in der eine Negativauslese nicht gerade die Besten und Erfolgreichsten aus bürgerlichen Berufen ins Parlament spült, wie es Markus Krall, der schon mehrmals zitierte Geschäftsführer der Degussa Goldhandel GmbH, formuliert hat. Die Negativauslese nährt eine politische Klasse, die sich um Machterhalt und Nebensächlichkeiten kümmert und uns in die Katastrophe führen kann.

Der Bundestag ist eine Ansammlung von Menschen, die das Leben außerhalb des staatlichen und parteigebundenen Wirkungsbereichs nicht kennen. Arbeiter, Handwerker, Ärzte und Unternehmer sind klar unterrepräsentiert.

Das Parlament spiegelt damit keineswegs die Zusammensetzung der Bevölkerung wider. Ganz im Gegenteil: Es dominieren Berufspolitiker und Staatsdiener. Mehr noch: Abgeordnete, die nur auf eine Karriere in der Politik bauen, sind wirtschaftlich abhängig von ihrer Tätigkeit und neigen dazu, diese durch Machterhalt möglichst lange auszudehnen. Und wenn dies nicht gelingt, dann werden sie von ihren Parteifreunden oft als Lobbyisten in der Wirtschaft, in irgendwelchen Stiftungen in gut bezahlten Jobs entsorgt. Sigmar Gabriel wurde im Mai 2020 in den Aufsichtsrat der Deutschen Bank gewählt. Andrea Nahles, die erfolglose ehemalige Vorsitzende der SPD, wurde ein Jahr nach ihrem Rücktritt als Partei- und Fraktionschefin der SPD Präsidentin der Bundesanstalt für Post und Telekommunikation, eine Unterbehörde des Finanzministeriums. Dort kümmert sich Nahles jetzt um die Versorgung von

Beamten des früheren Staatsunternehmens Deutsche Bundes-
post.
    Die Folgen dieser Entwicklung sind gravierend. Unabhängige
Entscheidungen sind von diesem Typ Politiker nicht zu erwarten.
Im Zweifel wird der Parlamentarier jene Entscheidung fällen, die
ihm die Gunst der Partei und damit auch seinen Arbeitsplatz sichert. Solange Politiker loyal sind, dürfen sie immer mit einem Ver-
sorgungsposten rechnen. Fehlende Leistung wird nicht wie in der
Privatwirtschaft ökonomisch abgestraft.

*Wenn die Politik aus verschiedenen Gründen gelähmt ist, bräuchten wir
dann nicht wenigstens mehr unternehmerisches Denken in der Ministerialbürokratie?*

Es wäre wichtig, unter den Ministerialbeamten wieder ein gewisses Elite- und Qualitätsbewusstsein zu fördern, wie es zum Beispiel in Frankreich der Fall ist – ich sage nur: ENA. Das könnte
bei uns etwa durch ordentliche Gehälter erfolgen. Die Exzesse der
Wirtschaft sollte man nicht mitmachen, wohl aber bestimmte
Stellen besser vergüten. Im Gegenzug könnte man sehr viele Stellen in den Ministerien einsparen. Ausnahmetalenten sollten
schnelle Aufstiegsmöglichkeiten eröffnet werden und natürlich
die Möglichkeit, dann auch etwas zu bewegen. Denn schöpferi-
sche Menschen werden nicht unbedingt von der Aussicht auf
mehr Geld angetrieben.
    Dafür bräuchten wir aber auch einen Wandel in der politischen
Kultur. Im Moment ist das politische Geschäft allzu sehr vom Tagesgeschehen bestimmt. Wenn ein Ministerialbeamter wirklich
eine neue Linie durchsetzen will, dann wird er wahrscheinlich relativ schnell in die Verzweiflung getrieben – durch das Taktieren in
seinem Umfeld und weil die Politik ständig etwas anderes will. Die
staatliche Bürokratie müsste neu austariert werden. Der letzte größere Eingriff geht noch auf Willy Brandt zurück, der während seiner Kanzlerschaft unter dem Stichwort »Mehr Demokratie wagen«
die Zahl der parlamentarischen Staatssekretäre verdoppelt hat.

Mit dem Nebeneffekt, dass sich die Themen schneller abwechselten und das klare Konzept, die einheitliche Linie, vernachlässigt wurden.

Frage 70

Wir Deutschen zeigen gerne mit dem Finger auf die USA, gerade wenn es um das politische System geht. Da halten wir unseres für wesentlich besser. Doch in den USA gelingt es zum Beispiel immer wieder Geschäftsleuten, Unternehmern und Managern, in die Politik zu wechseln und etwas zu bewegen. Hank Paulson, der ehemalige Chef von Goldman Sachs, war unter Barack Obama Finanzminister. Mit Donald Trump ist zudem ein Immobilienmogul ins Weiße Haus eingezogen. Wäre es nicht wünschenswert, dass auch in Deutschland mehr Unternehmenslenker in die Politik wechseln?

In den USA sind im vergangenen Jahrhundert sogar sechs Geschäftsleute Präsidenten geworden. Zum Beispiel Warren Harding, der 1920 gewählt wurde, war zuvor lange im Zeitungsgeschäft und erfolgreicher Verleger. Oder der Bergbau-Ingenieur Herbert Hoover, der 1928 die Präsidentenwahl gewann. Aber selbst wenn Geschäftsleute in hohe Regierungsämter wechseln, ist das noch keine Garantie, dass sie erfolgreiche Wirtschaftspolitik betreiben. Sowohl Hoover als auch die beiden Bushs und der Erdnussfarmer Jimmy Carter wiesen nach erfolgreicher wirtschaftlicher Tätigkeit als Präsidenten die schlechtesten Bilanzen beim US-Wirtschaftswachstum aus. Das hat der Geschichtsprofessor Robert S. McElvaine vor Jahren in einem Interview der *Washington Post* verraten.

Es mag also durchaus gut sein, dass ein erfahrener Unternehmer in die Politik geht. Aber es kann auch gewaltig in die Hose gehen. Im schlimmsten Fall nimmt es sogar korruptionsähnliche Züge an. Der ehemalige Aufsichtsratsvorsitzende des Energiekonzerns Halliburton, Dick Cheney, ist so ein Beispiel. Unter seiner Vizepräsidentschaft erhielt Halliburton einen 2 Milliarden Dollar schweren Auftrag für den Wiederaufbau im Irak ohne

Ausschreibung. Das ist reine Plutokratie. Man muss da schon sehr aufpassen.

Gewiss, grundsätzlich können Unternehmer die Politik beleben. Doch in Deutschland ist die Politik eher eine Chance, aus kleinen Verhältnissen herauszukommen. Dafür gibt es viele Beispiele, etwa Gerhard Schröder, der von ganz unten kam, oder Angela Merkel und Helmut Kohl, die aus dem einfachen Bürgertum kamen, wobei Merkels Vater allerdings bestens mit den politischen Eliten der DDR vernetzt war. Wenn man die Ochsentour durch die Gremien hinter sich gebracht hat, dann hat man die gleichen Zugangschancen zu den oberen Ämterhierarchien.

Das System hat leider auch starke Abwehrkräfte. Denken Sie an Jost Stollmann, Unternehmensberater bei der Boston Consulting Group, der nach dem Wahlsieg von Gerhard Schröder kurzzeitig als Bundeswirtschaftsminister nominiert war. Während der Regierungsbildung soll es zwischen ihm und Oskar Lafontaine ein heftiges Kompetenzgerangel gegeben haben, bis Stollmann schließlich entnervt aufgab und sich wieder aus der Politik zurückzog. Für mich ist das ein Zeichen dafür, dass unser politisches System Unternehmer abstößt.

Frage 71

Kann denn die Wirtschaft es richten? Der frühere Bundespräsident Horst Köhler hat einmal gemahnt, die Wirtschaftseliten müssten wieder lernen, was Maß und Mitte ist. Wann haben die Eliten denn Maß und Mitte verloren?

Das war ein schleichender Prozess, der Mitte der 1980er-Jahre begann und sich zunehmend beschleunigte. Allerdings müssen auch die Politiker etwas lernen: dass sie nämlich Politik machen und nicht auf einen Job in der Wirtschaft schielen sollten. Unser noch funktionierender Mittelstand – um den uns die internationale Gemeinschaft beneidet – hat Maß und Mitte. Im Gegensatz zu den Konzernmanagern, vielen Finanzakteuren und auch jenen Eigentümerfamilien, die an Heuschrecken verkauft haben, obwohl sie wissen konnten, dass diese den Betrieb in den Ruin treiben. Das sind die Kreise, die Maß und Mitte verloren haben.

Als die Commerzbank teilverstaatlicht wurde, wurden bei den Managergehältern Obergrenzen festgelegt. Die hat Vorstandschef Martin Blessing ganz nebenbei wieder ausgehebelt. Können wir die neue Bescheidenheit nicht mit ein bisschen mehr Nachdruck einfordern?

Natürlich könnten wir das. Wenn wir einen durchsetzungsfähigeren Staat hätten, hätte Blessing gehen müssen. Denn er hatte sich nicht an sein Wort gehalten. Ihn dafür in die Wüste schicken können, hätte der Eigentümer, also der Staat, ihn allerdings nur dann, wenn er sich nicht selbst in die Hände der Finanzoligarchie begeben hätte. Der Staat muss Regeln aufstellen und deren Einhaltung überwachen. Ausrufezeichen. Denn freiwillig lässt sich niemand das Gehalt beschneiden. Wir kleben in diesem System der Gier und der exzessiven Topgehälter fest. Da kann man nicht auf die Selbstreinigungskräfte des Marktes hoffen.

Frage 72

Gibt es so etwas wie ein ungesundes Renditedenken auf Kosten der Zukunftsinvestitionen und Mitarbeiter? Was ist eine angemessene Eigenkapitalrendite? Die Deutsche Bank sagt: 25 Prozent. Hat sie recht?

Als Fondsmanager stehe ich mit einer Vielzahl von unabhängigen Fondsmanagern in Kontakt, die nach der wertorientierten Methode investieren. Sie achten sehr stark auf Eigenkapitalrenditen. Eigenkapitalrendite und Gesamtkapitalrendite sind extrem wichtige Kennzahlen. Die Eigenkapitelrendite gibt an, wie viel ein Geschäft, bezogen auf das eingesetzte Kapital, erwirtschaftet.

Aber ich möchte in diesem Zusammenhang noch einmal an Werner Sombart und seine klugen Fragen erinnern. Wie ist denn diese Rendite entstanden? Hat da jemand eine fantastische Basisinnovation zustande gebracht? Entsteht sie, weil ein lokales Monopol ausgebeutet wird, wie zum Beispiel bei einem Energieversorger? Oder ist das Marketing genial? Generell: Resultiert die hohe Eigenkapitalrendite aus Leistungskonkurrenz, Suggestionskonkurrenz oder Gewaltkonkurrenz? Ich finde, dass es sich lohnt, hinter den Vorhang zu schauen und zu prüfen, wie die hohen Eigenkapitalrenditen zustande gekommen sind.

Welche Eigenkapitalrenditen sind realistisch?

Ich halte um die 10 Prozent für ganz gesund. Wenn die Gesellschaften mehr anstreben, dann gelingt ihnen das nur, wenn sie wirklich genial sind oder etwas Geniales erfinden. Oder indem sie die Verbraucher verwirren oder regionale Monopole schaffen. Oder indem sie mit viel Fremdkapital operieren und so ein hohes Risiko fahren. Wenn man wie die Deutsche Bank mehr als 98 Prozent Fremdkapital hat, dann kann man natürlich schon eine Eigenkapitalrendite von 25 Prozent anpeilen. Aber wie gesagt: Das ist höchst riskant.

Frage 73

Geht es für ein Unternehmen generell nur um Rendite?

Natürlich nicht. Das ist nur die herrschende Doktrin, die uns in den Wirtschaftsschulen und im Wirtschaftsstudium gepredigt wird.

Denn nur mit der Rendite im Fokus ist die deutsche Wirtschaft nicht groß geworden. Wir haben uns um Produkte gekümmert und um Dienstleistungen. Die Menschen haben ihre Arbeit gemacht, haben diese gut gemacht, und es ging dabei eben nicht um die maximale Rendite. Die Rendite ist das, was herauskommt, wenn man seine Sache gut macht.

Anders ist es im derzeit dominierenden angelsächsischen System: Da geht es ausschließlich um die Rendite. Auch dieses System ist erfolgreich, sonst hätte es sich nicht weltweit durchgesetzt. Ich finde es trotzdem bedenklich, wenn Unternehmen wie RWE und E.ON in einem Standardgeschäft 15, 20 oder 25 Prozent Eigenkapitalrendite anstreben, denn es zeigt, dass mit Monopolen und anderen Tricks gearbeitet wird. Außerdem zieht es fast zwangsläufig eine Verschlechterung von Dienstleistungen nach sich. Wenn sie einfach ihr Geschäft betreiben und langweilige, aber standardisierte und gute Angebote abgeben, dann erwirtschaften sie vielleicht eine Rendite, die gerade die Kapitalkosten deckt. Vielleicht 10 Prozent – aber das wäre vollkommen ausreichend.

Anstatt die Eigenkapitalrendite wie einen Fetisch vor sich herzutragen, müsste man Unternehmen mithilfe von operativen Kennzahlen steuern, also Kostenquote, Personalkostenquote oder Zufriedenheitsquote der Kunden. All diese Instrumente sind vorhanden. In den Business Schools werden sie gelehrt. Aber man nutzt diese Größen nicht, es sei denn, es geht einem Unternehmen schlecht.

Frage 74

In Deutschland gilt der Mittelstand als die Stütze der Wirtschaft. Gleichzeitig bauen große Konzerne ihre Macht kontinuierlich aus. Haben mittelständische Unternehmen dadurch nicht zwangsläufig Wettbewerbsnachteile? Denn Mittelständler leiden am stärksten unter Wirtschaftskrisen, weil sie nämlich in Krisenzeiten ihre Kosten stärker herunterfahren müssen als große Firmen und während eines Aufschwungs sehr schnell Finanzierungsprobleme bekommen. Und das sorgt dann für den Anstieg bei den Insolvenzen ...

Deutschland ist in der Tat immer noch vom Mittelstand geprägt, und man sollte jeden Tag froh darüber sein, denn das ist eine hervorragende Sache. Der Mittelstand stellt mehr als 90 Prozent der Arbeitsplätze. Diese Unternehmen sind immer auch am Produkt, an der Sache, orientiert, sie dominieren oftmals Nischen in Weltmärkten und sind Marktführer. Professor Hermann Simon spricht von den »Hidden Champions«, also den heimlichen Anführern, die irgendwo in der Provinz sitzen und von dort aus den ganzen Weltmarkt bedienen, wie zum Beispiel Brita Wasserfilter oder im Spezialmaschinenbau, wo kleinere Unternehmen ganze Marktsegmente besetzen.[160]

Das geht nur, weil sich ein Unternehmer der Technologie oder einem Verfahren oder einem Produkt voll und ganz verschrieben hat. Er hält auch in schwierigen Zeiten durch und trägt die Eigenkapitalrendite nicht auf einem Silbertablett vor sich her. Das sind in der Regel auch solidarische Unternehmen, die ihre Mitarbeiter langfristig an sich binden wollen.

Den Großkonzernen und der Finanzwirtschaft ist der deutsche Mittelstand natürlich ein Dorn im Auge. Denn im Mittelstand gibt es noch eigenständige und autonome Unternehmer, die ganz anders ticken als die hierarchiehörigen angestellten Manager.

Schlimm ist: Unser System benachteiligt den Mittelstand ganz massiv. Wir haben eine Anti-Mittelstandspolitik, sowohl seitens der FDP als auch der anderen Parteien. Dabei ist es der Mittelstand, den wir fördern müssten. Die Eigenkapitalregeln, die Finanzierungsregeln nach Basel II, die Kreditvergabe sind mittelstandsfeindlich. Ein Hedgefonds, der zockt und viel Schaden anrichtet, hat weniger Berichtspflichten und eine undurchsichtigere Buchhaltung als ein mittelständischer Betrieb. Aber der Mittelständler muss unter Umständen sein privates Vermögen verpfänden, um einen Kredit für sein Unternehmen zu erhalten.

Hedgefonds und spekulative Akteure werden begünstigt, der Mittelstand wird dagegen durch eine Compliance-Bürokratie, also eine Bürokratie mit vielen Regeln und Aufsichtspflichten, systematisch zerstört. Ich wundere mich, dass der Mittelstand in diesem feindlichen Umfeld nicht schon längst viel schwächer und viel kleiner geworden ist. Aber das beweist wiederum, dass echte Unternehmer widerstandsfähiger sind, als man denkt.

So viel Wirtschaftskompetenz kann in der Politik doch gar nicht fehlen, wenn ich mir anschaue, wie viele Politiker in die Wirtschaft wechseln. Verstecken die Politiker während ihrer aktiven Zeit ihre wirklichen Kompetenzen?

Nein. Der Transfer funktioniert andersherum. Die Wirtschaft kauft sich einfach Außendarstellung ein. Oder der Politiker wird für seine Linientreue belohnt, oder beides. Es zahlt sich für einen Hedgefonds oder einen Private-Equity-Fonds aus, irgendeinen ehemaligen Staatssekretär in der Firma zu haben. Die Politiker werden nicht für ihre Wirtschaftskompetenz bezahlt, sondern für die politische Kompetenz, die sie in das Netzwerk der Konzerne einbringen, und für ihre Funktion als Repräsentanten.

Frage 75

Allein für die Finanzmarktreform in den USA haben im Endspurt geschätzte 1400 Lobbyisten Wohnungen und Büros in Washington bezogen, um dem einen oder anderen Kongressabgeordneten zu erklären, wie die Reform ausschauen soll. In Europa sieht es nicht viel besser aus. Es gibt mehr als 2000 Lobbyismusverbände in Berlin und auch in Brüssel. Was für eine Rolle spielen sie im politischen Prozess?

Wann immer ein Politiker auf den Rat eines Lobbyisten hört, schiebt er Verantwortung ab. Letztlich ist das eine neoliberale Denkweise. Der Ökonom Joseph A. Schumpeter hat in den 1940er-Jahren einen Wälzer mit dem Titel *Kapitalismus, Sozialismus, Demokratie* geschrieben.[161] Darin geht es um den Wettstreit der Meinungen. Diese Meinungen organisieren sich in Lobbygruppen, von denen sich die jeweils stärkste durchsetzt.

Diese Beschreibung ist heute gültiger denn je. Für Ministerialbeamte und Politiker ist es natürlich bequem: Die einen werden zu Moderatoren, und die anderen können sich über bestimmte Themen profilieren. In dieselbe Richtung geht der Trend, politische Initiativen nicht mehr Parteien oder einer bestimmten Linie zuzuordnen, sondern Personen. Beispiele sind: Hartz IV, Rürup und Riester.

Kann Lobbyismus nicht auch seinen Sinn haben? Gibt es guten und schlechten Lobbyismus?

Bis zu einem gewissen Rahmen kann man ihn zulassen. Dennoch halte ich Lobbyismus per se für problematisch, auch den von Nichtregierungsorganisationen (NGOs). Man denke an den Fall der Energiesparlampe, da traten der damalige Bundesumweltminister Sigmar Gabriel und Vertreter von Greenpeace im Team auf und rührten kräftig die Werbetrommel für ein toxisches und höchst bedenkliches Produkt, dessen Entsorgung noch nicht geklärt war – sie enthält hochgiftiges Quecksilber.

Deshalb bin ich auch den NGOs gegenüber skeptisch. Die sind nämlich auch ein Teil des Problems: Sie veranstalten einen riesigen Budenzauber um Einzelfragen, die dann aber oft nur symbolisch angegangen werden. Was hat zum Beispiel Greenpeace mit dem Protest an der Brent Spar-Plattform in der Nordsee erreicht? Einen großen Medienerfolg, ansonsten nicht viel. Ich will gar nicht in Abrede stellen, dass Greenpeace sicherlich auch viel Gutes bewirkt hat. Ich finde nur, dass bei Fragen von allgemeinem Interesse die Politik die Meinungsführerschaft – das heißt Standpunkte, Programme und Lösungsansätze – haben sollte.

Würden Sie den Lobbyismus generell verbieten?

Nein, das nicht, aber man muss ihn stark einschränken und wieder zu einem Ethos des Staatsdieners zurückfinden, im Ganzen vielleicht ein wenig »preußischer« werden. Man sollte zum Beispiel auch meine Zunft stärker regulieren. Professoren sind in erster Linie Staatsdiener und sollten ihre Nebeneinkünfte offenlegen.

Frage 76

Sie sparen in Ihren Artikeln, Büchern und Vorträgen nicht mit Kritik an den politischen Parteien. Haben Sie schon einmal daran gedacht, politische Verantwortung zu übernehmen?

Mit siebzehn wollte ich tatsächlich Politiker werden. Das ist nicht der typische Berufswunsch, aber ich habe dieses politische Gen in mir. Mein Vater, ein engagierter Kommunalpolitiker, war mir da ein großes Vorbild. Er hat sich unbeachtet eigener Interessen sehr für seine Gemeinde und die Menschen eingesetzt. Er war ehrgeizig und gleichzeitig sehr offen und ehrlich. Das war sicher nicht immer die bequemste Kombination.

Später habe ich gemerkt, dass die Einflussmöglichkeiten der Politik schwinden und dass die Lobbys immer mächtiger werden. Das Parlament wird immer häufiger umgangen – bei der sogenannten Euro-Rettung und jetzt auch wieder bei den Corona-Maßnahmen. Zudem sind wesentliche Kompetenzen vom Bundestag zur Europäischen Union gewandert – ungefähr 80 Prozent der Gesetze werden jetzt von der EU vorgegeben, Gesetze, die hinter verschlossenen Türen von der Kommission vorbereitet werden, da das Parlament immer noch nicht über alle Zuständigkeiten einer gesetzgebenden Gewalt verfügt. Und in der EU sind die Lobbys übermächtig.

Zu guter Letzt hat sich der politische Stil massiv verschlechtert. Auch früher haben sich Spitzenpolitiker hart, manchmal sogar persönlich, verbal duelliert. Man denke zum Beispiel an die Rededuelle zwischen Franz Josef Strauß und Herbert Wehner. Oder später zwischen Helmut Schmidt und Helmut Kohl. Aber die Beschimpfungen und die Unsachlichkeit haben eine neue Stufe erreicht. Daran beteiligen sich Politiker aller im Bundestag vertretenen Parteien.

Aber das könnten Sie als Politiker ja dann mit deutlichen Worten thematisieren – und dadurch möglicherweise verändern?

Als Abweichler grundsätzliche Fehlentwicklungen in den eigenen Reihen monieren? Sicher könnte man das tun. Das wird man Ihnen sogar ein-, zweimal durchgehen lassen. Aber irgendwann läuft man ins Leere, wird isoliert und abgekanzelt. Schauen Sie sich den Fall Sarrazin an, der sogar von seiner eigenen Partei ausgeschlossen wurde. Oder, um keinen ganz so kontroversen Fall zu nennen, die Euro-Abweichler Frank Schäffler und Klaus-Peter Willsch. Klaus-Peter Willsch hat die CDU zum Beispiel nach seiner abweichenden Meinung den Vorsitz des Finanzausschusses ent zogen. Das bedeutet den Verlust von Personal, Mitteln und Einfluss.

Unser politisches System hat eine derartige Kraft, einen Politiker auf Linie zu bringen und zu vereinnahmen, dass der am Schluss froh sein kann, wenn er einen symbolischen Sieg davonträgt. An der Funktionsweise unserer Gesellschaft ändert das aber nichts.

Als ich das so etwa Mitte zwanzig für mich raushatte, entschied ich mich, mittelständischer Unternehmer und Publizist zu werden. Als Unternehmer bewege ich mich in meinem eigenen Bereich und kann sehr viel gestalten. Und als Publizist kann ich frei sprechen. Beides – die Verantwortung für einen Betrieb und die Möglichkeit, mich unbefangen zu den größeren Themen zu äußern – ist mir sehr wichtig.

Ein bisschen sehe ich in diesem Zusammenhang Warren Buffett als Vorbild. Buffett ist seit mehr als sechzig Jahren an den Kapitalmärkten extrem erfolgreich, versucht aber auch, über seine Spenden den Menschen etwas von seinem Reichtum zurückzugeben. Diese Einstellung gefällt mir außerordentlich. So habe ich zum Beispiel wie er für eine höhere Besteuerung von Spitzeneinkommen und Kapitaleinkünften geworben, bevor das in Deutschland zu einem größeren Thema wurde. Das würde mich zwar selbst betreffen, aber ich halte es für richtig.[162]

Nun sind Sie Aktivist und Publizist – wie geht es Ihnen damit?

Auch für Aktivisten und Publizisten sind die Zeiten härter geworden. Als ich im Herbst 2017 öffentlich äußerte, aus Protest einmalig eine »umstrittene« Partei zu wählen (ich bin wie schon erwähnt CDU-Mitglied), flog ich sofort aus drei bereits terminierten Interviews mit dem privaten Nachrichtensender n-tv. *Die Zeit* brachte noch einmal einen ganzseitigen Artikel zu meiner Person. Es folgten noch ein paar Radiointerviews. Danach wurde es medial still um mich. Früher wurde ich Hunderte Male pro Jahr interviewt. Jetzt: gar nicht mehr oder nur noch in sogenannten alternativen Kanälen.

All das hatte ich in meinem letzten Interview mit der *Wirtschafts-*

woche vorhergesehen: Dort sagte ich voraus, dass ich auf schwarze Listen kommen und medial boykottiert werden würde. Leider hört es nicht beim Boykott auf. Wenn man sich fundamental kritisch äußert, zum Beispiel bezüglich der Corona-Maßnahmen, diffamieren die Medien auch gerne.

Der unabhängige und liberalkonservative Publizist Roland Tichy, den ich sehr schätze, wurde aufgrund einer Kolumne in seinem Magazin *Tichys Einblick*, in dem der G-Punkt einer Politikerin satirisch erwähnt wurde, medial hingerichtet und zog sich aus dem Vorsitz der Ludwig-Erhard-Stiftung zurück. Die Bemerkung eines Gastautors auf seiner Satireseite mag geschmacklos gewesen sein, aber was da passierte, war eine moderne Hexenverbrennung. Leider kommt das bei konservativen Autoren häufiger vor. Gleichzeitig darf aber Jan Böhmermann im ZDF »Fick dich, Opa« zu Horst Seehofer sagen, ohne dass es Konsequenzen hat.

Auch als Publizist lebe ich gefährlich und werde massiv in meiner Meinungsfreiheit eingeschränkt. Das geht manchmal schon an die Nieren. Auftrieb geben mir die vielen tapferen und aufrichtigen Menschen, die ich treffen darf, und auch Veranstaltungen wie das von mir ins Leben gerufene Neue Hambacher Fest.[163] Da ist gegen alle Widerstände etwas gewachsen, was zur Basis einer neuen, positiven Tradition werden könnte.

Der Informationscrash

Bereits 2009 schrieben Sie das Buch Der Informationscrash. *In der Erst-
ausgabe von* Die Krise hält sich nicht an Regeln *haben Sie der Desinfor-
mationswirtschaft ein Kapitel gewidmet. Was hat Sie damals dazu bewo-
gen, und wie hat sich die Lage entwickelt?*

Irgendwie hängt mir das »C-Wort«, der »Crash«, wie eine Klette an.
Dabei bin ich ein sogenannter Bulle, ein Börsenoptimist. Nach-
weislich über 80 Prozent meiner Börsenprognosen sind optimistisch oder Kaufempfehlungen, aber man identifiziert mich nun
einmal mit dem Wort »Crash«. So hieß denn mein Buch von 2009
Der Informationscrash. Das Buch *Weltsystemcrash* von 2019 hätte
auch heißen können »Eine Bestandsaufnahme und Analyse des
Weltsystems und der internationalen politischen Ökonomie«.
Aber das war mir nicht griffig genug. Ich will ja, dass meine Inhalte
auch gelesen werden. Der Titel kann daher ruhig plakativ sein.
Meine Inhalte hingegen sind differenziert, meine Theorien akade-
misch fundiert und mit Fakten unterfüttert. Deswegen stört es
mich, wenn mich die Medien mit den sogenannten Crashpropheten gleichsetzen. Gegen diese Bezeichnung habe ich mich nach-
weislich schon 2009 gewehrt.

   In *Der Informationscrash* ging es darum, dass im Internetzeitalter
die Menge an Daten explodiert und diese Daten immer manipula-
tiver eingesetzt werden. Am Ende landen wir trotz der Datenexplo-
sion in einem Zeitalter der Desinformation und Orientierungs-
losigkeit. Drei Gründe machte ich neben der Explosion der
Datenmenge aus:

1. das Interesse der Wirtschaftsakteure an Desinformation
2. die Macht- und Ahnungslosigkeit der Politik und
3. die Schwächung der Medien und des Journalismus.

Ich legte das Interesse der Wirtschaftsakteure an Desinformation offen und wand mich schon damals gegen das neoliberale Dogma, dass auf völlig entfesselten und gesetzlich ungeregelten Märkten die Kunden und Marktteilnehmer am besten informiert sind. Auch prangerte ich die Macht und Ahnungslosigkeit der Politik an.[164] Mittlerweile bin ich mir da nicht mehr so sicher, was die Ahnungslosigkeit der Politik angeht. Eher schon sehe ich in vielen Fällen eine Komplizenschaft von Politik und starken Akteuren in der Wirtschaft. Dabei sind die großen Internetkonzerne wie Facebook, Amazon und Twitter mit ihrer ungeheuren Machtkonzentration heute tonangebend und oft stärker als die früheren Machtzentren Wall Street und Hollywood.

Die Schwächung von Journalismus und Medien benannte ich schon 2009 deutlich: Boulevardjournalismus gab es schon immer. Aber mittlerweile infiltriert die Gier nach Sensation fast jedes Medium. Die Erörterung und Bewertung von Hintergründen bleiben auf der Strecke. Das hat nicht zuletzt mit der permanenten Beschleunigung der Informationsvermittlung zu tun, die ein sorgfältiges Überprüfen von Informationen fast unmöglich macht. Wenn sich ein Journalist heute noch tatsächlich an den alten Wahrheitskodex hielte (jede Nachricht muss in der Sache nachprüfbar und durch zwei unabhängige Quellen bestätigt sein), könnte er gleich sein Kündigungsschreiben aufsetzen. »Die Sensation ist letztlich Desinformation, da sie den Zusammenhang der Dinge sprengt.« Besser als es der damalige Bundespräsident Walter Scheel am 12. Oktober 1977 in einer Rede vor dem Bundesverband Deutscher Zeitungsverleger ausdrückte, kann man es nicht sagen.

Ein Jahr nach *Der Informationscrash* erschien das Buch des inzwischen verstorbenen *FAZ*-Herausgebers Frank Schirrmacher *Payback: Warum wir im Informationszeitalter gezwungen sind zu tun, was wir nicht tun wollen, und wie wir die Kontrolle über unser Denken zurückgewinnen*,[165] in dem er auf ganz ähnliche Zusammenhänge einging.

In einem brillanten, aber leider nicht sehr beachteten Buch *Geist oder Geld* beschrieb Hans-Jürgen Jakobs, damals Chefredakteur der Online-Ausgabe der *Süddeutschen Zeitung*, den großen Ausverkauf

der freien Meinung. In den letzten fünfzehn Jahren (vor dem Er-
scheinungstermin des Buches 2008), so konstatiert Jakobs, habe
der Kostendruck auf die Nachrichtenredaktionen extrem zugenommen. Dies hänge nicht zuletzt damit zusammen, dass sich die
Generation der ab 1980 Geborenen zunehmend über das Internet
informiere und dass dort die meisten Inhalte frei zugänglich
sind.[166] Das ist übrigens eine Entwicklung, die Kai Dieckmann, der
frühere Chefredakteur der *Bild*-Zeitung, als »verfluchten Geburts-
fehler des Internets« bezeichnet.

Sogar die »Fake News« sah ich in meinem Buch im Jahr 2010
voraus: »Auf Englisch heißt Schwindel oder Fälschung ›Fake‹,
wobei der Begriff dort nicht denselben negativen Beigeschmack
hat wie das böse Wort ›Betrug‹ im Deutschen. (...) Wenn jemand
etwas ›gefakt‹ hat, dann hat er zum Beispiel Fotos retuschiert
oder ein Video manipuliert. (...) Vor allem in der modernen Inter-
netwelt wird unendlich viel ›gefakt‹.«

Wie hat sich die Lage seitdem entwickelt?

Meine schlimmsten Befürchtungen aus *Der Informationscrash* wurden übertroffen, meine Hoffnungen zunichtegemacht. Eine
schwache Politik und ein geschwächter Journalismus setzen der
Lobbymacht mächtiger Akteure nicht nur wenig entgegen, sie lassen sich vor den Karren spannen. Wenn man dies in der Politik zu
einem bestimmten Grad erwartet, so hatte man doch die Hoffnung, dass die Medien als »vierte Gewalt« ein bestimmtes Korrek-
tiv darstellen. Dem ist meistens nicht mehr so, auch nicht in den
öffentlich-rechtlichen Medien. Auch Qualitätsmedien beteiligen
sich an der Schleifung aller journalistischen Standards, diffamieren und gießen Öl ins Feuer, anstatt aufzuklären.

Donald Trump mag kein Sympathieträger sein, aber dass *Der
Spiegel* ihn auf dem Titelblatt einmal als ISIS-Schlächter mit einer
geköpften Freiheitsstatue, ein anderes Mal als King Kong am Em-
pire State Building und ein drittes Mal als Komet darstellte, der auf
die Erde einschlägt, geht für ein Medium, das auch nur einen minimalen Qualitätsanspruch erhebt, zu weit. Auf der anderen Seite
stellte dasselbe Magazin Barack Obama auch schon mal in messia-

nischer Pose oder mit Heiligenschein auf seiner Titelseite dar. Das erinnert an dunkelste Zeiten der Geschichte. Es ist kein Wunder, dass einem solchen Medium die Leser weglaufen.

Auch Fake News, also Falschnachrichten, sind zu einem geflügelten Begriff geworden. Konnten die Mainstream-Medien dies zunächst als populistische Stimmungsmache abtun, so ist spätestens seit dem Fall des *Spiegel*-Journalisten Claas Relotius klar, dass es auch bei Qualitätsmedien Fake News in größerem Umfang geben kann. Relotius hatte für seine Reportagen Geschichten frei erfunden, um die von seinen Chefs gewollten Aussagen mit »Fakten« zu unterfüttern. Niemand prüfte seine Aussagen; Relotius konnte jahrelang faken. Das ist ein Indiz dafür, dass Relotius kein Einzelfall ist.

Fake News können auch subtiler sein: »ARD aktuell«-Chefredakteur Kai Gniffke musste im Oktober 2015 einräumen, dass in den Berichten von »Tagesschau« und »Tagesthemen« nicht immer ein korrektes Bild von den nach Deutschland drängenden Migranten gezeigt werde. Konkret ging es darum, dass vor allem Familien und Kinder gezeigt wurden, nicht die weit mehr als 80 Prozent junger Männer, die nach Europa drängten.

In der Berichterstattung über Syrien fällt auf, dass die Berichte über mutmaßliche Giftgasangriffe sich immer dann häuften, wenn Assads Regierungstruppen Erfolge verbuchten oder zu einer neuen Offensive ansetzten. Die sogenannten Weißhelme – eine sehr dubiose Organisation zur Aufdeckung angeblicher Kriegsverbrechen – spielten dabei eine wichtige Rolle. Beide Seiten – der gegen das Völkerrecht in Syrien agierende sogenannte Westen, die syrische Regierung und die sich völkerrechtskonform im Land aufhaltenden russischen Truppen – beschuldigten sich dabei massiver Desinformation. Aktuell ist es auch für einen informierten Beobachter unmöglich, die Wahrheit herauszufinden.

Falschnachrichten hat es immer gegeben. Otto von Bismarck begann den Deutsch-Französischen Krieg mit einer Falschnachricht, der sogenannten Emser Depesche. Die USA begannen viele ihrer Kriege mit Fake News, zum Beispiel dem gefakten Vorfall im Golf von Tonkin, der zum Vietnamkrieg führte, und den angeblichen Massenvernichtungswaffen, die zum zweiten Irakkrieg führten.[167]

Derzeit erleben wir eine ungeheure Dichte von Ereignissen und Veränderungen, von der Geopolitik über die digitale Transformation bis hin zu den Folgen der Corona-Pandemie. Es sind wirtschaftlich unsichere und schwierige Zeiten. Die Menschen sind verängstigt. Sie zweifeln an der Zukunft und erleben einen Vertrauensverlust in die Institutionen. In solchen Zeiten klammern sie sich an Informationen, die ihr Weltbild bestätigen und verstärken. Fake News fallen daher auf einen besonders fruchtbaren Boden und finden viele Kanäle. Leider werden die Mainstream-Medien meistens ihrer Rolle als Aufklärer nicht wirklich gerecht und bestätigen durch ihre Berichterstattung eher die Befürchtungen, ob wir noch gut informiert werden. Auch die sogenannten Faktenchecks, die nun eingeführt werden, erinnern oft eher an die Methoden totalitärer Regime, die ihren Untertanen erklären, wie sie eine bestimmte Nachricht zu interpretieren haben. Qualitätsmedien würden sich über sorgfältig recherchierte Fakten ihre eigene Glaubwürdigkeit schaffen.

Frage 78

Propaganda und Werbung gab es schon immer, aber die Regierenden verlegen sich anscheinend immer mehr darauf, die Menschen zu beeinflussen, anstatt die Probleme zu lösen. Die Medien scheinen dabei oftmals williger Erfüllungsgehilfe zu sein. Haben die Desinformation oder auch die »Propaganda« (wenn Sie so wollen) eine neue Qualität erreicht?

Zweifelsohne. Das geht los mit dem sogenannten Framing, einer bewussten Einordnung und Verkürzung von Fakten, um gewünschte Wirkungen zu erzielen. Bei den Demonstrationen gegen die Corona-Maßnahmen im Sommer wurde zum Beispiel gerne darauf hingewiesen, dass Mindestabstand und Hygieneauflagen nicht immer erfüllt waren. Bei den fast gleichzeitig stattfindenden Black-Lives-Matter- oder den Anti-Lukaschenko-Demos fehlte dieser Hinweis meistens, obwohl die Menschen oft noch dichter standen.

Die direkte Sprachlenkung und Propaganda seitens der bestehenden Machtstrukturen wird immer aggressiver.[168] Im Februar 2019 wurde bekannt, dass die Anstalten der ARD ein Framing-Manual in Auftrag gegeben hatten.[169] Es beginnt wie folgt:

>»Beginnen wir direkt mit dem Wichtigsten:
Wenn Sie Ihre Mitbürger dazu bringen wollen, den Mehrwert
der ARD zu begreifen und sich hinter die Idee eines gemeinsamen,
freien Rundfunks ARD zu stellen (...), dann muss Ihre
Kommunikation immer in Form von moralischen Argumenten
stattfinden. (...) Das bedeutet, dass die Worte, Slogans
und Narrative, die Sie verwenden, ein primäres Ziel haben müssen:
das Ziel, bei der Diskussion von Fakten rund um die ARD
und Themen wie »Beitragszahlungen« oder »Strukturreform«
immer zunächst ihre moralische Perspektive
sprachlich offenzulegen. Denken und sprechen Sie nicht primär in
Form von Faktenlisten und einzelnen Details.«[170]

Der öffentlich-rechtliche Rundfunk, der zu 86 Prozent von unseren Beitragszahlungen lebt – im Jahr 2017 in einer Höhe von 5,6 Milliarden –, gibt also Geld für ein Gutachten aus, mit dem er seine eigene Existenz rechtfertigt.[171] Menschen, die die DDR miterlebt haben, dürften sich stark an die Nachrichtensendung *Aktuelle Kamera* erinnert fühlen. Damit Sie mich nicht falsch verstehen: Ich bin ein großer Befürworter der öffentlich-rechtlichen Medien. In Hunderten von Interviews, die ich den Anstalten der ARD und des ZDF nach der Finanzkrise gegeben habe, habe ich viele engagierte Journalisten kennengelernt. Dass unser jetziges öffentlich-rechtliches GEZ-System aber reformbedürftig ist, steht außer Frage.

Häufiger werden Wörter im öffentlichen Dialog auch als unerwünscht gebrandmarkt oder einfach umdefiniert. Manchmal fühlt man sich dabei an George Orwells »Neusprech« aus seinem Roman *1984* erinnert. Eine besonders negative Rolle spielt die sprachkritische Aktion »Unwort des Jahres«. Von einer klassisch sozialdemokratischen Veranstaltung hat sich die Aktion zu einem zuverlässigen Kontroll- und Sprachlenkungsorgan der öffentlichen Meinung gewandelt. Während in der Vergangenheit Wörter wie »Entlassungsproduktivität« und »Humankapital« zu Unwörtern gestempelt wurden, waren es in den letzten Jahren »Gutmensch«, »Lügenpresse«, »Anti-Abschiebe-Industrie« und »alternative Fakten«.[172] Dabei ist Gutmensch ein gebräuchlicher Ausdruck für jemanden, der eine Gesinnungsethik im Gegensatz zu einer Verantwortungsethik pflegt. Wahrscheinlich traf der Ausdruck so gut auf die Willkommenskultur 2015 zu, dass er uns verleidet werden musste.

Selbst Andreas Voßkuhle, der ehemalige Vorsitzende des Bundesverfassungsgerichts, griff in die Diskussion ein, was für die traditionell zurückhaltenden Richter aus Karlsruhe höchst ungewöhnlich ist. Voßkuhle bezeichnete Verbalauswüchse wie »Asyltourismus«, »Herrschaft des Unrechts« und »Anti-Abschiebe-Industrie« als »inakzeptabel« und »kontraproduktiv«. Eine solche Rhetorik, erklärte er in einem Interview zu Populismus, politischer Korrektheit und Flüchtlingspolitik in der *Süddeutschen Zeitung*, »möchte Assoziationen zum NS-Unrechtsstaat wecken, die völlig abwegig sind«. Von Horst Seehofer kam Widerspruch: Der Chef des Bundesverfassungsgerichts solle nicht »Sprachpolizei« spielen.[173] Dieser Widerspruch ging allerdings schnell unter. Die von der Aktion »Unwort des Jahres« und den Mainstream-Medien gebrandmarkten Wörter sind für denjenigen, der sie verwendet, gefährlich. Schnell werden Menschen dann stigmatisiert.

Vonseiten der Politik gibt es diverse Bestrebungen, darunter den Versuch, die Anonymität von Teilnehmern in den sozialen Kanälen zu unterbinden, oder das Bemühen, einen Verhaltenskodex für soziale Netzwerke einzuführen. Die EU-Kommission hat im Juni 2020 Plattformen wie Facebook und Twitter aufgefordert, monatlich über ihr Vorgehen gegen Desinformation in der Corona-Krise zu berichten.

Es kommt mehr und mehr in Mode, die Bürger zu einem gewünschten Verhalten zu erziehen, anstatt diese aufzuklären. Die politische Korrektheit gibt hierfür den Korridor vor. Es werden Begriffe eingeführt, die dabei helfen, das Verhalten zu steuern. Das Publikum wird quasi konditioniert. Dabei helfen die Nachrichten, die oft nicht die Erfahrungswelt der Bevölkerung abbilden, sondern gefiltert werden, damit sie die ausgerufene Politik bestätigen.

Da ist es kein Zufall, dass der US-Verhaltensökonom Richard Thaler im Oktober 2017 den »Nobelpreis für Wirtschaftswissenschaften« erhielt. Thaler geht in seinem Modell davon aus, dass Menschen nicht durchgängig rational handeln, sondern immer wieder unlogische und ökonomisch falsche Entscheidungen treffen, die ihren eigenen Interessen zuwiderlaufen: Sie essen zu fett, fahren zu schnell Auto, werfen Unkrautvertilger in den Vorgarten und treiben zu wenig Sport. Man muss sie sanft »anstupsen« (Nudging), sagen Ökonomen wie Thaler, damit sie sich »richtig« verhalten.

Angela Merkel ist 2014 auf den Paternalismus-Zug aufgesprungen.[174] Für ihren Planungsstab stellte sie Psychologen, Anthropologen und Verhaltensökonomen ein, um »den Bürgern einen Schubs in die ›richtige‹ Richtung zu geben« und wirksamer zu regieren. Die laufende Digitalisierung der Welt gibt den Regierenden zudem eine rauschende Flut persönlicher Informationen an die Hand, mit denen sie uns noch viel mehr und besser lenken können. Umfassende Daten erlauben es, die Stellschrauben immer feiner und perfider zu justieren.

Frage 79

In der öffentlichen Debatte wird die Aufmerksamkeit, wenn es um Fake News und Desinformation geht, gerne auf das Internet gelenkt. Insbesondere sollen Populisten, Verschwörungstheoretiker und auch Cyberattacken eine große Rolle spielen. Was ist da dran?

Falschnachrichten sind keine Erfindung oder die exklusive Fehlleistung des Internets. Regierungen, Behörden oder angesehene Organisationen können das auch. Das Internet hat allerdings die Kommunikation – sowohl privat als auch öffentlich – revolutioniert. Alles geht jetzt schneller und einfacher, von der simplen E-Mail bis hin zur Übermittlung von komplizierten Dokumentationen, von Vorträgen und Statistiken. Vor allem hat das Internet aber die Art und Weise, wie Medien und Publikum miteinander kommunizieren, auf eine ganz neue Grundlage gestellt.

Die Zuschauer, Zuhörer und Leser sind jetzt praktisch auf Augenhöhe mit den Zeitungen, Fernsehanstalten und Radiosendern, die sie selbst empfangen. Natürlich haben die meisten nicht die Reichweite der etablierten Medien, aber die Qualität der Kommunikation ändert sich. Donald Trump wäre ohne Twitter nicht möglich gewesen, da er zwar viele Menschen hinter sich, die klassischen Medien aber bis auf Fox News ausnahmslos gegen sich hatte.

Pro Tag werden nun viele Milliarden Videostunden, Nachrichten, Tweets und Facebook-Einträge abgesetzt. Manche davon sind problematisch. Andere passen einfach nicht ins Bild der Eliten. Mittlerweile haben große Social-Media-Betreiber Informationspolizei sowie Heerscharen von Fakten-Checkern, die die Informationsflut filtern. In Deutschland werden sie durch das Netzwerkdurchsetzungsgesetz dazu verpflichtet. Ich halte das für hochgradig problematisch, denn es kann darauf hinauslaufen, dass selbst legitime und wahrheitsgetreue Nachrichten und Informationen zurückgehalten oder unterdrückt werden.

YouTube-Chefin Susan Wojcicki kündigte zum Beispiel im Frühjahr 2020 an, dass ihre Plattform Fake News und »unfundierte Videos« in Bezug auf Corona löschen werde.[175] Anscheinend legt sie dies so aus, dass alle Corona-kritischen Inhalte möglichst verschwinden sollten. So löschte YouTube zum Beispiel die Stuttgarter Rede des nüchternen Faktenmenschen Prof. Stefan Homburg auf der »Querdenken«-Demo mit ihren Corona-kritischen Inhalten. Mithilfe des Medienanwalts Joachim Steinhöfel haben wir eine einstweilige Verfügung vor dem Landgericht Tübingen erwirkt, dass die Löschung rechtswidrig war.[176] YouTube musste das Video wieder hochladen. Sie können es auf unserem YouTube-Kanal PI Politik Spezial mit Datum 17. Mai 2020 finden.[177]

Dazu kommt die sogenannte Cancel Culture, bei der Konzerne ökonomischen Druck ausüben. Im Sommer 2020 zum Beispiel haben sich große, international aufgestellte Firmen, darunter der Konsumgüterriese Unilever, der Soda-Konzern Coca-Cola und der

Autohersteller Honda, einem Werbeboykott gegen Facebook angeschlossen. Sie wollen eine bessere Kontrolle unter anderem gegen »Falschmeldungen« erzwingen. Geplant ist laut Medienberichten auch eine Ausweitung der Kampagne auf Instagram und Twitter. Es ist sehr bedenklich, wenn sich wirtschaftliche Interessen – das gilt ja auch für die Plattformen, die Ziel der Kampagne sind – zusammentun, um zu entscheiden, was Fake News sind, und diese dann zu unterbinden oder zu löschen. Ich habe große Sorgen um die Meinungsfreiheit.

Wie verändert Corona die Situation?

Die Corona-Krise hat die Situation noch einmal verschärft. Wenn Walter Scheel einst bemerkte, dass Sensation auch gleichzeitig Desinformation ist, weil sie die Nachrichten aus ihrem Kontext reißt, dann werden wir seit Beginn der Krise permanent desinformiert, und zwar in einer hohen Dichte. Im Spätsommer und Herbst zum Beispiel wurden pausenlos Fallzahlen von Corona-Infizierten gemeldet, ohne dass diese eingeordnet werden. Gelegentlich wird von schweren Einzelverläufen in epischer Breite berichtet. Kaum ein Medium beschäftigt sich zum Beispiel mit den Todesfällen und mit der Tatsache, dass 2020 insgesamt in Deutschland nicht wesentlich mehr Menschen an Corona *und* Grippe zusammen gestorben sind als in den Jahren zuvor bei der saisonalen Grippe. Im Vergleich zu einzelnen Jahren sind die Todeszahlen sogar geringer.[178]

Experten und Professoren, die sich dieser Themen annehmen, kommen kaum zu Wort, außer im »Corona-Quartett« beim privaten österreichischen Sender servus.tv, der dem Red-Bull-Unternehmer Dietrich Mateschitz gehört.

Teilweise erinnert einen das Trommelfeuer der Meldungen, die alle im Wesentlichen denselben Inhalt haben und uns immer nur einen Standpunkt in den Kopf hämmern wollen, an Propaganda in totalitären Systemen. In meinem Buch *Weltsystemcrash* hatte ich prognostiziert, dass die Welt kopfstehen würde, weil viele Probleme auf einmal auf einen Kulminationspunkt zulaufen. Dass es ein Virus ist, das die Welt aus den Angeln hebt, hätte ich nicht gedacht.

Frage 80

Zurück zur Wirtschaft: Im Jahr 2009 haben Sie das Buch Der Informationscrash *vor allem aufgrund ökonomischer Sachverhalte geschrieben. Wie entscheidend sind Wissensvorsprünge an der Börse? Nicht jeder kann sich ein Bloomberg- oder Reuters-Terminal leisten.*

Die These, dass Geschwindigkeit über den Erfolg einer Investmentstrategie entscheidet, möchte ich nicht unterschreiben. Wenn Sie so investieren, wie ich es tue – nämlich mit großem perspektivischem Abstand –, spielen ein paar Tage keine Rolle. Ich kaufe das, was sehr billig ist, und verkaufe es, wenn der Preis wieder gestiegen ist. Um zu wissen, wann ein Wertpapier oder ein Investitionsobjekt billig ist, brauchen Sie natürlich die richtige Datenbasis, und Sie brauchen das richtige Konzept. Aber Sie müssen nicht unbedingt schnell sein. Meine Datenbasis für Unternehmensanalysen sind die Geschäftsberichte, die Sie fast immer auf den Webseiten der Unternehmen herunterladen können.

Trotzdem frisst der Schnelle den Langsamen. Wenn ich Zugang zu Echtzeitdaten habe, bin ich doch klar im Vorteil?

Nein, sind Sie nicht. Die Tagesaktualität ist häufig gar nicht so wichtig. Die ist zwar spannend, und man bleibt gerne dran, aber der Privatanleger sollte nicht aufgrund von Tagesnachrichten investieren. Denn dann hat er schon verloren.

In Wahrheit mangelt es ganz massiv an verlässlichen langfristigen Orientierungen und Bezugspunkten. Ich nutze bei meinen Anlagen dieselben Informationstools, die auch jeder Privatanleger abrufen kann. Ich schaue mir im Internet die Geschäftsberichte von Unternehmen und bei Comdirect die Langfristcharts an, die zum Teil über zehn oder fünfzehn Jahre laufen. Aber ich sehe auch da, dass die wichtigen Informationen immer mehr versteckt werden, weil man sie den Menschen vorenthalten will. Private Anleger sollen von Tagesinformationen hin und her getrieben werden, denn auf diese Weise verdient die Finanzbranche richtig viel Geld. Wenn jemand ein stimmiges Konzept hat und langfristig und mit

Augenmaß investiert, dann kann die Finanzbranche nicht so viel an ihm verdienen. Darum hat die Branche kein Interesse daran, dass die grundlegenden Prinzipien des erfolgreichen Investierens bekannt werden.

Frage 81

Jeden Monat wird zum Beispiel der Konsumklima-Index des Nürnberger Marktforschers GfK veröffentlicht. Ende Juni 2020 signalisierte der Index mitten in die Corona-Lockerungen hinein eine wirtschaftliche Erholung. »Die Verbraucher schütteln den Corona-Schock allmählich ab«, lauteten einige Schlagzeilen. Sie suggerierten mitten in eine sich entwickelnde Wirtschaftskrise hinein eine Verbesserung der Lage. Sind diese ganzen Indizes eigentlich zu irgendetwas gut?

Solche Indizes sind in der Tat Teil des systematischen Verwirrspiels. Früher gab es wenige wichtige Wirtschafts- und Börsenindizes. Heute gibt es Tausende. Jede Bank bastelt sich eigene Indizes, auf die sie spezielle Produkte aufsetzt, sodass niemand mehr nachvollziehen kann, wie sich diese Produkte im Wert entwickeln, weil der Index eben auch von der Bank selbst gestaltet – sprich: manipuliert – wird.

Ich halte das für ein grundlegendes Übel. Wirtschaft hat etwas mit rationalen Entscheidungen zu tun – man plant seine Arbeit, seine Investitionen, seine Erwerbungen oder den Hausbau –, und dafür braucht man valide Informationen. Je mehr man die Wirtschaft zu etwas macht, das von der Psychologie, den Wünschen und Ängsten, getrieben wird, desto irrationaler und kopfloser wird sie. Natürlich ist es in der Krise wichtig, den Kopf nicht in den Sand zu stecken. Aber wer ständig auf die Psychologie verweist – und das habe ich auch schon in *Der Crash kommt* geschrieben –, der übersieht unter Umständen, dass das Fundament bröckelt. Mir wäre es viel lieber, wenn die Menschen ihre Entscheidungen aufgrund rationaler Überlegungen treffen würden.

Frage 82

Börsenkorrespondenten sollen Gründe für einen Kursanstieg oder Kursverfall benennen. Oft gibt es aber keinen offensichtlichen Grund. Dennoch müssen sie »Gründe« abliefern. Tragen Journalisten generell zur Desinformation bei?

Natürlich produzieren die Agenturen auch Informationsmüll. Manchmal wäre es einfach ehrlich zu sagen: Wir wissen nicht, weshalb sich der Euro auf und ab bewegt, doch stattdessen liest man Floskeln wie »Händler verwiesen auf Marktgerüchte, dass ...« oder ähnlichen Mumpitz. Finanzmärkte sind kurzfristig einfach sehr volatil. Dahinter können verschiedene Gründe stehen, manchmal kennt man sie, meistens kennt man sie nicht. Warum glaubt die Branche, so etwas nicht sagen zu dürfen?

Natürlich wäre es auch schön, wenn die Berichterstattung insgesamt langfristiger ausgerichtet werden würde. Aber die Medienwelt lebt schließlich von der Dynamik und der Notwendigkeit, Aufmerksamkeit zu generieren. Das ist der Grund, warum Wirtschaftsnachrichten immer öfter wie Sportnachrichten präsentiert werden. Da steigt Aktie A um 3 Prozent, Aktie B legt aber um 4 Prozent zu. Am nächsten Tag interessiert das keinen Menschen mehr. Aber heute ist es einen Kommentar wert.

Hat der Wirtschafts- und Finanzjournalismus nicht auch Stärken?

Mir gefällt es, wenn der Journalismus aufklärerisch und ganzheitlich ausgerichtet ist. Erst wenn Journalismus investigativ oder erklärend wird, vertritt er die Interessen der Mediennutzer. Leider ist das sehr selten geworden, weil das Internet die Kurzfristigkeit fördert und fast alle Zeitungsverlage aufgrund der knappen Finanzen so ziemlich alles machen, was die Auflage steigert und Anzeigen bringt. Hier ist in den letzten Jahren eine große Verantwortungslosigkeit eingekehrt. Wenn ich im redaktionellen Teil einer bekannten Frankfurter Wirtschaftszeitung die Nachricht lese, dass Discountzertifikate der Renner sind, und erst im letzten Absatz darauf hingewiesen wird, dass diese Papiere gewisse Risiken bergen, dann ist das für mich jenseits aller seriösen journalistischen Prinzipien.

Gerne werden auch Berichte ungeprüft und fast unverändert von Lobbyorganisationen übernommen. Zwei Beispiele: Die Anti-Bargeld-Lobby, ich stellte sie schon vor, finanzierte zum Beispiel in New York ein sogenanntes Dirty Money Project, das Bakterien auf Geldscheinen nachweisen sollte. Und tatsächlich sah ich dann die entsprechenden Ergebnisse sogar bei den Öffentlich-Rechtlichen. In meinem Buch *Rettet unser Bargeld!* finden sich einige solcher Beispiele.

In einer »seriösen«, auflagenstarken Zeitung las ich vor Kurzem eine Kolumne zum Thema Gold, das die Bundesbürger gerne als Krisenwährung kaufen. »In die Tonne mit dem nutzlosen Zeug«, stand da, und: »Gold ist der Reichsbürger der Kapitalanlage.« Auch ein Ergebnis langfristigen Wirkens der Anti-Bargeld- und Anti-Gold-Lobby.

Wie finden Sie sich denn in diesem Informationsdschungel zurecht?

Um den Wert eines Titels für mein Investmentportfolio zu bestimmen, brauche ich Informationen, die möglichst stabil, robust und verlässlich sind, die möglichst lange gelten und nicht so sehr vom Tagesgeschehen abhängen. Solche Informationen gibt es. Das sind bei einer Aktie zum Beispiel die durchschnittlichen Gewinne des Unternehmens der letzten zehn bis fünfzehn Jahre. Das heißt, dass ich relativ einfache, klare und belastbare Größen aussuche und damit meine langfristigen Investitionen plane. Ich schaue mir das Wachstum an, die Branche, das Management. Also alles Informationen, die wenig vom Tagesgeschehen abhängen und langfristiger Natur sind.

Auf der anderen Seite weiß ich, dass es vieles gibt, über das es überhaupt keinen Sinn macht, sich den Kopf zu zerbrechen. Also tue ich es dann auch nicht. Ich weiß, dass ich sehr wenig weiß, und bin damit zufrieden. Die Frage, ob es in zwei Jahren 2 oder 3 Prozent Wachstum geben wird, ist zum Beispiel eine solche Frage. Oder die, wo der Goldpreis dann stehen wird. Das kann niemand seriös beantworten. Also versuche ich es erst gar nicht.

Natürlich habe ich auch eine gewisse Erfahrung, auf die ich zurückgreife. Ich weiß oft, ob ein Management seriös arbeitet oder eher nicht. Bei Thomas Middelhoff oder Jürgen Schrempp konnte man spüren, dass strategisch und operativ unfähige Selbstdarsteller am Werk waren. Aus der Erfahrung heraus kann ich auch die Stabilität eines Geschäftsmodells bewerten. Wenn man diese Expertise nicht hat, sollte man auf lange Zeitreihen schauen, zum Beispiel auf die Gewinne der letzten zehn oder fünfzehn Jahre eines Unternehmens. Die findet man als Privatanleger allerdings so schnell nicht, denn oft liegen sie in den Geschäftsberichten begraben. Beim Investieren ist die Vergangenheit für mich in gewisser Weise wichtiger als die Zukunft, denn die Vergangenheit kennen wir, die Zukunft nicht. Die Finanztheorie hat im Übrigen bestätigt, dass die beste Größe, um Gewinne zu prognostizieren, nicht etwa das Wirtschaftswachstum oder etwas Ähnliches ist, sondern die Gewinne des laufenden Jahres. Mit anderen Worten: Das, was konkret feststellbar ist, ist auch der beste Indikator für die Zukunft.

Frage 83

Ein Gutes haben Finanz-, Wirtschafts-, Euro-Krise und auch die nächste Krise, die bestimmt kommen wird: Die Menschen beschäftigen sich intensiver mit Wirtschaftsthemen. Das sollte man jedenfalls meinen. In einer Studie gaben gerade mal 16 Prozent der Befragten an, ihr Finanzwissen aus der Schule zu haben. Deutschland, wirtschaftlich in der Champions League, spielt also zum Teil mit Spielern unterhalb des Zweitliganiveaus. Müssen wir nicht dringend dafür sorgen, dass Wirtschaftslehre auf die Stundenpläne kommt?

Ohne Zweifel. Schon vor zwanzig Jahren habe ich eine Initiative für mehr Wirtschaftsbildung an Schulen gestartet. Ich habe sämtliche Landesministerien angeschrieben und mich für Pilotprojekte zur Verfügung gestellt. Von den Kultusministern und Kultusministerinnen kamen äußerst unverbindliche und vage Antworten zurück. Das hat mich schon enttäuscht.

Eine gewisse ökonomische Bildung ist in der heutigen Welt notwendig und sollte auf jeden Fall in der Schule vermittelt werden. Aber es spricht auch vieles dafür, die Altersversorgung so einzurichten, dass nicht jeder zum Investor und Finanzkaufmann werden muss.

Für den Anfang wäre es schon hilfreich, wenn wir an den Schulen die alten, langsam in Vergessenheit geratenen Fähigkeiten wieder hervorholen und stärken würden: Kopfrechnen, Lesen, Schreiben, Geschichte, Naturwissenschaften, Geografie, das sind die Grundlagen auch wirtschaftlicher Vernunft. Wenn ich im Kopf rechnen kann, dann kann ich auch lernen, mit Geld umzugehen. Und wenn ich eine Vorstellung vom historischen Schicksal der verschiedenen Gesellschaften habe, dann wird mir das helfen, wirtschaftlich die richtigen Entscheidungen zu treffen.

Frage 84

Sie sind auch als Medienunternehmer unterwegs. Neben Ihrem Kapitalanlagebrief Der Privatinvestor, *der mit zunächst anderem Namen seit 1999 besteht, haben Sie noch 2019 ein erfolgreiches onlinebasiertes Verlagsprodukt lanciert, den »PI Politik Spezial« (https://politik.der-privatinvestor.de/). Wie hat sich die Medienlandschaft entwickelt?*

Es wird immer wieder Lücken geben, um auch verlegerisch tätig zu sein. Ich wünschte mir zum Beispiel in Deutschland einen Fernsehsender, der wie Fox in den USA der Phalanx des Mainstreams entgegentritt. Dazu braucht man aber Kapital in Milliardenhöhe.

Insgesamt wird es aber immer schwieriger, sich als reiner Medienunternehmer zu etablieren. Die Zeitungen stehen mit dem Rücken zur Wand und werden durch Steuergelder aufgepäppelt. Finanzschwache Medien werden gerne beeinflusst, sei es von Bill Gates durch große Spenden zum Beispiel an *Zeit* oder *Spiegel* oder von Jeff Bezos, der sich gleich die *Washington Post* als Spielzeug gekauft hat.

Daten sind das Erdöl des Informationszeitalters. Die großen Wirtschaftsakteure wollen diese Daten gerne selber haben und den

Nachrichtenfluss beeinflussen oder kontrollieren. Deswegen gibt es ja die PR-Agenturen und die Datensammelwut. Viele Medien können in diesen Zeiten nur noch in Partnerschaft mit finanzstarken Akteuren überleben. Diese unterstützen die Medien in einer Art Mischkalkulation: Der Geschäftsbetrieb des Mediums selber ist nicht rentabel, aber er fördert andere wirtschaftliche oder auch politische Ziele.

Frage 85

Wie kann man in Zeiten ideologischer Spaltung und vieler neuer sozialer Kanäle zuverlässig gute Informationen finden? Viele Menschen fühlen sich da etwas verloren und tun sich schwer. Wie gehen Sie bei der Nachrichtenauswahl vor, ohne den Aufwand zu groß werden zu lassen?

Das geht kaum ohne Aufwand, wegen der Vielzahl der Angebote, Kanäle und Plattformen. Zuerst einmal bedarf es kritischer Aufmerksamkeit. Man muss herausfinden, wie bestimmte Informations- und Nachrichtenquellen, die man eventuell bereits nutzt, Nachrichten filtern. Es droht der weitverbreitete Einheitsbrei von Zeitungen und Magazinen, die sich stark auf die Nachrichtenagenturen stützen. Es ist also wichtig, auch völlig konträre Quellen zu nutzen, die zum Beispiel nicht aus dem Mainstream sind. Erst dann können das Prüfen und Einordnen beginnen.

Prüfen und Einordnen sind aber für die meisten Menschen zu unbequem. Denn da müssen sie ja mit einem offenen Geist herangehen und sich selbst hinterfragen. Die meisten Menschen wollen eigentlich ihr Weltbild bestätigt sehen und verdrängen Informationen, die nicht hineinpassen. In der verhaltenswissenschaftlichen Psychologie nennt man das »kognitive Dissonanz«. Die sozialen Medien verstärken diesen Trend noch einmal: Sie spielen einem vor allem Nachrichten und Angebote zu, die zur eigenen Person passen, denn sie »beobachten« uns ja und stellen unsere Präferenzen fest. Wir kommen dann schnell in eine »Filterblase«, wie der Internetpionier Eli Pariser feststellte.[179] Diese Filterblasen tragen auch weiter zur Fragmentierung und Spaltung der Gesellschaft bei – man kommuniziert nur noch mit denjenigen, die ähnliche Interessen haben. Im Marketing wird das sogenannte Microtargeting genutzt, das kleine Zielgruppen bis zur Größe eins mit maßgeschneiderten Angeboten anspricht. In der Politik, insbesondere in den USA, hängen Wahlen davon ab.

Es gibt kein Rezept, wie man seine ganz persönliche Nachrichtenauswahl optimieren kann. Aber mit etwas System lässt sich eine Liste von Quellen zusammenstellen, die ein recht zuverlässiges Bild ergeben.

Wie Sie der Krise trotzen können

Frage 86

Crash. Krise. Weltsystemcrash. Diese Worte machen vielen Angst. Man hat Ihnen das ja auch vorgeworfen. Einerseits waren Sie der »renommierte Krisenökonom« (Handelsblatt), andererseits der »Crashprophet«, der mit der Angst hausieren geht. Im Jahr 2008 kam zwar die Finanzkrise, die Sie vorausgesagt hatten, die Weltwirtschaftskrise ist aufgrund der Geldpolitik der Notenbanken jedoch ausgeblieben. Im Jahr 2019 sagten Sie den Weltsystemcrash voraus. Wie meinten Sie das?

Wir haben die Finanzkrise nach 2007 und die Euro-Krise nach 2010 durch Gelddrucken und explodierende Schulden sowie massive Staatseingriffe verschleppt. In Folge bekamen wir viele weitere Probleme: ein angeschlagenes Finanzsystem, den ökonomischen Abstieg der Mittelschicht, internationale Spannungen, Krisen wie die Ukraine-Krise, den Arabischen Frühling, den Bürgerkrieg in Syrien sowie Unruhen wie die Rassenunruhen in Ferguson/USA unter Barack Obama, die Gelbwesten in Frankreich, die Aufstände in Venezuela und Hongkong. Dazu die Polarisierung des politischen Diskurses in den Industriegesellschaften, Fake News, einseitige Berichterstattung in den Mainstream-Medien, Repression und ein zunehmender Überwachungsstaat auch im Westen. All dies sind Zeichen einer sehr instabilen Weltordnung, nicht nur eines wackligen Finanzsystems. Man könnte auch sagen, dass es ein »multiples Organversagen« des Weltsystems, der Tod der alten Weltordnung, ist.

Mit Corona ist der Weltsystemcrash da. Es spielt sich derzeit genau das Szenario ab, das die Rockefeller-Stiftung im oben erwähnten Report 2010 angesichts einer möglichen globalen Pandemie ausgebreitet hat: Die westliche Politik kopiert zunehmend chinesische Methoden, Politiker finden Gefallen an einem autoritären

Führungsstil. Teile der Bevölkerung lehnen sich dagegen auf, wie zum Beispiel auf den »Querdenken«-Demos in Deutschland, die große Mehrheit schluckt es. Eines fehlt allerdings: die Millionen von Toten, die im Rockefeller-Report vorhergesagt wurden.

Die Regierungen verhalten sich dennoch so, als ob es diese Toten gäbe. Viele der Maßnahmen, die angesichts der sogenannten Pandemie durchgeführt werden, greifen massiv in unsere Grundrechte ein. Dabei bleibt das Parlament meistens außen vor – es wird mit Verordnungen und Notverordnungen regiert, das heißt mit einer Rechtsnorm, die von der Exekutive begründet wird. Mit dem Argument des »Notstands« kann man vieles durchführen, was vorher undenkbar war. Damit hat sich über Nacht nichts anderes als ein weitgehend autoritäres Regime etabliert.

Neben den medizinischen Maßnahmen gibt es nun massive Investitionsprogramme, zum Beispiel der Europäischen Union (als »Corona-Wiederaufbauprogramme« getarnt), Helikoptergeld in Form von Steuerstundungen und Erlassen, direkten Beihilfen und Arbeitslosengeld. Das heißt aber auch, dass die Schulden explodieren und dass diese durch geplante Maßnahmen wie Schuldenschnitte, -streckungen, Sondersteuern oder Lastenausgleichsverfahren reduziert werden müssen.

Schon jetzt lassen sich drei große Auswirkungen der Corona-Krise feststellen:

1. die Renaissance autoritärer Führungs- und Regierungsformen auch im Westen
2. eine Tendenz zur Renationalisierung und Deglobalisierung
3. eine massive Beschleunigung der Digitalisierung.

Die Bertelsmann Stiftung stellt fest, dass infolge der Corona-Krise Renationalisierung, Deglobalisierung und Verkürzung der Wertschöpfungsketten eintreten.[180] Als ich 2006 in *Der Crash kommt* vom Ende der Globalisierung sprach, wurde das von vielen nicht ernst genommen, heute ist es Realität.

Zudem beschleunigt Corona unverkennbar die Digitalisierung unserer Lebens- und Arbeitswelt. Während viele Unternehmen in die Krise rutschen oder Insolvenz anmelden müssen, boomt die

Internetwirtschaft. Der Onlinehandel wächst. Der stationäre Handel schrumpft. Der Trend zum Homeoffice und zu Telekonferenzen erhält einen massiven Schub.[181] Das heißt aber auch: mehr Überwachung, mehr Vereinzelung, mehr Kontrolle und größere Abhängigkeit von den Algorithmen.

Frage 87

Zurück zum Thema »Angst«. Wenn Sie hier noch einmal ausdrücklich bestätigen, dass der Weltsystemcrash jetzt da ist, wird das vielen Angst machen. Andere werden diese Aussage verdrängen wollen und Sie vielleicht als »Verschwörungstheoretiker« abtun. Was raten Sie den Menschen, um mit Angst und Unsicherheit umzugehen?

Fast alle Menschen halten sich an dem fest, was sie kennen. Das Neue schreckt eher ab, verunsichert. Sie legen sich ihr Weltbild zurecht und verdrängen gerne die Fakten, die nicht dazu passen. Dieses Phänomen ist auch als »kognitive Dissonanz« bekannt. Und die meisten wollen gerne glauben, dass die Welt immer besser, friedlicher und lebenswerter wird.

Menschen stellen ihr Weltbild nicht gerne infrage. Gerade das macht aber erfolgreiche Menschen aus. Bei der Kapitalanlage stelle ich immer wieder fest, wie »sicher« sich viele bei ihren Investments sind. Dabei ist es umgekehrt wichtig, darüber nachzudenken, was man vielleicht nicht bedacht hat, und die eigenen Investmentthesen zu hinterfragen.

Frage 88

Zeiten des Umbruchs sind Zeiten der Unsicherheit. Wie kann ich mir da einen klaren Kopf, Gelassenheit und vielleicht sogar eine positive Grundhaltung bewahren?

Unsicherheit macht Angst. Manipulation, Repression und Verwirrung nehmen zu. Es können auch sehr unschöne Dinge passieren.

Manche kündigen sich bereits an. Wir wissen nicht, was kommen wird. Da ist es wichtig, sich nichts vorzulügen.

Es hilft, wenn Sie sich überlegen, dass die menschliche Natur zwiespältig ist und dass solche Zeiten immer wieder vorkommen (können). Wie nahe Vernunft und Unvernunft beieinanderliegen, wie dünn die Schicht der Zivilisation ist, zeigt immer noch meisterhaft der Roman *Herr der Fliegen* von William Golding.[182] Eine Gruppe englischer Schuljungen überlebt einen Flugzeugabsturz und strandet auf einer unbewohnten Pazifikinsel. Der Roman liest sich wie ein Gleichnis auf die menschliche Natur: Es geht um den Kampf zwischen Ordnung und Chaos.

Die Dinge sind, wie sie sind – manchmal wunderschön, manchmal schrecklich. Sich nicht selbst zu belügen und in falschen Zweckoptimismus zu verfallen, ist ein Merkmal des souveränen Menschen. Der kanadische Psychologe Jordan Peterson gibt in seinem Bestseller *12 Rules for Life* und in seinen Videobotschaften hierzu gute Ratschläge.[183]

Gut, nüchterner Realismus mag vielleicht helfen, sich nichts vorzumachen. Aber was baut mich auf? Wie baue ich mich auf?

Letztlich müssen Sie Ihren eigenen Weg finden, aber ich kann Ihnen vier Hinweise geben, 1. die praktische Vernunft pflegen, 2. Bücher lesen, insbesondere die Klassiker – gerade in Zeiten der Digitalisierung, 3. Glaube und Tradition und 4. soziales Kapital anhäufen:

1. *Die praktische Vernunft pflegen:* Edmund Burke, ein irisch-britischer Intellektueller und Politiker und einer der geistigen Väter des Konservatismus, argumentiert in seinem wichtigsten Werk *Über die Französische Revolution*, dass der Rationalismus die Wurzel seines eigenen Verderbens in sich trägt.[184] Burke stellt anstelle des Rationalismus die praktische Vernunft in den Mittelpunkt. Sie erkennt Traditionen, Strukturen und Grenzen an und arbeitet damit. Jedes Prinzip, auf die Spitze getrieben, verursacht Chaos. Absolute Freiheit kann es nicht geben. Entweder endet sie im Chaos oder in der totalen Unfreiheit, wie es George

Orwells Parabel von der *Farm der Tiere* so anschaulich aus-
malt.[185]

2. *Bücher lesen, insbesondere die Klassiker – gerade in Zeiten der Digitalisierung:* Ich gestehe, ich bin ein Bücherfan. Bücher erlauben uns
Zeitreisen. Bücher sind nicht manipulierbar, sie sind unverän-
derliche Zeitdokumente. Das haben die Machthaber noch nie
wirklich gemocht. Um neu anzufangen, haben sie Bücher ver-
nichtet oder verbrannt.

Im digitalen Zeitalter ist die virtuelle Bücherverbrennung
noch viel einfacher: Mit einem Knopfdruck sind Inhalte ge-
löscht oder verändert. Ich sehe daher die massiv von der Techno-
logielobby unterstützten Bestrebungen, die Schulen zu digita-
lisieren, sehr skeptisch. Aus meiner Sicht bleibt es richtig,
zunächst schreiben, lesen, rechnen, Geschichte und denken zu
lernen und dann die Informationstechnologie einzusetzen.

3. *Glaube und Tradition:* Das Christentum ist die Wurzel unserer
moralischen Vorstellungen. Die Denker der Aufklärung such-
ten es zu überwinden, trugen diese Wurzel aber unbewusst in
sich.

Die Zehn Gebote haben auch heute noch ihre Relevanz. Menschen, die glauben (können), sind glücklicher. In einer Umfrage,
die in zwei Dutzend Ländern durchgeführt wurde, fand das Pew
Research Center heraus, dass glaubensstarke Menschen im
Durchschnitt nicht nur glücklicher sind, sondern auch die en-
gagierteren Bürger.[186] Ein starker Glaube hilft auch, schwierige
Zeiten besser zu überstehen. Das haben die Anthropologen Richard Sosis und E. R. Bressler anhand ihrer Untersuchungen
über Siedlergemeinschaften im amerikanischen Westen herausgefunden.[187]

Auch das Pflegen sinnbehafteter Traditionen kann Identität
und Standhaftigkeit vermitteln. Das können Familientraditio-
nen sein. Wir haben in Deutschland, Österreich und der Schweiz
viele großartige Traditionen, an die sich anzuknüpfen lohnt.
Eines davon ist das Hambacher Fest von 1832, das ich wieder-
belebt habe (www.neues-hambacher-fest.de).

4. *Soziales Kapital anhäufen:* Seine Bedeutung wird gerne unterschätzt: Welche Beziehungen haben Sie? Wie belastbar sind

diese? Ist Ihre Familie intakt? Sind Sie in Ihrem Wohnort vernetzt? Angesehen? Sind Sie Mitglied einer Kirchengemeinde? Haben Sie einen Garten? Freunde auf dem Land? Freunde im Ausland?

Investieren Sie in Ihr soziales Kapital! Es wird die wichtigste Investition Ihres Lebens sein. Was nützen Ihnen in einer großen Krise ein Bankkonto oder ein Aktiendepot, wenn diese vielleicht eingefroren sind? Gute Beziehungen und soziales Kapital sind hoffentlich auch dann belastbar.

Schrebergarten oder Whisky – was sind für mich als Privatanleger die ultimativen Krisenassets? Sie besitzen selbst Ackerland und ein Haus in der Eifel. Sind Sie ein »Prepper«?

Im Februar 2011 publizierte *Die Zeit* unter der Überschrift »Rette sich, wer kann!« einen Artikel über die »Endzeitstimmung«. Im Zuge ihrer Recherchen befragte mich die Autorin und Redakteurin Heike Faller zu dem Thema. Schon damals sah ich die Wahrscheinlichkeit, dass es zu Versorgungsengpässen und einem größeren Krieg käme, bei 20 Prozent. Als Begründung nannte ich die »Falle des Thukydides«: die Rivalität zwischen den Vereinigten Staaten und China. Denkbar sei alles, sagte ich der Redakteurin. Deshalb würde ich selbst außer in Aktien seit Jahren auch in Wald, Ackerland und Gold investieren.

Meine zehn Hektar Ackerland in der Pfalz habe ich im Frühjahr 2006 gekauft, als ich an *Der Crash kommt* schrieb. Ich ging davon aus, dass die Weltbevölkerung weiter steigen, dass Ackerland knapp werden und dass wir mit dieser Ressource vielleicht bei Renditen von 2 bis 3 Prozent über den normalen Kapitalmarktrenditen liegen würden.

In den letzten fünfzehn Jahren ist Ackerland extrem im Wert gestiegen. In Deutschland sind die Ackerland-Preise auf das 2,3-Fache gestiegen. In manchen Bundesländern kosteten landwirtschaftliche Grundstücke 2019 im Vergleich zu 2009 fast das Dreifache.[188] Etwas anders ist die Situation beim Wald: Durch die Borkenkäfer kommt aktuell viel Holz auf den Markt, sodass die

Preise realistischer sind. Kleinere Parzellen finden Sie zum Beispiel bei www.wald-boerse.de.

Ähnlich verhält es sich mit meinem Haus in der Eifel. In der Eifel finde ich so etwas wie eine funktionierende Dorfgemeinschaft vor und kann ein bisschen im Garten arbeiten. Aber es muss einem auch Spaß machen. Ich denke, ohne einen persönlichen Bezug sollte man sich nicht engagieren, es sei denn, man ist sehr vermögend und investiert in große Ackerflächen oder Waldflächen. Das ist ein hervorragendes Mittel, relativ krisen- und inflationssicher Geld zu parken. Der Adel ist damit über die Jahrhunderte ganz gut gefahren.

Über Anlagestrategien in Zeiten von Corona

Frage 89

Als sich die Angst vor dem Virus verbreitete, brachen die Aktienmärkte massiv ein. Mal neugierig gefragt: Wie kommen Sie denn mit Ihren Fonds durch die Krise?

Sehr gut. Der Max Otte Vermögensbildungsfonds ist zum Beispiel laut Fundresearch seit der Corona-Krise auf Platz 5 von 82 unter aktienlastigen Mischfonds.[189] Solche Rankings sagen zwar nicht allzu viel aus, da es um langfristige Performance und Kontinuität geht, aber wir sehen das natürlich als schöne Bestätigung.

Mittlerweile beraten wir sechs Fonds. Das sind zum einen zwei Publikumsfonds (den Max Otte Vermögensbildungsfonds mit der WKN: A1J3AM und den PI Global Value Fonds mit der WKN: A0NE9G), einen Alternativen Investmentfonds (AIF), den Max Otte Multiple Opportunities Fonds (WKN: A2ASSR), der auch in physische Edelmetalle investieren darf und nur für professionelle Investoren zugelassen ist. Dazu kommen drei Spezialfonds für ein Family Office, eine Genossenschaft und eine Stiftung.

Der DAX fiel vom 11. Februar 2020 bis zum 16. März desselben Jahres von 13 872 Punkten auf 8742 Punkte – ein Absturz von 36 Prozent in etwas mehr als einem Monat. Während der Finanzkrise dauerte es sechs Monate, bis der Tiefpunkt im März 2009 erreicht war. Unsere Fonds haben den Crash zunächst teilweise mitgemacht, da wir keine sogenannten Absicherungsgeschäfte machen. Diese Geschäfte mögen manche im Moment gut schlafen lassen. Auf Dauer kosten sie aber enorm Rendite, und es besteht die Gefahr, dass sie nicht dabei sind, wenn sich die Märkte erholen.

Benjamin Graham, der Vater des Value Investing, des wertorientierten Investierens, sprach davon, dass Märkte kurzfristig ein

»Abstimmungsmechanismus« sind, bei dem die Emotionen eine große Rolle spielen, langfristig jedoch ein »Messmechanismus«, der feststellt, was eine Aktien wirklich wert ist, und sie dementsprechend bewertet. Wir Value-Investoren bemühen uns, herauszufinden, was eine Aktie ökonomisch wert ist – denn es handelt sich um den Anteil an einem Unternehmen –, und diese zu kaufen, wenn sie gerade am Markt billig zu haben ist. Wir kümmern uns also nicht um die Psychologie, außer dass wir sie ausnutzen, wenn es gerade gute Preise gibt. Denn die Psychologie ist zweifelsohne sehr stark, jedoch kaum vorauszusagen.

Wie gehen Sie mit volatilen Aktienmärkten um?

Ich kann gut verstehen, wenn Privatanleger nach über zwanzig aufregenden Jahren die Nase voll haben. Denken Sie an die Hysterie um das Jahr 2000 herum. Dann kam der Totalabsturz. Danach ging es wieder bergauf, bis die Finanzkrise kam und die Börsen erneut abstürzen ließ. Aber Resignation ist die falsche Einstellung. Denn die Wirtschaft entwickelt sich weiter, und auf Dauer bewegen sich die Aktienkurse aufwärts, wie wir es nach der Finanzkrise gesehen haben, als die weltweiten Aktienmärkte massiv stiegen.

Auch in der Krise gehören Aktien in ein Anlegerdepot, wie es uns die Geschichte gezeigt hat: Viele große Vermögen in Deutschland haben nur dank Aktienpaketen und Landbesitz den Zweiten Weltkrieg und die Währungsreform überdauert. Wenn Sie keine Einzeltitel kaufen wollen, was ich sehr gut nachvollziehen kann, dann kaufen Sie Anteile an einem klassischen globalen Aktienfonds. Aber keine Modethemen wie erneuerbare Energien, Biotechnologie, Medienaktien oder »Emerging Markets«. Kaufen Sie einen klassischen Fonds und achten Sie darauf, dass dieser Fonds eine einfache Managementgebühr hat von maximal 1,8 Prozent pro Jahr.

Um zu Ihrer Frage zurückzukommen: Wir investieren langfristig in Qualitätsaktien und zukunftsträchtige Aktien und blenden die Kursschwankungen weitgehend aus.

Krisen treten in immer kürzeren Abständen auf. Müssen sich die privaten Anleger deshalb nicht auch kurzfristiger orientieren?

Ich glaube nicht, dass die meisten Privatanleger dazu die Nerven haben. Wenn die Märkte durchdrehen, dann ist die Wahrscheinlichkeit hoch, dass auch ihre Nerven blank liegen. Falls sie allerdings eine solche aktive Strategie fahren wollen, dann müssen die Anleger einen Verwalter oder Berater finden – es sei denn, sie sind Ausnahmetalente.

Mit Aktien wie Nestlé, Coca-Cola, Microsoft oder Google kommt man gut durch turbulente Zeiten. Diese Aktien können zwischenzeitlich auch einbüßen. Grundsätzlich sind sie jedoch breit, sicher und zukunftsfähig aufgestellt.

Frage 90

In den gut zehn Jahren seit der Finanzkrise hat die Geldflut der Notenbanken viele Vermögenswerte in die Höhe getrieben. Immobilien, Aktien, zuletzt auch Gold haben massiv zugelegt. Ist es nicht zu spät, in den Aktienmarkt einzusteigen?

Tatsächlich haben sich in den acht Jahren von 2010 bis 2018 die sogenannten Finanzwerte besser entwickelt als viele Größen der realen Wirtschaft. Hochzinsanleihen, Staatsanleihen und Aktien haben massiv an Wert zugelegt, die Konsumentenpreise, die Wirtschaftsleistung sowie die Löhne und Gehälter dagegen kaum. Zudem sind die Preise für Qualitätsimmobilien explodiert, und Gold hat gewaltig angezogen.

Aktuell sind die meisten Aktienmärkte fair bewertet oder nach klassischen Maßstäben vielleicht etwas teuer. Angesichts der Investmentalternativen sind Aktien aber immer noch attraktiv.

Für die kommenden Jahre gilt: Sachwerte (»real assets«) schlagen Geldwerte (»financial assets«). Und Aktien, zumindest solche von zukunftsfähigen Unternehmen, sind Sachwerte, denn sie sind eine Eigentumsurkunde für einen ökonomischen Gegenstand und damit genau wie Immobilien oder Schmuck Realvermögen.

Demgegenüber sind Bargeld, Anleihen oder Rentenansprüche Geldvermögen, da sie nur durch Zahlungsversprechen gedeckt sind. Eine Sonderstellung nehmen Gold- und Edelmetalle ein, die zwar Realvermögen sind, aber in vielen Fällen auch Geldfunktion haben.

Ein zweites wichtiges Unterscheidungsmerkmal ist die Frage, ob Vermögensgegenstände liquide oder nicht liquide sind. Bargeld und Gold können Sie normalerweise jederzeit nutzen oder veräußern, daher sind diese Vermögensgegenstände liquide. Auch für Aktien und Anleihen werden Sie selbst in einer großen Krise auf den Kapitalmärkten Käufer finden, wenngleich Sie vielleicht nur einen Bruchteil des Preises bekommen, den Sie sich vorgestellt haben. Daher stufe ich sie als »bedingt liquide« ein.

Frage 91

Bekommen die Notenbanken und Regierungen die Geldflut und die Schuldenberge wieder in den Griff? Muss ich mich als Anleger auf eine steigende Inflation einstellen? Und wie kann ich davon möglicherweise profitieren?

Insgesamt können wir nur auf drei Arten (oder eine Kombination davon) von den Schulden runterkommen:

1. Inflation (oder Negativzinsen, falls die Inflation nicht anspringt)
2. Enteignungen oder Sondersteuern
3. Schuldenstreichungen (»Haircuts«), gegebenenfalls gekoppelt mit Währungsreformen

Derzeit will ich keine dieser Möglichkeiten ausschließen. Jahrelang haben die Staaten versucht, die Inflation anzukurbeln. Ob Inflation oder Negativzinsen, das ist letztlich egal. Wenn das Bargeld erst einmal verdrängt ist (ich sprach schon darüber), lassen sich eben 4 Prozent Negativzinsen einführen. Damit werden nicht mehr alle, sondern nur noch die Sparer bestraft. Die Anti-Bargeld-Lobby ist mittlerweile extrem mächtig. Durch Corona hat sie noch einmal Rückenwind bekommen. Ich erinnere an die Studie über Bakterien auf Geldscheinen.

Enteignungen oder Sondersteuern sind ein weiterer Weg. In der Politik werden schon vielerorts höhere Steuern auf Vermögen und Vermögende gefordert. Aber auch die Erhöhung von öffentlichen Gebühren bei stagnierenden Löhnen hat einen ähnlichen Effekt.

Vielleicht kommt es auch zu Schuldenstreichungen oder -streckungen, also verhandelten Lösungen. Wenn die Schulden bestimmter Länder oder Körperschaften für fünfzig oder hundert Jahre tilgungs- und zinsfrei gestellt werden, hat das denselben Effekt wie direkte Schuldenstreichungen. Es sieht nur besser aus. Irgend so etwas könnte mit den Ländern des europäischen Südens gemacht werden.

Anleger sollten keins der Szenarien ausschließen und nicht alles auf ein Szenario setzen, sondern ein Investmentportfolio wählen, das verschiedenen Szenarien standhält.

Frage 92

Im August 2020 überschritt der Goldpreis kurzzeitig die 2000 Dollar pro Unze und erreichte damit ein Allzeithoch. Zwar ist der Goldpreis wieder etwas gefallen, aber ist der Zug nicht abgefahren?

Gold ist für mich die sichere Wertaufbewahrung par excellence. Gold hat auch den Charakter eines Zahlungsmittels und steigt vor allem in unsicheren Zeiten. Gelegentlich höre ich den Einwand, dass »Gold schon wieder recht teuer sei«. Was viele dabei vergessen, ist die Inflation: 2000 Dollar im Jahr 2006 sind bei den gestiegenen Preisen und 4 Prozent offener und versteckter Inflation schon 3600 Dollar im Jahr 2020. Gold ist aktuell weder besonders billig noch besonders teuer. Als Werterhaltungsmittel für die Krise ist es auf jeden Fall geeignet. Wahrscheinlich geht der Goldpreis in der Krise auch wieder durch die Decke.

Die Deutschen wissen, dass Gold eine sichere Krisenanlage ist: Sie sind Weltmeister im Pro-Kopf-Besitz. Gut zwei Drittel der Deutschen besitzen Gold. 40 Prozent lagern es zu Hause. Im

Durchschnitt besaßen die Deutschen 2019 58 Gramm Gold-schmuck und 71 Gramm Gold in Form von Barren und Münzen.[190] Mit Gold erhält man langfristig seine Werte. Freilich: Um sie zu steigern, muss man spekulativ zu einem Zeitpunkt kaufen, an dem es besonders billig ist.

Wer höhere Renditen erzielen will, der muss Top-Aktien kaufen. Allerdings: Die Aktienkurse können langfristig nur in demselben Umfang steigen wie die Unternehmensgewinne. Bei einer insgesamt krisengefährdeten Weltwirtschaft gehört meiner Meinung nach Gold in jedes Depot.

Bei Lebensversicherungen haben Sie gesagt: Man weiß nicht, was drin ist. Früher waren sie in Deutschland der Renner. Sind sie heute nur noch Wegrenner?

Sie sollten zwischen Risikolebensversicherungen, bei denen Todesfälle versichert werden, und Kapitallebensversicherungen unterscheiden. Vor kapitalbildenden Lebensversicherungen muss man tatsächlich wegrennen. Die Idee, auf die Versicherung ein klassisches Vorsorgeprodukt draufzusetzen, ist schon fast hundert Jahre alt. Damals war das genial, aber in Summe hat die deutsche Bevölkerung immer nur kräftig draufgezahlt. Studien besagen, dass nur etwa 10 Prozent aller Lebensversicherungen zur Auszahlung kommen.

Es ist bei solchen Produkten immer das Gleiche: Sie zahlen sehr hohe Abschlussprovisionen, mit denen Sie drei bis vier Jahre lang die Finanzbranche finanzieren. Später kommen sehr hohe laufende Provisionen dazu, und das frisst Ihnen am Ende die Rendite völlig weg. Es kommt ja noch hinzu, dass eine Lebensversicherung Geldvermögen darstellt, also keinen Sachwert, und dass die Inflation Ihnen das wegknapsen kann. Wenn Sie anstelle der Lebensversicherung in einen klassischen globalen Aktienfonds investieren, fahren Sie bestimmt besser.

Sie äußern sich sehr kritisch über Derivate und Zertifikate. Worin ist diese Kritik begründet?

Ich würde Derivate und Zertifikate für Privatanleger verbieten oder zumindest sehr streng reglementieren. Derivate sind nichts anderes als eine sehr risikobehaftete Wette. Die Zertifikatbranche ist eine deutsche und österreichische Sonderkultur, die andere Länder gar nicht so kennen und die auf die Technologieblase folgende Masche, um den Privatanlegern das letzte Hemd auszuziehen.

Und Indexzertifikate sowie ETFs (Exchange Traded Funds)?

Die Idee, in einen breiten Aktienindex zu investieren, ist tatsächlich nicht schlecht. Als Basisinvestment kann das durchaus Sinn machen.

Viele ETF-Anbieter bringen als Argument die niedrigen Kosten im Vergleich zu aktiv gemanagten Fonds. Index- und ETF-Produkte haben drei Probleme:

1. Sie kaufen den Markt und damit auch Moden und Blasen. 2. Es ist oft nicht drin, was draufsteht, und 3. gibt es eine verwirrende Vielzahl von Indizes. Allein in Deutschland gibt es Tausende davon. »Für den Anleger ist es schwer, den Überblick zu wahren.«[191] Wenn schon, dann einen voll replizierenden ETF auf einen der großen Indizes.

Frage 93

Kommen wir noch mal auf das Reinheitsgebot der Kapitalanlage zu sprechen: Funktioniert das eigentlich immer und grundsätzlich, sowohl in ruhigen als auch in sehr schwierigen Zeiten?

Das Reinheitsgebot hat nichts mit ruhigen oder schwierigen Zeiten zu tun. Ich versuche, dem Anleger deutlich zu machen: Kaufe wirklich nur reine Zutaten, hochwertige Aktien, Anleihen und Gold oder einfache Aktien- oder Mischfonds mit einfachen Gebührenstrukturen. Aber keine Themenfonds, keine Dachfonds – in denen sind schon wieder zwei, drei Managementebenen drin, auf denen abkassiert wird. Man weiß nicht, was genau dahintersteckt. Keine offenen Immobilienfonds, da kann auch viel manipuliert werden. Der Anleger sollte reine, transparente Investments tätigen.

Ich bin auch bei den vielen Exchange Traded Funds skeptisch, weil darin oft auch schon Derivate versteckt sind. Also: Setzen Sie auf Qualitätsaktien, klassische Aktienfonds, Qualitätsanleihen, klassische Anleihenfonds, Mischfonds, Termingelder, Gold.

Ganz entscheidend für die langfristige Performance ist natürlich die Vermögensaufteilung, neudeutsch Asset Allocation. Wenn Sie diese in unruhigen Zeiten gut gestalten, dann erzielen Sie fantastische Renditen. Für jemanden, der klassisch Vermögen aufbaut, halte ich immer noch eine relativ starre Vermögensaufteilung in Anleihen, Termingelder, Aktienfonds und Edelmetalle für richtig.

Und was halten Sie von sogenannten grünen und nachhaltigen Geldanlagen? Die werden ja, so hört man, immer beliebter, weil sie bei hohen Renditen auch noch für ein gutes Gewissen sorgen. Ist das denn so?

Ich halte das – leider – für eines der großen Blendethemen der Finanzbranche, mit dem die nächste Generation wohlmeinender Anleger geködert wird. Man nennt das ja auch ESG-kompatible Kapitalanlagen, bei denen umweltbezogene (*environmental*), soziale (*social*) und aufsichtsbezogene (*governance*) Kriterien berücksichtigt werden. Dahinter versteckt sich eine massive Zertifizierungsbürokratie, und am Ende wissen Sie doch nicht, was Sie gekauft haben. Mein Standpunkt ist: Umweltschutz sollte gesetzlich geregelt werden. Wenn die Unternehmen dann im Rahmen dieser Gesetze handeln, kann man auch in sie investieren.

Wie ist es denn mit Bitcoin und anderen Kryptowährungen?

Das Bitcoin-Fieber hat viele erfasst, auch einige meiner respektierten Kollegen. In den Jahren 2015 bis 2018 entstand eine völlig irrationale Blase, die bereits zu massivem Betrug an den Anlegern führte.

Theoretisch ist das Angebot an Bitcoins begrenzt, aber nur theoretisch. 2018 gab es ungefähr 3000 Kryptowährungen – ein klassischer Hype. Goldgräberstimmung. Da passt es gut, dass die Bitcoin-Community nicht davon spricht, Bitcoins zu schaffen, sondern sie zu »schürfen« (engl. *mining*). 2018 hatten wir extreme Preisanstiege und eine Blasenbildung, die viele merkwürdige Blüten treibt. Anleger werden betrogen, dubiose Promotoren zocken Anleger ab.

Frage 94

Sie sind als Value-Investor und Aktienfan bekannt und waren dreifacher Börsianer des Jahres. Warum setzen Sie schwerpunktmäßig auf Aktien?

Aktien sind Unternehmensbeteiligungen und somit Realvermögen. Mit Aktien beteiligen Sie sich direkt am Wachstum der Wirtschaft, wie ich schon ausführte.

Aktien guter Unternehmen sind relativ sicher, sie sind – anders als Immobilien – pflegeleicht, und sie werfen eine laufende Rendite in Form von Dividenden ab. Sie sind in normalen Zeiten der beste Weg für den langfristigen Vermögensaufbau. Sicherlich, Aktienkurse können, wie mehrfach gesagt, schwanken, langfristig kennen sie aber nur einen Weg – und zwar den nach oben.

Das Renditedreieck des Deutschen Aktieninstituts (www.dai.de) zeigt Ihnen auf, welche Rendite Sie mit Aktien seit 1969 jeweils erzielt hätten, wenn Sie in einem bestimmten Jahr gekauft und in einem anderen Jahr verkauft hätten. Wenn Sie von 1968 bis 2018 deutsche Aktien besessen hätten, also über einen Zeitraum von fünfzig Jahren, hätte Ihre durchschnittliche Rendite pro Jahr 7,0 Prozent betragen. Aus umgerechnet 10 000 Euro im Jahr 1968 wäre so der Gegenwert von 294 570 Euro im Jahr 2018 geworden! Dahinter steckt das Wunder des Zinseszinses.

Frage 95

Mit Ihren Anlagemodellen sind Sie ein Vorbild für viele private Anleger. Wer sind denn Ihre Vorbilder als Investor?

Mein Werdegang zum Investor ist eine längere Geschichte. Der Erste, der mich darauf aufmerksam gemacht hat, dass es überhaupt so etwas wie ein systematisches Investieren gibt, dass es also Kennzahlen gibt, anhand derer man Unternehmen prüfen und bewerten kann, war William O'Neill, der Herausgeber der Zeitung *Business Investor Daily*.

Dann folgte relativ schnell die Anleger-Ikone Warren Buffett, wobei ich damals Peter Lynch, den Starmanager des Fidelity Magellan-Fonds, noch interessanter fand, denn er hat sehr stark in Wachstumswerte investiert. Aber nur, falls sie seinen »Kindertest« bestanden haben, der so ging: Man musste die Geschäftsidee auf ein Blatt Papier zeichnen können. Als Peter Lynch von »Tenbaggern« sprach, also von Aktien, deren Wert sich verzehnfachen wird, fand ich das natürlich hoch spannend. Das war zu einer Zeit, als sich die New Economy langsam ihren Weg bahnte.

Wie hat sich Ihr Investmentstil weiterentwickelt?

Am liebsten sind mir natürlich immer noch die Top-Unternehmen, die Buffett als »Great Business« bezeichnen würde: Nestlé, Microsoft, Alphabet oder Novartis. Oder auch so etwas Kleines wie Atoss Software. Es gibt diese »Great Business« ja nicht nur bei den Großunternehmen, es gibt sie auch bei kleinen Firmen. Aber die sind natürlich nur sehr selten billig zu haben.

Mit Buffett habe ich mich eine Weile beschäftigt, dann aber entschieden, dass ich noch weitere Lehrer benötige. Schließlich habe ich Bruce Greenwald entdeckt, der an der Columbia University das Zentrum für Graham and Dodd Investing leitet. Das ist der einzige Lehrstuhl für Value Investing an einer Topuniversität weltweit. Mit Greenwalds Erlaubnis darf ich sein Seminar auch in Europa lehren. Er sagt, dass diese großartigen Unternehmen, die Buffett so schätzt, vielleicht 10 oder maximal 15 Prozent aller Unternehmen ausmachen. Der Rest sind ganz normale Firmen. »Und in die willst du nicht investieren?« Diese Frage hat mich ins Grübeln gebracht. Ich habe daraufhin eine eigene Methodik entwickelt, mit der ich die normalen und die großartigen Unternehmen bewerten kann.

Frage 96

Was muss ich mir unter dem inneren Wert einer Aktie vorstellen?

Aktien sind Anteilsscheine an Wirtschaftsgütern, sprich: an einem Unternehmen, ich wiederhole mich. Dieses Unternehmen kann ich mit einer Immobilie vergleichen. Eine Immobilie bezieht ihren Wert aus zwei Quellen. Zum einen die Substanz: Was kostet es, diese Immobilie genauso wieder hinzustellen? Dazu muss man ein Grundstück kaufen, die Immobilie bauen und so weiter. Diesen Gedanken kann man auf Unternehmen übertragen und fragen: Was kostet es zum Beispiel, Microsoft oder BMW mit seinem Vertriebs-Know-how, dem Technik-Know-how, dem Produktions-Know-how genauso wieder auf die grüne Wiese zu stellen? Das ist dann der Substanzwert des Unternehmens.

Dann habe ich noch ein zweites Wertermittlungskriterium, nämlich nach dem nachhaltigen Ertrag. Ich will das wieder mit einer Immobilie vergleichen: Sie besitzen ein Haus und wissen, dass jedes Jahr bestimmte Mieteinnahmen hereinkommen. Nach Abzug der Nebenkosten bleibt Ihnen eine Rente. Das ist der nachhaltige Ertragswert. Und den berechne ich ebenfalls für ein Unternehmen, indem ich die durchschnittlichen Erträge der letzten zehn bis fünfzehn Jahre berechne. Anschließend schaue ich mir diese beiden Größen, Substanzwert und nachhaltiger Ertragswert, an: Decken sich diese Summen in etwa oder gibt es Diskrepanzen?

Frage 97

Was ändert sich durch Corona?

Wenn Sie streng bei den Königsunternehmen bleiben, also bei den Unternehmen, die Güter oder Dienstleistungen des täglichen Bedarfs produzieren, dann funktioniert es. Ich nenne da noch mal Beiersdorf, Henkel, Coca-Cola und Nestlé. Das sind Unternehmen, die man fast immer kaufen kann. Zudem bringt Corona natürlich einen extremen Schub für alle Unternehmen, die in irgendeiner Weise die Digitalisierung vorantreiben oder von ihr profitieren. Exemplarisch stehen hierfür die FAANG (Facebook, Apple, Amazon, Netflix, Google (jetzt Alphabet).

Corona bringt einen weiteren massiven Schub Richtung Internet und bargeldloses Zahlen. Unternehmen, die in diesen Bereichen aktiv sind, werden weiter profitieren.

Aus heutiger Sicht würde ich empfehlen, überhaupt nicht mehr in Banken zu investieren, weil sie einfach undurchschaubar sind. Anteile an Genossenschaftsbanken, Volks- und Raiffeisenbanken können Sie natürlich kaufen. Es ist sicher auch eine Überlegung wert, ob es sich für Sie noch lohnen würde, irgendwo Mitglied einer solchen Genossenschaft zu werden. Die Ausschüttungen sind ganz ordentlich, und Sie tun der deutschen Volkswirtschaft etwas Gutes.

Frage 98

Welche Aktien sind aktuell Ihre Favoriten?

Zunächst einmal muss ich nach dem Wertpapierhandelsgesetz darauf hinweisen, dass ich oder meine Fonds in vielen der genannten Aktien engagiert sind und diese jederzeit verkaufen und kaufen kann. Es bestehen also potenzielle Interessenkonflikte. Dies vorausgeschickt: Bei Konsumgüterunternehmen wie Nestlé, Beiersdorf, Johnson & Johnson, Procter & Gamble, Coca-Cola oder McDonald's können Sie von einer sehr guten Substanz ausgehen. Keines dieser Unternehmen wird in die Insolvenz rutschen, es sei denn, die Weltwirtschaft bricht völlig zusammen.

Neben diesen Klassikern sind auch die großen Technologiewerte, repräsentiert durch die wie FAANG, Microsoft und andere, nicht mehr aus unserem täglichen Leben wegzudenken.

Da der Goldzug noch eine Weile laufen wird, kann man auch selektiv in große Betreiber von Goldminen investieren (bitte keine kleinen Explorationsunternehmen).

Wie steht es um den Mittelstand?

Es gibt sehr interessante Möglichkeiten, sich mit Aktien am deutschen Mittelstand zu beteiligen. Deutschland verfügt über einen starken mittelständischen Sektor mit Eigentümer-Unternehmern, die langfristig denken, die unternehmerisch denken, die aber auch an der Börse engagiert sind. In Deutschland gibt es viele auch durchaus größere Mittelständler, bei denen langfristige Eigentümerinteressen dahinterstehen, in die man gut investieren kann.

Es ist nicht das Schlechteste, eine Aktie zum fairen Wert zu kaufen. Dann erzielen Sie zwar keine schnellen Gewinne, aber Sie sind an einem guten Unternehmen beteiligt, haben dafür einen fairen Preis bezahlt und partizipieren am weiteren Wachstum. Warren Buffett hat einmal gesagt, es ist besser, ein großartiges Unternehmen zum fairen Wert zu kaufen, als ein mittelmäßiges Unternehmen zum Schnäppchenpreis. Und da ist was dran.

Durch die stark ansteigenden Haushaltsdefizite infolge der wirtschaftlichen Stützungsmaßnahmen rückt zudem die Geldentwertung immer näher. Es bleibt dabei: Legen Sie einen Großteil Ihres Vermögens in Aktien und Sachwerten an.

Frage 99

Glauben Sie, Herr Otte, dass dies Ihr letztes Buch über die Krise ist?

Ich möchte kein Crashprophet sein. Ich sehe mich als Beobachter der menschlichen Natur, als Beobachter der Geschichte, der Politik, auch als aktiven Investor an den Kapitalmärkten, und ich möchte meine Standpunkte erklären.

Natürlich bin ich durch *Der Crash kommt* und *Weltsystemcrash* mit der Krise identifiziert worden und habe dadurch auch eine gewisse Bekanntheit erlangt. Da ist es natürlich verlockend, weiterhin auf dieses Thema zu setzen. Aber ich habe mir fest vorgenommen, mein nächstes Buch nur für mich selbst zu schreiben. Ernst Moritz Arndt hat einmal gesagt, dass Deutschsein bedeutet, eine Sache um ihrer selbst willen zu tun. Diese Freiheit kann ich mir glücklicherweise nehmen.

Also wird mein nächstes Buch die Wörter »Krise« oder »Crash« bestimmt nicht im Titel tragen. Es sei denn … nun, über die Unsicherheit von Prognosen haben wir ja schon hinlänglich gesprochen.

Anmerkungen

1   Max Otte: *Der Crash kommt. Die neue Weltwirtschaftskrise und was Sie jetzt tun können*, Berlin 2006.

2   http://www.changex.de/Article/article_2418; Max Otte: *Die Finanzmärkte und die ökonomische Selbstbehauptung Europas – Gedanken zu Finanzkrisen, Marktwirtschaft und Unternehmertum*, Wiesbaden 2018.

3   https://www.youtube.com/watch?v=Ey3lr4pz8iM

4   https://www.youtube.com/watch?v=CZciyPCH9qQ&t=18s

5   Max Otte: *Weltsystemcrash – Krisen, Unruhen und die Geburt einer neuen Weltordnung*, München 2019.

6   Max Otte: *Die Finanzmärkte und die ökonomische Selbstbehauptung Europas – Gedanken zu Finanzkrisen, Marktwirtschaft und Unternehmertum*, a. a. O.

7   https://www.youtube.com/watch?v=4yH-r0owzOA

8   https://www.wiwo.de/finanzen/boerse/max-otte-wie-die-ddr-im-endstadium/19179340.html

9   Klaus Schwab und Thierry Malleret: »COVID-19: Der große Umbruch«, Weltwirtschaftsforum, Genf, 2020.

10 https://www.zeit.de/2008/49/DOS-Wo-steckt-das-Geld

11 https://www.federalreserve.gov/monetarypolicy/pmccf.htm

12 Ronald Stöferle, Rahim Taghizadegan, Gregor Hochreiter: *Die Nullzinsfalle. Wie Nullzinsen auf Dauer die Wirtschaft zombifizieren und die Gesellschaft spalten*, München 2019.

13 https://www.welt.de/wirtschaft/article204144990/Klimaschutz-EZB-Chefin-Christine-Lagarde-wagt-sich-an-das-naechste-Tabu.html

14 Ronald Stöferle u. a., *Die Nullzinsfalle. Wie Nullzinsen auf Dauer die Wirtschaft zombifizieren und die Gesellschaft spalten*, a. a. O., S. 94.

15 Sachverständigenrat zur Begutachtung der Gesamtwirtschaftlichen Entwicklung, Nationaler Produktivitätsbericht 2019, S. 100.

16 Die Finanzmärkte und die ökonomische Selbstbestimmung Europas, 19–49.

17 Max Otte: »Die Finanzkrise, die Ökonomen, der ›Crashprophet‹ und die Wissenschaft von der Ökonomie«, in: *Jahrbuch für Wirtschafts- und Sozialgeschichte/Economic History Yearbook*, 1/2021.

18 Ingrid Matthäus-Maier zit. nach *R. Jungbluth*: »Die Einbürgerung des Josef Ackermann. Wie der Schweizer Chef der Deutschen Bank nach dem Mannesmann-Prozess doch noch heimisch in Deutschland wurde«, in: *Die Zeit*, 08. 11. 2007, http://www.zeit.de/2007/46/Deutsche-Bank, 28. 06. 2010.

19 Deutsches Institut für Wirtschaft (Hg.): »Weltwirtschaftliche Expansion nur leicht gedämpft. Rezession nicht wahrscheinlich«, in: *Wochenbericht* 74/42, 2007.

20 Institut der Deutschen Wirtschaft Köln (Hg.): US-Immobilienmarkt. Solides Fundament, in: *iwd* 2, 2007, S. 6.

21 Interview mit Hans-Werner Sinn. »Mit Ungerechtigkeit lebt es sich besser«, in: *Süddeutsche Zeitung*, 24. 10. 2007, S. 22; *C. Brönstrup*, Interview mit Bert Rürup. »Wir stehen nicht vor einer Rezession«, in: *Der Tagesspiegel*, 12. 04. 2008, http://www.tagesspiegel.de/wirtschaft/wir-stehen-nicht-vor-einer-rezession/1209216.html, 19. 07. 2010.

22 N. Gregory Mankiw u. a.: *Grundzüge der Volkswirtschaftslehre*. 4., überarbeitete Aufl., Stuttgart 2008.

23 Andrew B. Abel, Ben Bernanke, Dean Darrell Croushore: *Macroeconomics*. 5. Aufl., Boston 2004.

24 Paul A. Samuelson, William D. Nordhaus: *Volkswirtschaftslehre. Das internationale Standardwerk der Makro- und Mikroökonomie*, 3. aktualisierte Aufl., Landsberg am Lech 2007.

25 Siehe hierzu den neu herausgegebenen Klassiker von Charles Mackay und Joseph de la Vega: *Gier und Wahnsinn – Warum der Crash immer wieder kommt*, München 2010.

26 Charles Kindleberger: *Manias, Panics, and Crashes. A History of Financial Crises*, New York 1978.

27 Max Wirth: *Geschichte der Handelskrisen*, Frankfurt a. M. 1874.

28 Max Otte: *Der Crash kommt*, Berlin 2010, S. 43 ff.

29 Rüdiger Dornbusch, »This expansion will run forever«, in: *The New York Times*, 30. 07. 1998.

30   https://www.boerse-online.de/nachrichten/aktien/max-otte-ich-fuehle-mich-bei-aktien-wie-ein-junge-im-suesswaren-laden-1028984770

31   https://www.boerse-online.de/nachrichten/aktien/max-otte-im-interview-zur-corona-krise-ich-fuehle-mich-wieder-wie-ein-kleiner-junge-im-suesswarenladen-1029034436

32   https://www.zeit.de/wirtschaft/2020-05/ifo-konjunkturprog-nose-corona-krise-rezession

33   https://www.cnbc.com/2019/05/23/millions-of-americans-are-only-400-away-from-financial-hardship.html; https://www.focus.de/finanzen/news/finanzen_news_armut_in_deutsch-land/armutsgefaehrdung-in-deutschland-fast-ein-drittel-kann-sich-unerwartete-ausgaben-unter-1000-euro-nicht-leisten_id_8805287.html

34   https://www.businessinsider.com/trump-unemployment-benefit-states-jobless-aid-lost-wages-lasts-month-2020-8?r=DE&IR=T

35   https://www.statista.com/statistics/273909/seasonally-adjus-ted-monthly-unemployment-rate-in-the-us/

36   https://www.arbeitsagentur.de/presse/2020-34-der-arbeits-markt-im-juni-2020

37   »Der Crash-Test«, in: Der Spiegel, 17. 08. 2009.

38   https://www.worldometers.info/gdp/

39   https://www.iif.com/Portals/0/Files/content/Research/Global%20Debt%20Monitor_April2020.pdf

40   https://www.bundesbank.de/de/aufgaben/themen/private-haushalte-haben-geldvermoegen-in-hoehe-von-6-3-billionen-euro-822388

41   www.rettet-unser-bargeld.de

42   https://norberthaering.de/die-regenten-der-welt/lock-step-rockefeller-stiftung/

43   https://multipolar-magazin.de/artikel/faktencheck-pande-mie

44   https://www.thegatewaypundit.com/2020/08/shock-report-week-cdc-quietly-updated-covid-19-numbers-9210-americans-died-covid-19-alone-rest-serious-illnesses/

45   Sucharit Bhakdi, Karina Reiss: Corona Fehlalarm, Berlin 2020.

46 https://www.sueddeutsche.de/wirtschaft/corona-verschwoe-rung-stefan-homburg-1.4906380, 14. 05. 2020.

47 Bernhard Felderer, Stefan Homburg: *Makroökonomik und neue Makroökonomik*, 1. Aufl., Berlin/Heidelberg 1984.

48 http://web.archive.org/web/20061230201645/www.who.int/csr/disease/influenza/pandemic/en/print.html; https://www.arznei-telegramm.de/html/2010_06/1006059_01.html

49 Ebd.

50 https://www.heise.de/tp/news/50-Jahre-Verschwoerungstheo-retiker-3674427.html

51 Keith Payne: *The Broken Ladder. How Inequality Affects the Way We Think, Live, and Die*, New York 2017.

52 Max Otte: *Rettet unser Bargeld*, Berlin 2016, S. 13 f.

53 https://www.digitalcommerce360.com/2020/08/25/ecom-merce-during-coronavirus-pandemic-in-charts/

54 https://www.merkur.de/wirtschaft/corona-deutschland-gastronomie-restaurant-bar-hotel-pleite-oeffnung-lockerung-insolvenz-zr-13778380.html;

55 https://www.spiegel.de/wirtschaft/unternehmen/coronavirus-krise-70-000-hotel-und-gastronomiebetrieben-droht-offenbar-die-insolvenz-a-69a041e9-fc90-4315-90e5-4762c90d3cb9

56 https://www.zeit.de/politik/deutschland/2020-09/corona-krise-insolvenz-antragspflicht-ausnahmen-verlaengerung-ueberschuldung-unternehmen

57 Michael E. Porter: *Nationale Wettbewerbsvorteile: Erfolgreich konkurrieren auf dem Weltmarkt*, München 1991.

58 Georg Friedrich Knapp: *Staatliche Theorie des Geldes*, Leipzig 1905.

59 Max Otte: »Die Ökonomen, die Finanzkrise, der ›Crashprophet‹ und die Wissenschaft von der Ökonomie«, Kölner Vorträge für Wirtschafts- und Sozialgeschichte, in: *Jahrbuch für Wirtschafts-geschichte* 1/2021.

60 John Maynard Keynes: *Allgemeine Theorie der Beschäftigung, des Zinses und des Geldes*, Berlin 2006.

61 Mariana Mazzucato: *Das Kapital des Staates – Eine andere Geschichte von Innovation und Wachstum*, München 2014 (engl. *The Entrepre-neurial State – Debunking Public vs. Private Sector Myths*, London 2013).

62   Hans-Werner Sinn: *Auf der Suche nach der Wahrheit. Autobiografie.* Freiburg 2018.

63   Robert Gilpin: *The Political Economy of International Relations*, Princeton 2016, S. 8.

64   Ebd., S. 23.

65   Adam Smith: *Theorie der ethischen Gefühle*, Hamburg 2010.

66   https://www.youtube.com/watch?v=SZd0GCqh_Dk

67   https://www.faz.net/aktuell/finanzen/digital-bezahlen/die-suche-nach-den-verschwundenen-bitcoin-milliarden-16893079.html

68   https://www.youtube.com/watch?v=uH9UV0pqmjQ

69   Max Otte: »Eckpunkte einer neuen Finanzmarktarchitektur«. Diskussionspapier für die Konrad-Adenauer-Stiftung, unveröffentlichtes Manuskript, August 2010.

70   https://de.wikipedia.org/wiki/Finanztransaktionssteuer#-Finanztransaktionssteuern_in_der_Europ%C3%A4ischen_Union

71   https://www.mdr.de/nachrichten/wirtschaft/ausland/scholz-gesetzentwurf-europaeische-finanztransaktionssteuer-100.html

72   https://www.linkedin.com/pulse/why-how-capitalism-needs-reformed-parts-1-2-ray-dalio

73   Michael Lewis: *Flash Boys – Revolte an der Wall Street*, Frankfurt a. M. 2014.

74   https://www.bafin.de/SharedDocs/Veroeffentlichungen/DE/Meldung/2019/meldung_190218_Allg_Vfg_Wirecard_Verbot_Leerverkaufspositionen.html

75   Max Otte: »Für ein Verbot von ungedeckten Leerverkäufen bzw. Credit Default Swaps«, Ifo Schnelldienst 13/2010.

76   http://www.b-republik.de/archiv/die-hemmungslose-herrschaft-des-finanzkapitals

77   Max Otte: »Volks- und Raiffeisenbanken als Stabilitätsfaktor in Wirtschaftskrisen – Eine polit- und institutionenökonomische Perspektive«, in: *Zeitschrift für das gesamte Genossenschaftswesen*, Schwerpunktheft 2/2010.

78   Ulrich Horstmann: *Die geheime Macht der Ratingagenturen*, München 2013.

79 Hannes Rehm: »Das deutsche Bankensystem. Befund – Probleme – Perspektiven«, in: *Kredit und Kapital*, Jg. 2008, Heft 2, S. 125–159, Heft 3, S. 305–331.

80 Die populäre Video-App TikTok wird nach Worten von Präsident Donald Trump keine längere Gnadenfrist in den USA bekommen: »Wir werden TikTok entweder in diesem Land aus Sicherheitsgründen dichtmachen, oder es wird verkauft.«

81 https://www.youtube.com/watch?v=MooQ5KsiEPw

82 John Maynard Keynes: »Nationale Selbstgenügsamkeit«, in: *Schmollers Jahrbuch für Gesetzgebung, Verwaltung und Volkswirtschaft*, Berlin 1933, Bd. 57,2, S. 561–570.

83 https://www.mtholyoke.edu/acad/intrel/interwar/keynes.htm

84 Ray Dalio: *Principles for Navigating Big Debt Crises*, Westport, Ct., 2018, S. 10.

85 Robert Gilpin: *War and Change in World Politics*, Cambridge 1981.

86 Ebd., S. 168 ff.

87 Robert Gilpin: *War and Change in World Politics*, a. a. O., S. 3.

88 Florian Rötzer, »Der Internationale Gerichtshof fügt sich den Drohungen aus Washington«, https://www.heise.de/tp/features/Der-Internationale-Gerichtshof-fuegt-sich-den-Drohungen-aus-Washington-4399024.html, 13. 04. 2019.

89 Ulrich Teusch: *Der Krieg vor dem Krieg. Wie Propaganda über Leben und Tod entscheidet*, Frankfurt a. M. 2019, S. 130.

90 https://www.youtube.com/watch?v=P90ut3sccR8

91 Hans-Peter Martin: *Game over. Wohlstand für wenige. Demokratie für niemand, Nationalismus für alle – und dann?* München 2018, S. 303.

92 Susanne Schmidt: *Markt ohne Moral. Das Versagen der internationalen Finanzelite*, München 2010.

93 Francis Fukuyama: *Das Ende der Geschichte: Wo stehen wir?*, München 1992.

94 Graham Allison: *Destined for War*, London 2017.

95 Max Otte: *Der Crash kommt*, a. a. O., Kapitel »Das wandernde Zentrum«, S. 53–83.

96 Ebd., S. 73.

97 The World Bank, https://data.worldbank.org/indicator/NY.GDP.MKTP.PP.CD?locations=CN-US-DE-JP-1W.

98 »Half of iPhones manufactured in central China's Zhengzhou city«, http://www.chinadaily.com.cn/business/tech/2017-09/19/content_32191283.htm, 19. 09. 2017.

99 »Chinas Holzhunger löst Streit mit Moskau aus«, https://orf.at/stories/3119860/?utm_source=pocket-newtab, 08. 06. 2019.

100 Graham Allison, *Destined for War*, a. a. O., S. 13.

101 Matt Falcus, Maggie Hiufu Wong: »Beijing is building hundreds of airports as millions of chinese take to the skies«, https://edition.cnn.com/travel/article/china-new-airports/index.html, 26. 05. 2019.

102 Sudip Kar-Gupta, Sarah White, »LVMH shares hit record high as China demand boosts luxury group«, https://www.reuters.com/article/us-lvmh-results/lvmh-shares-hit-record-high-as-china-demand-boosts-luxury-group-idUSKCN1RN0LD, 11. 04. 2019.

103 »Porsche nutzt ›Seidenstraße‹ für China-Exporte«, https://www.autogazette.de/porsche/china/unternehmen/porsche-nutzt-seidenstrasse-fuer-china-exporte-989394847.html, 04. 05. 2019.

104 »Porsche erzielt neuen Verkaufsrekord in China«, https://www.handelsblatt.com/unternehmen/industrie/sportwagenbauer-porsche-erzielt-neuen-verkaufsrekord-in-china/23849214.html?ticket=ST-1579854-ah53alzw6JspfUcPdDiDap4, 10. 01. 2019.

105 »Was China mit der Neuen Seidenstraße wirklich will«, https://www.iwd.de/artikel/was-china-mit-der-neuen-seidenstrasse-wirklich-will-306326/, 21. 10. 2016; »Streitkräfte und Strategien«, https://www.ndr.de/info/sendungen/streitkraefte_und_strategien/Neue-Weltordnung-durch-Seidenstrassen-Projekt,streitkraefte502.html, 07. 09. 2017; »China im Fokus – Neue Seidenstraße«, https://www.gtai.de/GTAI/Content/DE/Trade/Fachdaten/PUB/2018/01/pub201801308001_20959_china-im-fokus---neue-seidenstrasse.pdf?v=1,26. 02. 2018.

106 Martin Randelhoff: »Die neue Seidenstraße: Von China nach Europa mit der Eisenbahn«, https://www.zukunft-mobilitaet.

net/2403/zukunft/eisenbahn-china-europa-hochgeschwindig-keitszug-trasse-planung/, 05. 01. 2011; Sebastian Kienzl, Anika Dang, Fabian Sommavilla: »Sieben Grafiken zeigen Chinas gigantische Übermacht«, https://www.derstandard.at/story/2000107420452/sieben-grafiken-zeigen-chinas-giganti-sche-uebermacht, 31. 08. 2019.

107 »Malaysia gibt China einen Korb«, https://www.faz.net/aktuell/wirtschaft/malaysia-sagt-projekte-fuer-chinas-neue-seiden-strasse-ab-15748656.html, 21. 08. 2018.

108 Graham Allison: *Destined for War*, a. a. O., S. 161.

109 www.oswaldspenglersociety.com

110 Walter Scheidel: *Nach dem Krieg sind alle gleich. Eine Geschichte der Ungleichheit*, Darmstadt 2018.

111 Ders.: *The Great Leveller. Violence and the History of Inequality*, Princeton 2017.

112 Samuel P. Huntington: *Clash of Civilizations and the Remaking of World Order*, New York 1996 (dt: *Kampf der Kulturen. Die Neugestaltung der Weltpolitik im 21. Jahrhundert*, München/Wien 1996); Alexander Dugin, *Konflikte der Zukunft. Die Rückkehr der Geopolitik*, Kiel 2014.

113 John Maynard Keynes: »National Self-Sufficiency«, https://www.panarchy.org/keynes/national.1933.html, 04. 06. 1933.

114 Erich Honecker zitierte die »in der Gründerzeit der DDR geprägte Losung« in der Festansprache zum 40. Jahrestag der DDR am 7. Oktober 1989.

115 Max Otte: »The Euro and the Future of the European Union«, Occasional Paper 1998 #5, American Council on Germany, New York 1998.

116 https://www.youtube.com/watch?v=MooQ5KsiEPw

117 Bruno Bandulet: *DEXIT. Warum der Ausstieg Deutschlands aus dem Euro zwar schwierig, aber dennoch machbar und notwendig ist*. Rottenburg am Neckar 2018.

118 https://www.tagesspiegel.de/wirtschaft/finanzminister-eini-gen-sich-die-eurozone-bekommt-ein-eigenes-budget/24458736.html

119 https://think-beyondtheobvious.com/stelters-lektuere/trans-

ferunion-ist-keine-rettung-sondern-beschleunigt-den-nieder-gang/

120 Daniel Stelter: *Coronomics. Nach dem Corona-Schock: Neustart aus der Krise*, Frankfurt a. M. 2020.

121 Ray Dalio: »Why and how capitalism needs to be reformed«, YouTube-CNBC-TV, https://www.youtube.com/watch?v=zuVe-tvT1Bk, 05. 04 2019.

122 Nicolas Rapp, Matthew Heimer: »The upshot: an economic order in which the capital-owning class enjoys great advantages – and the costs of admission to and exclusion from that class grow ever higher«; »The shrinking middle class«, http://fortune.com/longform/shrinking-middle-class/, 20. 12. 2018.

123 Daniel Goffart: *Das Ende der Mittelschicht – Abschied von einem deutschen Erfolgsmodell*, München 2019.

124 Ebd., S. 33 ff.

125 »Deutsche können von Lohnsteigerungen nur träumen«, https://www.focus.de/finanzen/news/stagnierende-einkommen-deutsche-koennen-von-lohnsteigerungen-nur-traeumen_aid_682687.html, 09. 11. 2011; »Mittleres Einkommen«, https://de.wikipedia.org/wiki/Mittleres_Einkommen, 25. 04. 2019.

126 Norbert Häring: »Verlorenes Jahrzehnt für Arbeitnehmer – Woher kommt die globale Lohnstagnation?«, https://www.handelsblatt.com/politik/deutschland/wirtschaftswissenschaften-verlorenes-jahrzehnt-fuer-arbeitnehmer-woher-kommt-die-globale-lohnstagnation/23702400.html?ticket=ST-2370134-34FaehwoaXWcPsE71sEQ-ap5, 01. 12. 2018.

127 Andrea Stelzner: »Wie hoch ist das Einkommen der Deutschen im Durchschnitt?«, https://www.merkur.de/leben/karriere/durchschnittseinkommen-deutschland-zr-10493938.html, 10. 09. 2019.
Hier können Sie herausfinden, ob Sie statistisch zur Mittelschicht gehören: Elen Erdmann, Marcus Gatze, Julian Stahnke, Julius Tröger: »Wer ist Mittelschicht?«, https://www.zeit.de/wirtschaft/2018-12/mittelschicht-einkommen-deutschland, 06. 12. 2018.

128 Im Umland sieht es mit 8,88 Euro je Quadratmeter etwas besser aus. »Mietspiegel Köln 2019«, https://www.wohnungsboerse. net/mietspiegel-Koeln/5333.

129 »Krankenschwester-Gehalt. Was verdient eine Krankenschwester?«, https://www.praktischarzt.de/blog/krankenschwestergehalt/.

130 »Ausbildung zum Mechatroniker/in«, https://www.ausbildung. de/berufe/mechatroniker/gehalt/.

131 »Dauer des Medizinstudiums und Abschnitte im Überblick«, https://www.praktischarzt.de/blog/medizinstudium-dauer/

132 »Mit diesem Einkommen gehört ihr in eurem Bundesland zu den oberen 50 Prozent«, https://www.finanzen100.de/finanznachrichten/wirtschaft/lohnunterschiede-mit-diesem-einkommen-gehoert-ihr-in-eurem-bundesland-zu-den-oberen-50-prozent_H54665573_476378/, 18. 09. 2017.

133 Vgl. Christine Haas: »Unter 30-Jährigen gelingt immer seltener ein Aufstieg in die Mittelschicht«, https://www.welt.de/wirtschaft/article191724187/OECD-Studie-Die-Mittelschicht-hat-es-heute-immer-schwerer.html, 10.04.2019.

134 »The shrinking middle class«, http://fortune.com/longform/ shrinking-middle-class/, 20. 12. 2018.

135 Vgl. Daniel Goffart: *Das Ende der Mittelschicht. Abschied von einem deutschen Erfolgsmodell*, a. a. O., S. 18.

136 Christine Haas: »Unter 30-Jährigen gelingt immer seltener ein Aufstieg in die Mittelschicht«, https://www.welt.de/wirtschaft/ article191724187/OECD-Studie-Die-Mittelschicht-hat-es-heute-immer-schwerer.html, 10. 04. 2019.

137 Harald Schumann, Hans-Peter Martin: *Die Globalisierungsfalle. Der Angriff auf Demokratie und Wohlstand*, Reinbek 1998.

138 »Clinton: Half of Trump supporters ›basket of deplorables‹«, https://www.bbc.com/news/av/election-us-2016-37329812/ clinton-half-of-trump-supporters-basket-of-deplorables, 10. 09. 2016.

139 »Alexander Gauland in Lindheim«, https://www.youtube.com/ watch?v=Pht5yupox5I, 05. 09. 2018.

140 Philipp Gerbert: »Dienstleistungsschwemme aus Indien«, https://www.handelsblatt.com/archiv/call-center-der-anruf-

partner-sitzt-immer-oefter-am-anderen-ende-der-welt-dienst-
leistungsschwemme-aus-indien/2187006.html, 01. 08. 2002.

141 Andreas Wilkens: »Debatte für Fördermittel für Nokia ent-
brannt«, heise.de, 17. 01. 2008, unter https://www.heise.de/
newsticker/meldung/Debatte-um-Foerdermittel-fuer-Nokia-
entbrannt-179398.html

142 Nokia bringt 20 Millionen Euro sowie die Erlöse aus dem Verkauf des Betriebsgeländes in das Programm ein.

143 »Irland«, https://de.wikipedia.org/wiki/Irland#Wirtschaft,
09. 09. 2019.

144 »Wie funktioniert die Irland-Rettung?«, https://www.tages-
schau.de/wirtschaft/irland-rettungspaket100.html,
22. 10. 2015.

145 Dietmar Neuerer: »Irland-Hilfe verstößt gegen Maastricht-
Vertrag«, https://www.handelsblatt.com/politik/konjunktur/
krisen-oekonom-max-otte-irland-hilfe-verstoesst-gegen-maas-
tricht-vertrag/3646142.html, 23. 11. 2010.

146 Harald Welzer: *Die smarte Diktatur. Der Angriff auf unsere Freiheit*,
Frankfurt a. M. 2016.

147 Max Otte: *Investieren statt sparen. Anlagen in Zeiten von Niedrigzinsen, Bargeldverbot und Brexit*, 3., überarbeitete und aktualisierte
Aufl., Berlin 2018, S. 21.

148 Daniel Stelter: *Das Märchen vom reichen Land. Wie die Politik uns
ruiniert*, München 2018, S. 63 ff.

149 Pressemitteilung: »Das teure Geschäft mit dem Tod – Friedhofs-
gebühren steigen um bis zu 216 %«, https://www.bestattungen.
de/ueber-uns/presse/pressemitteilungen/das-teure-geschaeft-
mit-dem-tod-friedhofsgebuehren-steigen-um-bis-zu-216.html,
26. 02. 2015.

150 Pressemitteilung: »Preisentwicklung für Trinkwasser«, Deutscher Verein des Gas- und Wasserfaches, https://www.dvgw.de/
medien/dvgw/verein/aktuelles/presse/presseinformation-
trinkwasserpreise.pdf, 11. 05. 2018; https://www.n-tv.de/
wirtschaft/Wasser-koennte-deutlich-teurer-werden-article-
19971316.html

151 Pressemitteilung: »Kosten steigen teilweise um 1000 Prozent«,
Rundfunk Berlin-Brandenburg, https://www.rbb24.de/studio-

cottbus/beitraege/2018/10/preisanstieg-muellentsorgung-
spree-neisse.html, 16. 10. 2018.

152 z. B. Initiative Neue Soziale Marktwirtschaft, Ludwig Erhard
Stiftung, BDI.

153 Ehrhardt Bödecker: *Preußen – eine humane Bilanz*, München 2010;
Oswald Spengler: *Preußentum und Sozialismus*, München 1919.

154 Mancur Olson: *Die Logik des kollektiven Handelns: Kollektivgüter
und die Theorie der Gruppen*, 5., durchges. Aufl., Tübingen 2004.

155 Ders.: *Aufstieg und Niedergang von Nationen. Ökonomisches Wachstum, Stagflation und soziale Starrheit*, 2., durchges. Aufl., Tübingen
2004.

156 https://www.cicero.de/wirtschaft/angela-merkel-finanzpolitik-
Coronakrise-migration-sahara-sommer-energiewende-klima-
wandel-atomausstieg/plus

157 Daniel Stelter: *Das Märchen vom reichen Land*, a. a. O., S. 183 ff.

158 https://www.youtube.com/watch?v=YQBslPEZceI&t=131s

159 Gertrud Höhler: *Die Patin. Wie Angela Merkel Deutschland umbaut*,
Zürich 2012.

160 Hermann Simon: *Die heimlichen Gewinner*, Frankfurt a. M. 1996.

161 Joseph A. Schumpeter: *Kapitalismus, Sozialismus und Demokratie*,
Tübingen 1946.

162 Max Otte: »Bitte erhöht meine Steuern«, https://jungefreiheit.
de/debatte/forum/2019/bitte-erhoeht-meine-steuern/,
05. 08. 2019.

163 www.neues-hambacher-fest.de

164 Vgl. dazu Max Otte: *Der Informationscrash*, Berlin 2009, S. 32 ff.

165 Frank Schirrmacher: *Payback: Warum wir im Informationszeitalter
gezwungen sind zu tun, was wir nicht tun wollen, und wie wir die Kontrolle über unser Denken zurückgewinnen*, München 2009.

166 Hans-Jürgen Jakobs: *Geist oder Geld*, München 2008.

167 Siehe Ulrich Teusch: *Der Krieg vor dem Krieg. Wie Propaganda über
Leben und Tod entscheidet*, Frankfurt a. M. 2019; Alexander Unzi-
cker: *The Higgs Fake. How Particle Physicists Fooled the Nobel Commit-
tee*. CreateSpace Independent Publishing Platform, 2013.

168 Vgl. Max Otte: *Weltsystemcrash*, a. a. O., S. 40, 42, 450.

169 Markus Beckedahl, Leonard Dobusch: »Wir veröffentlichen das
Framing-Gutachten der ARD«, https://netzpolitik.org/2019/

wir-veroeffentlichen-das-framing-gutachten-der-ard/,
17. 02. 2019.

170 Framing-Manual: »gemeinsamer, freier Rundfunk ARD«,
https://cdn.netzpolitik.org/wp-upload/2019/02/framing_gut-
achten_ard.pdf

171 »Gesamterträge der ARD«, http://www.ard.de/home/die-ard/
fakten/Gesamtertraege_der_ARD/1015672/index.html

172 »Unwort des Jahres 2016«, http://www.unwortdesjahres.net/
index.php?id=112

173 »Sollte nicht Sprachpolizei sein«. Seehofer kontert Voßkuhle-
Kritik scharf, https://www.handelsblatt.com, 26. 07. 2018.

174 Philip Plickert, Hanno Beck: »Kanzlerin sucht Verhaltensfor-
scher«, https://www.faz.net/aktuell/wirtschaft/wirtschaftspoli-
tik/kanzlerin-angela-merkel-sucht-verhaltensforscher-
13118345.html, 26. 08. 2014.

175 https://www.rnd.de/digital/youtube-verbannt-unfundierte-
medizin-videos-C4ZYECGBTNCHRD72QGGISN5WLA.html

176 Verfügung LG Tübingen, Akte 17680, 3. Juli 2020.

177 https://www.youtube.com/watch?v=9CcT250d50I&t=658s

178 https://ourworldindata.org/coronavirus; https://www.destatis.
de/DE/Methoden/WISTA-Wirtschaft-und-Statistik/2020/04/
sonderauswertung-sterbefallzahlen-042020.pdf?__blob=publi-
cationFile

179 Eli Pariser: *The Filter Bubble. Wie wir im Internet entmündigt werden*,
München 2012.

180 https://www.bertelsmann-stiftung.de/de/unsere-projekte/
krisenmanagement-im-21-jahrhundert/projektnachrichten/
corona-und-die-folgen

181 https://www.bertelsmann-stiftung.de/de/unsere-projekte/
betriebliche-arbeitswelt-digitalisierung/projektnachrichten/
die-auswirkungen-der-corona-krise-auf-die-arbeitswelt

182 William Golding: *Herr der Fliegen*, 3. Aufl., Frankfurt a. M.
2017.

183 Jordan B. Peterson: *12 Rules for Life: Ordnung und Struktur in einer
chaotischen Welt*, München 2018.

184 Edmund Burke, Friedrich von Gentz: *Über die Französische Revolution. Betrachtungen und Abhandlungen*, Zürich 1987.

185   George Orwell: *Die Farm der Tiere*, Zürich 1946.

186   Josef Joffe: »Glaube und Glück«, https://www.zeit.de/2019/10/ religiositaet-glaube-gluecksgefuehle-wohlbefinden-hilfsbereit- schaft-herzlichkeit, 27. 09. 2019.

187   Vgl. Eckart Voland: *Soziobiologie*, 4. Aufl., Heidelberg 2013.

188   https://wohnglueck.de/artikel/ackerland-preise-deutsch- land-19685

189   »Die besten Mischfonds seit dem Corona-Tief im März 2020«, https://www.fundresearch.de/mischfonds/die-besten-misch- fonds-seit-dem-corona-tief-im-maerz-2020.php, 09. 10. 2020.

190   https://www.faz.net/aktuell/finanzen/meine-finanzen/sparen- und-geld-anlegen/edelmetalle-warum-deutsche-so-viel-gold- wie-nie-horten-16142337.html, 16. 04. 2019.

191   https://www.wiwo.de/finanzen/boerse/verkehrte-finanzwelt- die-verwirrende-inflation-der-boersenindizes/19979908.html, 27. 06. 2017.

Steckbrief
Max Otte

Mein Vorname Max ist entstanden ... weil ich erstens meinen viel zu früh verstorbenen Vater Max (1928–1983) ehren wollte und zweitens dieser Name als Autorenname prägnanter sowie international besser zu verwenden ist.

Mein Berufswunsch als Kind war ... Astronaut und Weltraumforscher. Ich habe die Bücher zum Thema verschlungen. Später dann Politiker.

Meine Hobbys sind ... Literatur, Philosophie und Musik. Sport ist eine – durchaus angenehme – Notwendigkeit.

Bei Musik mag ich besonders ... Klassik und Romantik (Beethoven, Mahler, Schubert, Schumann, gelegentlich Mozart) sowie Blues und »klassischen« Rock (AC/DC, Status Quo, Deep Purple).

Bei diesen Philosophen und Denkern hole ich mir Inspiration ... Oswald Spengler, Friedrich List, José Ortega y Gasset und vielen, vielen anderen.

Diese Politiker bewundere ich ... Friedrich den Großen, Otto von Bismarck, Karl Liebknecht, Rosa Luxemburg, Hjalmar Schacht – zugegebenermaßen eine ungewöhnliche Kombination. Von den modernen Politikern fällt mir eigentlich nur einer ein: Helmut Schmidt.

Was ich meinen Kindern mit auf den Weg geben möchte ... Humanistische Bildung, Haltung, Pflichtbewusstsein, Selbstständigkeit – kurzum, die preußischen Tugenden.

Ich wohne in Köln, habe aber auch ein Haus in einem kleinen Dorf in der Eifel, weil ... ich nach Jahren des Vagabundierens in großen Städten erkannt habe, wie sehr ich die Natur brauche, meinen Kindern diese Erfahrung mitgeben möchte und die funktionierende Dorfgemeinschaft in meinem Eifel-Wohnort sehr schätze.

Wenn ich noch einmal von vorne beginnen könnte, würde ich ... mein drittes Lebensjahrzehnt zielorientierter gestalten und mich viel früher entscheiden, ob mein Lebensmittelpunkt in den USA oder Deutschland liegen sollte.

Eine perfekte Welt ist für mich ... eine perfekte Welt gibt es nicht. Wenn ich aber in meinem Umfeld weitgehend geordnete und harmonische Beziehungen vorfinde und das Gefühl hätte, dass in der Welt das Politische anstelle des Materiellen wieder mehr in den Vordergrund rückt, käme das der Perfektion schon ziemlich nahe.

Max Otte kriegt die Krise, wenn ... Dinge im persönlichen Umfeld nicht gut organisiert sind.

Personenregister

Weltsystemcrash

Max Otte

Mit einer halben Million verkaufter Exemplare von »Der Crash kommt« gelang Max Otte eines der erfolgreichsten deutschen Wirtschaftsbücher überhaupt. 13 Jahre später erscheint der Nachfolger: »Weltsystemcrash«. Die Risiken sind noch dramatischer geworden: Die weltweite Verschuldung ist auf dem höchsten Stand aller Zeiten. Der Niedergang der USA, der Aufstieg Chinas und die Ohnmacht Europas bedeuten fatale Konsequenzen für uns alle. Zunehmende Überwachung, Fake News und eine verfahrene Migrationspolitik spalten die Gesellschaften. Otte zeigt, wie all dies zusammenhängt und wie jeder Einzelne mit dieser neuen Weltordnung umgehen kann.

640 Seiten | Hardcover | 24,99 € (D) | ISBN 978-3-95972-282-7

Auf der Suche nach dem verlorenen Deutschland

Max Otte

Mit Der Crash kommt gelang Max Otte ein fulminanter Bestseller. Nun macht er sich in diesem Buch auch auf die Suche nach sich selbst. Was hat ihn geprägt und befähigt, Dinge zu sehen, die andere nicht sehen? Hier spricht er über seine Kindheit, seine Eltern, die Großeltern und die Menschen, die ihn beeinflusst haben, über seine mennonitischen Vorfahren mütterlicherseits, Flucht und Vertreibung in Vaters Familie, seine Lehrer und die Zeiten, in denen er aufgewachsen ist. Wie all das einen Menschen prägt, erzählt er in diesem sehr persönlichen Buch.

Ca. 250 Seiten | Hardcover mit Schutzumschlag | 24,99 € (D) | ISBN 978-3-95972-403-6

Endlich mit Aktien Geld verdienen

Max Otte

Langfristig sind Aktien die rentabelste Kapitalanlage. Auch in Zeiten von Corona und massiven Staatsdefiziten sind mit den richtigen Aktien Werterhalt und Gewinne möglich. Doch viele Sparer trauen sich nicht recht an Aktien heran. In Endlich mit Aktien Geld verdienen zeigt Max Otte, wie Anleger die besten Aktien der Welt finden. Schritt für Schritt führt er durch seine Königsanalyse©, mit der Sie Geschäftsmodell, Management und Bilanz eines Unternehmens auf Herz und Nieren prüfen können.

Ca. 250 Seiten | Hardcover | 22,99 € (D) | ISBN 978-3-95972-409-8